数字乡村建设与乡村治理研究

周 斌 著

学苑出版社

图书在版编目（CIP）数据

数字乡村建设与乡村治理研究 / 周斌著 . — 北京：
学苑出版社，2023.10
ISBN 978-7-5077-6838-1

Ⅰ . ①数… Ⅱ . ①周… Ⅲ . ①数字技术－应用－农村
－社会主义建设－研究－中国②数字技术－应用－乡村－
社会管理－研究－中国 Ⅳ . ① F320.3-39 ② D638-39

中国国家版本馆 CIP 数据核字（2023）第 253789 号

责任编辑：乔素娟
出版发行：学苑出版社
社　　址：北京市丰台区南方庄 2 号院 1 号楼
邮政编码：100079
网　　址：www.book001.com
电子邮箱：xueyuanpress@163.com
联系电话：010-67601101（销售部）、010-67603091（总编室）
印　刷　厂：河北赛文印刷有限公司
开本尺寸：710 mm×1000 mm　1/16
印　　张：12.5
字　　数：250 千字
版　　次：2023 年 10 月第 1 版
印　　次：2023 年 10 月第 1 次印刷
定　　价：66.00 元

作者简介

　　周斌，1980 年 6 月生，男，江苏南京人，四川大学公共管理学院博士研究生，西南石油大学经济管理学院副教授、硕士生导师，美国肯塔基大学高级访问学者，西南石油大学基层政府公共治理与服务研究中心执行主任，四川省海外高层次留学人才，教育部学位与研究生教育发展中心通讯评审专家，四川省科技厅科技项目通讯评审专家，四川省社会管理和公共服务标准化技术委员会委员。主要从事城乡基层社会治理与公共服务的研究，近年来主持、主研国家、省部级科研课题共 20 余项，在核心刊物上发表学术论文 20 余篇，主编或参与编写、翻译专著、教材 6 部。获得中国行政管理学会优秀论文一等奖、四川省第六届中青年专家学术大会三等奖、四川省政治学会优秀论文一等奖、成都市哲学社会科学优秀成果奖等科研奖励。

前　言

　　随着物联网、云计算、大数据、地理信息系统（GIS）、人工智能、虚拟现实、数字孪生等数字技术在社会生活中的应用日益广泛，社会发展正逐步迈入数字时代。如今，数字技术已经嵌入乡村社会日常生活的方方面面，逐渐成为引领乡村社会变迁、重塑乡村社会结构的重要手段之一，对推进数字乡村建设、创新乡村社会治理方式、增强乡村社会治理韧性、提升乡村社会治理能力、助力乡村振兴均产生了重要影响。新时代，加快数字乡村建设为全面推进农业农村信息化发展提供了战略导向和工作指引。如何让数字技术更为有效地赋能乡村建设与乡村治理，是新时代乡村建设与乡村治理的重要内容，也是进一步实施乡村振兴战略的关键所在，需要我们认真思考。

　　本书在内容设计和撰写过程中，坚持问题导向和目标导向，遵循从"建构问题"到"阐释问题"再到"解决问题"的研究逻辑，从数字乡村建设的理论述说、数字乡村建设的支撑技术、数字乡村建设的基本内容、数字对乡村治理的影响、数字乡村治理的理论述说、数字乡村建设与乡村理论发展等方面进行了系统性研究。

　　为了确保研究内容的丰富性和多样性，笔者在写作本书的过程中参考了国内外学者的相关理论与研究文献，在此向涉及的专家学者表示衷心的感谢。

　　最后，限于笔者水平，本书难免存在一些不足之处。在此，恳请同行专家和读者朋友批评指正！

周　斌

2023 年 8 月

目　录

第一章　绪论

　　随着数字时代的到来，数字社会蓬勃发展，数字乡村建设也越发受到重视。数字乡村是伴随网络化、信息化和数字化在农业农村经济社会发展中的应用以及农民现代信息技能的提高而内生的农业农村现代化发展和转型进程。建设数字乡村在推进乡村振兴、实施数字中国战略等方面发挥着重要作用。本章则围绕数字时代的到来、数字乡村的发展历程、数字乡村建设的战略意义展开研究。

第一节　数字时代的到来

　　数字时代（digital age）又被称为信息时代。从某种意义上说，数字时代就是我们目前所处的时代。在这个时期，大量的事物由计算机处理，并且由于计算机的存在，大量的信息变得唾手可得。数字时代也就是运用计算机将生活中的信息转化为 0 和 1 的过程，是信息领域的数字技术向人类生活各个领域全面推进的过程。数字时代是人类社会迅速从工业革命带来的工业化时代，演变为基于信息技术的数字经济时代。

　　数字时代是以计算机技术普遍运用和数字信息广泛传播为标志的数字革命的直接结果。如果我们把 18 世纪兴起的工业化进程称为第一次工业革命，把 1870年到 20 世纪 60 年代出现大量新兴行业如石油、钢铁、电气化等称为第二次工业革命，那么从 20 世纪 70 年代到今天的数字化、自动化革命就是第三次工业革命。我们目前正站在建立在第三次工业革命基础上的第四次工业革命的起跑线上。这个革命的标志是工业机器人、纳米技术、人工智能、3D 打印、物联网、量子信息技术、可控核聚变、清洁能源以及生物技术等高科技的兴起和广泛运用。在这个新的起跑线上，以万物互联、万物感知、万物智能为目标的发展路径成为国家实现下一个飞跃、创造下一个奇迹的重要目标。

一、人类社会的主要发展阶段

随着便捷的网络连接、迅速增长的算力、无处不在的移动互联网、个人计算机和智能手机的普及，新技术已经使现代社会结构和经济关系发生变化。但是数字社会的到来并非凭空出现。人类社会经历了从农业社会到工业社会不断发展演变的过程，数字社会是人类漫长文明进程中一个新的阶段。从刀耕火种到声光化电，人类从农业文明迈入工业文明。当前数字技术革命被认为是人类历史上第四次工业革命，是与农业革命及之间几次工业革命相比又一次新的大变革。一方面，数字社会中包含了大量农业社会和工业社会的元素；另一方面，与前两种社会形态相比，数字技术渗透进人类社会的方方面面，给人们的日常生活带来了全新的体验。数字社会中人们之间的沟通方式、社会组织的连接方式具有不同的表现形式，社会结构发生了重塑，具体的发展演变历程如下。

（一）农业社会阶段

从"智人"在地球上出现开始，人类社会经历了一个漫长的发展过程。大约在 12000 年前，"农业革命"开始出现，人类逐渐从以采集、狩猎为生转变为依靠农业谋生，各种植物和动物逐渐成为人类的食物来源。在新石器时代早期，中国出现了最早的人种植的植物——稻谷和小米以及最早驯化的家畜——猪。得益于这种驯化，在距今 9000 年至 5000 年，中国传统农业核心区——黄河流域和长江流域人口实现了大幅度增长，这两个区域也是中国乃至东亚农业的起源地，孕育了历史悠久且灿烂辉煌的华夏文明。

从距今约 10000 年的新石器时代人类开始尝试农业生产到 17 世纪工业机器的出现，农业社会在人类文明长河中占据了相当长的时间。与采集、狩猎社会相比，农业社会中的时间、空间及人与自然的关系都发生了变化。

在时间方面，由于农业生产的周期性特点，农业社会中的人开始关注未来生活，时刻关心农作物的生长情况，担心未来农作物的产量。当然，在漫长的发展过程中，单位土地上的产出也并非一成不变。或者说，通过改良种植方式、引入新品种农作物等手段提高土地利用率，也会在一定程度上提高土地投入产出效率。排水技术进步和水利工程建设，也会对农业单产的提升以及围垦更大规模的土地起到至关重要的作用。例如，在中国宋朝时期，随着对南方地区的开发，特别是在宋真宗时期对新的早熟稻种（占城稻）的引进，水稻收获两季或三季成为可能，使得农业潜力被大大激发。鼓励作物间作法，使土地的生产力得以提高。同时随着农业技术的改进，农业生产专业化程度不断提高，由此产生的农业剩余也促进了手工业发展和人口的繁荣。由此可见，可耕地面积的增加和农业技术的改进，成为推动农业社会经济增长的主要因素。

在空间方面，大多数人的活动范围大幅度缩小，主要集中在生产和生活场所附近，此时"家"这个社会关系结构开始出现，人类在心理上对特定的空间和群体产生了归属感和认同感。

在人与自然的关系方面，人类与自然之间的联系更为密切，人类改造自然的活动日益频繁，开始砍伐树木、开垦土地、修建沟渠、架设围栏，基于特定时空的属地概念逐渐在人们的观念里得到强化，并成为群体交往的重要基础条件。

（二）工业社会阶段

作为农业社会之后的社会阶段，工业社会的开始以 17 世纪末蒸汽机的出现为标志。1765 年，英国一位名叫詹姆斯·瓦特（James Watt）的发明家改良了蒸汽机，此后蒸汽机逐渐被应用到不同行业，开启了人类社会运用机器动力解决社会问题的大门，为人类发展带来了源源不断的能量，拉开了一场浩浩荡荡的工业革命的序幕。蒸汽机这种无生命的动力源，提供了源源不断的动力，使工业突破人类生物学的限制，以惊人的速度提高人类社会的生产力和财富总量。蒸汽机及其相关设备构成了 19 世纪欧洲支配世界的力量基础[①]。

时间发展到 19 世纪六七十年代，人类对机器的应用发展到新的阶段，一系列新的工业机器被发明、工业能源被发现，人类开始进入"电气时代"。1866 年德国发明家维尔纳·冯·西门子（Ernst Werner von Siemens）制成了发电机，为社会发展提供了新的更为高效的工业能源。1879 年德国发明家卡尔·弗里德里希·本茨（Karl Friedrich Benz）制造出世界上第一台单缸煤气发动机，为工业生产提供了新的动力机器。以电力出现为代表的新的工业发展阶段被称为"第二次工业革命"。相较于第一次工业革命，新一轮工业革命的科技含量更高，对世界的影响也更为广泛。与蒸汽时代相比，电气时代的来临更具颠覆性。蒸汽机可以把热能变成机械运动，而电则使一切形式的能——热、机械运动、电、磁、光相互之间可以任意转化和利用，在提升能源利用效率的同时大大提高了可利用能源的总量。

工业革命的发生对人类社会的影响除大幅度提高社会生产力外，还体现在生活方式、社会关系、组织形式等方面。在工业社会中，机器化大生产成为社会的主要生产方式，大量农民搬迁到城市并进入工厂从事工业生产，城市的规模和数

---

① 斯塔夫里阿诺斯.全球通史：1500 年以前的世界［M］.吴象婴，梁赤民，译.上海：上海社会科学院出版社，1988.

量相较于农业社会快速增加。汽车、轮船等新交通工具及电报等新通信手段的出现使人与人之间的距离开始缩短，人与人之间的交流日益频繁，个人的活动空间也逐步拓宽。整个社会的流动性开始增强，大量乡村人口向城市聚集，社会开始由乡村社会向城市社会转变。在城市生活的人彼此之间的差异性比乡村更显著，陌生感更强，社会关系也更为松散。在工业社会，工厂组织成为社会的主要组织形式之一，组织内部具有明确的规章制度，个体之间的关系十分明朗，个人的权责义务十分明确，追求效率成为组织运行最重要的目标。

"公司制度"同样也是工业革命的产物，1862 年英国颁布了公司法，确立了现代股份公司的雏形。现代公司的出现打破了传统乡土家族的观念，以股份制的形式形成的自由结合的民间共同体带来了更高精神层面的自由和平等，推动了人类的文明化进程。

（三）数字社会阶段

人类发明了文字，也发明了数字，随着现代化的到来，数字已经成为最重要的"文字"。随着计算机的出现，现代工业从能源革命向智力革命转变。在过去，机器指的是将一种能量转化为另一种能量的技术装置，现在出现了用来转变信息的技术装置，以信息、智能和高科技为特色的数字时代开始逐步显现。

数字社会的蓬勃兴起得益于以数字化、网络化、智能化为特征的大数据、云计算、区块链、物联网技术快速发展。所谓数字社会，主要是指在信息技术（包括传感技术、互联网、移动智能终端、人工智能等）发展的基础上，利用网络及其应用积累的海量数据首先实现社会关系的网络化，并努力推动社会的各领域形成网络节点，通过大数据和网络节点打破现有社会各领域条块分割的格局，进一步驱动社会的共建共治共享，最终高水平地实现社会协同和公众参与的目标，也即治理的数字化。从上述概念可以看出，数字社会最主要的内容为社会网络化和基层治理的数字化，而不管是哪一个方面，其背后都暗含着数据。数据将类似于工业时代的煤和石油，变成一种新能源、新要素。基于流程的传统生产关系也将被逐渐打破，形成基于网络和数据的、不再受限于时空的新型模式。最为显著的就是各种云端的出现、网络社交平台的产生及远程操控技术的发展，这使得人与人之间的交流互动、生产经营活动不再需要物理空间的聚集，而是可以借助互联网实现在虚拟空间上的相会。

二、数字时代的主要变化

总的来讲，数字化的结果将是工作效率大幅提高，生产、营销规模迅速扩大，生活、消费变得更加便利，成本不断下降。但是，数字革命带来的变革绝不仅仅是对原有各种商业关系的优化。数字化的结果将使经济体发生"基因突变"，在一些领域形成全新的"物种"。具体来讲，这些变化主要表现在以下几方面。

（一）形成"数据经济"和信息化时代的新型价值体系

在数字时代，数据成了一种具有巨大价值的资源。有人说数据是"数字时代的石油"，虽然不完全准确，但有一定的道理。石油和数据的最大区别在于石油是有限的天然资源，而数据则是人为创造的无限资源。除此之外，数据具有可重复使用、可复制、可共享等独特的属性。除去这些特性，把数据比作数字世界的能源不无道理。在当今的经济发展中，数据已经成为可以和资本、劳动力相比的重要资源。由于数据在新型经济中扮演重要的角色，提出了一个新的概念——数据经济。数据经济是指从事与数据的产生、组织、分析、交换相关的企业从数据中获取价值的一个数字化经济生态系统。此外，基于相关研究可以得到一个结论：数据将会在数字时代被逐渐货币化。数据本身将会作为一种战略物资参与交换或者交易。话虽然这么说，但是量化数据的价值是一件非常复杂的事情，这一方面是因为大宗商品有清晰的权属、明确的边界，而数据的产生者很多时候都不是数据的原始拥有者，不同的使用者从同样的数据中获取的价值各不相同。另一方面，商品的消费会降低商品的价值，而数据的消费和共享非但不会减少数据的价值，有的时候反而会增加它的价值。例如，物流公司的货运信息可以直接影响营销商的市场布局，而销售端客户对产品的投诉信息也许是产品生产者进行产品设计和改良的重要依据。信息在整个链条上的共享又会派生出很多附加价值，最终形成一套以数据为核心的价值链条，如图1-1所示。

这个链条上的公司都是数据经济的重要参与者，它们通过提供和数据相关的服务和不断提高数据的价值而获得利益。数据经济研究的是数据的直接价值，而数据的使用还会带来很多间接价值。例如：数据能够帮助企业进行精准销售，从而大大降低广告和销售等获客成本；数据能够帮助企业提高产品性能、服务质量从而增加客户黏性；数据能够帮助企业及早发现风险，提高风险管控能力；等等。

人们在数字化以后的生产、生活活动中将会留下大量的"数字足迹"。这些数字足迹包含着非常丰富的信息，使人们的行为在某种意义上变得透明并且可追溯。这种改变将在很大程度上重构人与人、机构与机构、人与机构之间的信任关系，从而改变人们对"信用"的认识。

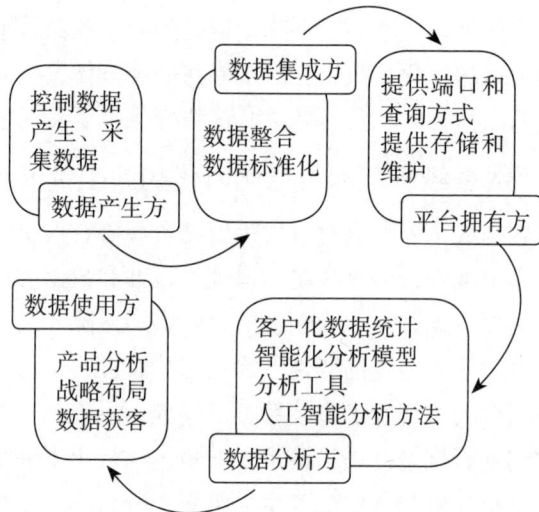

图 1-1 数据价值链条

例如，在传统金融中，企业的信贷分析仅仅依赖企业和金融机构发生的资金和信贷往来记录，以及企业的财务、税务报告。对中小微企业而言，尤其是没有信贷历史、规模较小的中小微企业，难以获取和采集这一类数据。而在数据化生态中，随着物联网技术的普及，随着大数据、云计算、人工智能的广泛运用，利用企业的数字足迹分析企业的营销状态、还款能力、信贷行为、商业信誉成为可能。这大大降低了中小微企业信用分析的不确定性和成本。又如，人们在日常活动中产生的数字足迹可以很好地描述他们对商品的需求和偏好，从而成为销售产品、优化服务的重要依据，提高市场竞争力。在这个意义上，数据本身产生了一定的价值。因此有人说，数据是数字时代的重要资产。这个特征成为数字经济不同于传统经济的一个重要标志。

（二）步入"数据共享"的信息技术发展新阶段

基于计算机和互联网技术的广泛应用和发展，开启了人类数字时代。数字时代是信息技术发展新阶段，从工具层面，可以看到人类开发了大数据技术以解决海量数据的信息存储和传输问题、开发了人工智能技术以解决海量数据信息的处理问题、开发了区块链技术及智能合约技术以解决海量信息共享及经济数字化形态的价值创造与流转问题等。

1. 信息稀缺性环境发生根本性改变

数字时代，从信息环境角度来看，人类社会在新兴信息技术的支持下，彻底改变了信息极度稀缺的发展状态，信息大量增加并以一种加速增长的态势发展。在信息快速增长的环境下，这些新兴信息技术主要专注于解决各类海量信息价值的融合、存储与利用问题，以推动人类进入数字智能时代。在这一阶段，因为新信息技术工具的信息处理功能与人类信息处理的本质属性具有一致性，因而会重新定义人类处理信息的智能本质，形成对人的智能本质属性的反思，成为推动新信息技术发展的重要推力，拓展新的认知领域。但也会因此让机器对人的替代变得不可逆，无法像以前的机器技术进步会伴随新的分工需求产生，让社会分工可以达到一种新的平衡。这一次的机器替代效应会对人类社会分工体系产生颠覆性冲击，成为社会分工关系和分工模式重塑的推动力。

数字时代，信息稀缺性环境发生根本性改变，让过去基于信息不对称形成的商业生态都不得不随之改变，新商业文明业态将在海量信息的背景下发展成熟。在信息透明化的背景下，经济社会的个体间联系日益密切，过去依靠信息垄断模式进行社会治理的方式也难以维系，利益相关者的自组织共治方式会越来越重要。数字时代信息稀缺性环境的根本性变化，表明人类文明进入信息技术发展的新阶段，因信息技术的进步与赋能，使人类文明具有新的历史发展可能性。

2. 信息技术会革命性地改变社会分工

一直以来，人与人的合作是基于信任所采取的共识行为，而这都只依赖于个体的信息处理能力。在数字时代，多样的信息处理需求要求个体必须借助新发展起来的数字化信息技术工具才能完成目标，人机合作成为主导分工发展的因素。所以在新阶段，人与人合作的方式和价值都将重新定义。

大数据、人工智能技术应用于信息获取与处理，可以消除人与人之间信息获取的障碍，不同的人选择同样的方式处理信息，自然会获得一样的结果，形成同一种认知，从而不同的人最终获得同样的认知。随着时间的推移，人类社会群体对认识、价值和行为会越来越趋于一致，由此形成一种对世界无差异的共识也就成为一个自然的结果。这将根本性改变人与人之间的关系，从而革命性地改变社会分工。

在人机协作处理信息的背景下形成新认知，这一新认知共识机制具有过程和结果的客观性，与过去任何时代都不同，会改变原有合作共识形成的方式和基础条件，不再是仅仅依赖于个体自身的信息处理能力形成的共识，而是技术赋能下对个体新认知能力所形成的共识。个体偏见将因技术赋能而不断减少，但同时人本身的信息处理能力在其中发挥的作用也会减弱，由此会改变人的社会性特点。社会组织形式、价值观和运行逻辑也将因此重塑，其带来的影响将不逊于工业革命对人类社会造成的冲击。

可以说，以大数据、人工智能为代表的信息处理技术能在工具层面推动信息价值发现与挖掘，形成新认知合作共识，改变人与机器的分工合作关系，使个体社会价值定位发生改变。而以区块链技术为代表的信息存储和加密技术所承载的历史使命则会在组织层面协调新技术，从而形成构建社会合作共识的新方式，推动个体适应新的社会价值创造方式，重塑人与人之间的分工合作关系。两者会共同促进人与机器的分工、人与人的分工在价值创造的应用层面与组织层面进一步深化，促使人类的认知能力、合作潜能进一步被挖掘，人类的信息处理能力和创造力也因此会得到极大的提升，分享、共赢的价值理念和个体逐利的价值理念实现融合发展。而且区块链这样的新兴数字技术在未来还会承担传承人类文明历史的职能，因为通过利用区块链的有效信息存储能力和不可篡改的特性，可以记录人类历史进程的必要信息，保存与传承人类发展的历史智慧和发展经验。其中智能合约的应用不仅能提高人与人合作中的管控能力，降低人类非理性行为对经济社会潜在的系统性破坏力，提高分工合作效率，还可以让人类在历史发展中所获得的经验借助技术的手段得以有效传承，避免不必要的历史发展成本。

第二节　数字乡村的发展历程

2018 年，中央一号文件《中共中央　国务院关于实施乡村振兴战略的意见》提出"实施数字乡村战略，做好整体规划设计，加快农村地区宽带网络和第四代移动通信网络覆盖步伐，开发适应'三农'特点的信息技术、产品、应用和服务，推动远程医疗、远程教育等应用普及，弥合城乡数字鸿沟"①。自此，中国乡村数字化发展进入快车道。回顾中国数字乡村的发展历程，从农民的日常生活出发，大致可以将乡村的数字化发展分为三个阶段：数字乡村发展起步期、数字乡村发展发育期和数字乡村发展加速期。在数字乡村发展的不同阶段，我们都能够发现国家在其中发挥着决定性作用，是乡村数字化发展的重要推动力量。

---

① 范秉衡.加快数字乡村建设助力乡村振兴［J］.中国人大，2018（03）：11.

一、数字乡村发展起步期

我国乡村信息化发展始于 20 世纪 80 年代末。随着计算机和网络被引入中国，信息技术也开始被应用到促进农村、农业发展的工作中。1987 年，农业部成立信息中心，计算机技术开始在农业领域正式进行试点和推广。1993 年，农业部成立农村经济信息体系领导小组，负责信息体系建设和信息服务工作。1994 年，国家开始实施"金农工程"，提出建立农业综合管理和服务信息系统的发展目标，这项工程是我国乡村开始迈向信息化时代的重要标志。为了进一步推动乡村信息化发展，国家实施了多项重大惠民工程，如 1999 年科学技术部发布《国家863 计划智能化农业信息技术应用示范工程实施办法》，大力推动信息技术与传统农业的有机融合；2004 年国家启动农村通信"村村通"工程，加快完善农村信息化基础设施建设。国家的大力支持为乡村的信息化发展奠定了重要基础，成为乡村信息化发展最重要的推动力量。信息技术的引入不仅助力了农业的转型发展，也丰富了人们的日常生活。其中，最为典型的变化就是数字电视在农村家庭的普及。

20 世纪 80 年代，黑白电视在农村的普及给农民忙碌的日常生活增添了许多娱乐。2003 年，全国有 13 个城市率先开展有线数字电视的商业运营实验，数字电视开始进入寻常百姓家。为了加快数字电视在农村的普及，各省市地方政府出台相关政策，对安装数字电视的农户予以资金支持，极大地调动了农民接受数字电视的热情。相对于节目数量单一、播放时间有限的黑白电视，数字化彩色电视在视频清晰度、资源丰富度、个人体验度等方面都有了大幅提升。丰富的电视节目不仅为农民的日常生活增添了许多乐趣，也让他们了解了更多外部世界的动态。数字电视的普及在很大程度上促进了普通民众尤其是乡村地区的农民与快速变迁的外部世界更好地融合，数字电视成为沟通乡村与城市、国内与国外的重要桥梁与纽带。

二、数字乡村发展发育期

2005 年，中央一号文件《中共中央　国务院关于进一步加强农村工作　提高农业综合生产能力若干政策的意见》首次提出要"加强农业信息化建设"[①]，信息化在农业农村领域的应用上升至顶层设计。2006 年，中央一号文件《中共

---

① 王洪凤，白英秋.加强农业信息化建设　促进农业和农村经济快速发展［J］.辽宁经济，2008（03）：26.

中央国务院关于推进社会主义新农村建设的若干意见》再次强调要积极推进农业信息化建设，信息化在"三农"建设中的重要作用被进一步重视。2007 年，《全国农业和农村信息化建设总体框架（2007—2015）》出台，加快了全面推进农业和农村信息化建设的步伐。在该阶段，农村信息化工作主要聚焦于农业信息基础设施完善、信息服务能力增强、信息管理体系建立等几个方面。在国家的大力支持下，我国乡村信息化能力得到显著提升。

在基础设施建设方面，"十一五"时期我国全面实现了"村村通电话""乡乡能上网"的农村通信发展规划目标。到 2009 年年底，我国农村居民计算机拥有量达到 7.5 台 / 百户，移动电话拥有量达到 115.2 部 / 百户，固定电话拥有量达到 67 部 / 百户。在信息服务方面，实施了电视、电话、电脑"三电合一"项目，建立电话、信息网站、电视节目和手机短信服务等多渠道、多形式的农业信息服务平台，满足了农民日常生产生活中对信息的多样化、个性化需求。在信息管理方面，"十二五"时期我国成立了农业部农业信息化领导小组，强化了对农村信息化工作的统筹与协调。在发展模式方面，"十二五"时期农村电子商务方兴未艾，农产品电子商务发展速度不断加快，网络销售开始成为农产品对外出售的重要渠道之一。数字网络对农村发展的影响开始显现，对农业转型升级的支撑作用日益凸显。

21 世纪的中国农村日益被裹挟进互联网世界，电脑进入农村并成为一种新的生产工具，同时也成为农民连接外部世界的重要媒介。"互联网思维"也开始影响农村人的观念，"开放、透明、协作与分享"的价值观开始被越来越多的农民所认识并接受。基于网络的个体意愿表达不断增强，人们越来越倾向于借助网站、博客、微博等网络平台展现个人生活，了解外部世界。

三、数字乡村发展加速期

2017 年，党的十九大报告中明确提出"实施乡村振兴战略"，建设"数字中国"[①]，数字乡村发展应运而生。

2019 年 1 月，中央一号文件《中共中央　国务院关于坚持农业农村优先发展做好"三农"工作的若干意见》提出："深入推进'互联网＋农业'，扩大农业物联网示范应用。推进重要农产品全产业链大数据建设，加强国家数字农业农村系统建设。继续开展电子商务进农村综合示范，实施'互联网＋'农产品出村进城工程。全面推进信息进村入户，依托'互联网＋'推动公共服务向农村延伸。"[②]

---

① 尚进.加强党建，引领数字乡村赋能乡村振兴 [J].中国信息界，2022（02）：7.
② 赵栎淞.数字农业驱动乡村发展 [J].农村实用技术，2020（12）：29–30.

同年 5 月，中共中央办公厅、国务院办公厅印发《数字乡村发展战略纲要》，明确指出，在"建设数字中国"和"乡村振兴的战略方向"中，重视数字乡村发展，并将其作为其中的重要内容，着力发挥信息和知识的溢出效应，促进信息技术创新的传播以及数字技术的普惠效应，加快农业农村现代化进程。同时，数字化也将在乡村治理体系和治理能力现代化中发挥基础支撑作用，重点发展乡村网络文化，完善乡村数字治理新体系。此外，国家还将努力弥合城乡之间的"数字鸿沟"，积极培育信息时代的新农民，推动乡村振兴道路，使农业成为有发展前景的产业，让农民成为有吸引力的职业，使农村成为安居乐业的美丽家园。

2020 年 1 月，中央一号文件《中共中央　国务院关于抓好"三农"领域重点工作确保如期实现全面小康的意见》提出："开展国家数字乡村试点。"《数字农业农村发展规划（2019—2025 年）》针对数字农业农村建设的推进工作做出了明确部署，其中涉及总体思路、重点任务、发展目标等。

2021 年的中央一号文件《中共中央　国务院关于全面推进乡村振兴加快农业农村现代化的意见》提出了推进数字乡村建设发展工程的重要任务。文件要求加强乡村公共服务、社会治理等领域的数字化智能化建设，推动信息技术在农村的广泛应用和发展。2022 年的中央一号文件《中共中央　国务院关于做好 2022年全面推进乡村振兴重点工作的意见》进一步强调了数字乡村建设的重要性。文件提出要大力推进数字乡村建设，在智慧农业发展、农民数字素养与技能培训、乡村"互联网＋政务服务"、数字乡村标准化建设等方面持续发力。这些举措旨在加快农业农村现代化进程，推动乡村振兴战略取得更好的成效。

经过不断努力，我国数字乡村建设取得长足进步，我国农村信息基础设施建设实现跨越式发展，全国实现"村村通宽带""县县通 5G"，5G 基站开通数、移动电话用户数全球第一。截至 2022 年 7 月底，全国建成开通 5G 基站 196.8 万个，所有地级市城区、县城城区和 96% 的乡镇镇区实现 5G 网络覆盖①。数字化技术与农村、农业和农民的融入程度不断加深，基于大数据的"互联网＋"发展模式为农业产业的发展提供了全方位体系支撑，数字政务建设提升了乡村治理能力。依托数字技术开展的跨时空公共服务最大限度地汇聚了各种服务资源，实现了对乡村公共服务的有效赋能。

随着移动互联网在农村的进一步发展，农村信息化基础设施日渐完善，手机在农民中的应用日益普遍。尤其是在智能手机出现之后，人们的生活越来越深地

---

① 根据工信部 2022 年发布的最新数据显示，截至 2022 年 7 月底，全国建成开通 5G 基站 196.8 万个，所有地级市城区、县城城区和 96% 的乡镇镇区实现 5G 网络覆盖，5G 移动电话用户达到 4.75 亿户，比 2021 年末净增 1.2 亿户，也就是说全国已经实现了"县县通 5G"。

与手机进行了绑定，其背后蕴含的是人们进一步嵌入网络世界之中。智能手机的普及深刻地改变了人们的生活方式。

此外，信息惠民便民取得了很好的成效，信息化服务全面普及，"互联网＋教育""互联网＋医疗"等对提升农村民生事业水平发挥了重要作用，"一网通办""异地可办"等服务平台的建成对简化外出务工者的办事手续具有重要意义。

数字化时代的乡村，人们的"乡土味"更轻了，"城市味"更重了。这种变化的出现，一方面是因为城镇化的发展，另一方面是互联网在农村的扩展。农村居民的日常生活越来越多地围绕手机展开。

第三节　数字乡村建设的战略意义

数字乡村伴随着网络信息技术的发展和乡村振兴战略的深入推进应运而生，其战略价值日益显现。数字乡村建设不仅是乡村振兴的未来靶向，也是实现农业农村现代化的重要支撑，而充分理解和深入掌握数字乡村发展策略的重要性，将有助于明确历史责任，坚定发展方向，增强奋斗意志，提高执行标准，并统一行动理念。我国数字乡村发展策略的提出是立足于"三农"问题，参照城市发展，从全国角度审视，同时放眼世界、承前启后、继往开来的，因此具有深远且重要的现实意义。

一、建设数字乡村是实现乡村全面振兴的技术支撑

实施乡村振兴战略是新时代的核心任务之一，是解决"三农"问题的重要途径。实施乡村振兴战略的总要求是"产业兴旺、生态宜居、乡风文明、治理有效、生活富裕"，其目的是全面实现乡村产业振兴、人才振兴、文化振兴、生态振兴、组织振兴。数字技术在乡村振兴中扮演着重要的角色，能够渗透到乡村经济社会的各个方面，通过集成和优化资源配置，带来创新性的发展机遇，并帮助挖掘不同类型农村地区的特色和优势，拓宽乡村振兴的通道。数字乡村建设是乡村振兴的新阶段、新形态、新引擎、新基座。通过数字技术创新为乡村振兴提供核心驱动力，通过数字化赋能加速重构乡村经济社会的发展模式，最终促进乡村经济社会完成转型升级。数字化能够应用于农村产业发展、创新农业生产方式、提升农产品质量和效益、优化农村基础设施建设、提高公共服务水平等方面，提高农民的生产力和生活品质。

二、建设数字乡村是促进城乡融合发展的有效举措

促进城乡融合发展是推动乡村振兴战略、新型城镇化进程的重要任务。城乡融合发展旨在实现城乡共生、共建、共享、共荣，注重深度融合和双向互动，要求实现城乡居民的基本权益平等化、公共服务均等化、居民收入均衡化、要素配置合理化以及产业发展的融合化。应用数字技术不仅能促进城乡商品流通和服务贸易，还能促进资金、人才、技术等要素在城乡之间双向流动，进一步改善农村居民的思想观念、组织形态和生活方式，使他们更好地分享国民经济发展和现代技术进步的成果。数字乡村建设有助于全面重构城乡关系，推动形成城乡一体化社会共同体。

此外，数字技术带来的科技创新和社会变革将为城乡融合发展提供巨大的动力和空间，强调加强数字基础设施建设，推动数字技术与农业、农村经济、农村社会、农村治理等领域的深度融合。同时，还需要关注农村地区的实际需求，促进数字普惠，缩小城乡数字鸿沟，确保城乡居民共同享受到数字化带来的发展成果。要充分发挥数字技术的作用，有利于推动城乡融合发展，实现乡村振兴战略的目标。

三、建设数字乡村是推进数字中国战略的坚实基础

习近平总书记在致首届数字中国建设峰会开幕的贺信中指出："加快数字中国建设，就是要适应我国发展新的历史方位，全面贯彻新发展理念，以信息化培育新动能，用新动能推动新发展，以新发展创造新辉煌。"数字中国战略以把握信息革命历史机遇、加强网络安全和信息化工作、加快建设数字经济强国为指导，为实现全面建设数字乡村提供了明确路径和根本遵循。然而，与智慧城市建设相比，数字乡村建设的速度和规模仍然相对滞后。数字经济在农业中的占比远低于工业和服务业，数字乡村建设成为数字中国建设中的一个突出短板。

推动数字乡村建设，有利于推动农业农村新业态、新模式的催生和培育，为实现网络强国和农业农村现代化提供有力支撑。数字乡村战略的实施可以在多个方面增强农村基层治理工作，提升乡村治理体系和治理能力的现代化水平，从而为数字中国的发展打下坚实的基础。可以说，加快数字乡村建设，有利于筑牢数字中国发展的基础，提升农村发展的内生动力，为实现全面建设社会主义现代化国家的目标贡献力量。

四、建设数字乡村是增强国家竞争力的重要路径

科技与人才的竞争是国际竞争的关键。在全球经济增长乏力的背景下，数字经济展示出了卓越的提升全要素生产率和促进传统产业提质增效的能力。现阶段，数字经济正在全球范围内崛起，已成为推动经济增长和促进经济发展的重要力量。因此，许多国家已经将数字乡村建设作为战略发展的重点和优先方向，希望通过深度融合数字经济和农业农村，加快实现数字经济的繁荣。中国应该积极抓住这个历史机遇，努力在新经济领域占据领先地位。数字乡村建设将有助于扩展数字技术的商业化应用市场，推动信息产业的深入发展，并培养更多的数字人才。

此外，数字乡村建设还能激发数字人才为农村投资和服务，引导外出务工求学者回乡创业就业，优化农村劳动力结构。这不仅可以改善农村的人力资本结构，还有助于推动农业生产方式的转变，促使农业科技含量进一步提升。数字乡村建设对于提升中国在科技、人才、农业等领域的国际竞争力起着至关重要的作用。通过数字乡村建设，中国可以更好地发挥数字技术的优势，推动农业现代化、农村发展与城市发展的有效衔接，进而提高国际竞争力。

五、建设数字乡村是应对全球复杂形势的必然选择

当前全球经济增长动力不足，世界经济形势复杂严峻，给全球经济社会带来了冲击。同时，全球经济不断下滑，金融市场也出现剧烈波动。面对复杂严峻的世界经济形势，中国必须坚定信念，做好自己的事情，积极构建以国内大循环为主体、国内国际双循环相互促进的新发展格局。在这种新格局下，农业农村扮演着重要的角色，既是生产资料的主要供应者，也是消费市场的重要腹地。在数字经济的推动下，乡村正在逐渐成为生产和消费的新兴地理空间。

建设数字乡村具有极其重要的意义。首先，数字乡村建设将有助于加速释放数字技术对农业的潜力，稳定农业生产，保障粮食供应，提高农业效益和质量。这将有力保障国家粮食安全，同时促进农业多功能性的发挥。其次，数字乡村建设还有助于打通内循环的堵点。通过推动信息技术与农业的深度融合，促进县乡市场释放巨大的内需潜力，进一步推动城乡双循环互相促进、区域多循环融合发展的国内大循环格局的形成和发展。

第二章　数字乡村建设的理论述说

数字乡村是乡村振兴的战略发展方向，坚持"自治、法治、德治"相结合，需要基于以数字技术驱动城乡资源融合、赋能型、自进化的数字时代乡村生态体系。本章围绕数字乡村建设的概念框架、数字乡村建设的重点任务、数字乡村建设的基本原则、数字乡村建设的基本模式、数字乡村建设的理论逻辑等内容展开研究。

第一节　数字乡村建设的概念框架

数字乡村以信息技术为支撑，通过透明、充分的信息获取渠道，安全、广泛、通畅的信息共享，有效、规范、科学的信息利用，提高乡村管理效率和乡村公共服务水平，增强处理突发事件的能力[1]。数字乡村建设是一个持续推进、不断演化的过程。2019 年，中共中央办公厅、国务院办公厅印发《数字乡村发展战略纲要》，开篇指出："数字乡村是伴随网络化、信息化和数字化在农业农村经济社会发展中的应用，以及农民现代信息技能的提高而内生的农业农村现代化发展和转型进程。"[2] 该定义凝练简洁，基本涵盖了数字乡村建设的关键要义。中国数字乡村建设的概念主要包含五个方面。

一、数字乡村建设的本质属性

新时代背景下，我国正处于奋力开启全面建设社会主义现代化国家新征程的历史节点。农业农村现代化是社会主义现代化建设的重要组成部分，其基本要义是将传统农业和落后农村社会转变成为现代农业和先进农村社会。现代化理论认为，现代化进程具有阶段性，现代化的内容、方式和路径是与时俱进、动态调整

①　尹光銮. 大数据技术在乡村振兴中的价值及运用 [J]. 产业与科技论坛, 2022, 21（12）: 37-38.
②　徐佳慧. 数字乡村助推乡村生态振兴的困境与对策 [J]. 福州党校学报, 2021（01）: 56-59.

的[①]。如今，信息化正处于第三次发展浪潮，数字资源已日益成为基础性和关键性战略资源。数字乡村归根结底是以数字技术和产业引领的农业农村现代化综合体，数字乡村建设将推动中国农业农村现代化实现新突破。

二、数字乡村建设的基本特征

中国信息产业的迅猛发展和数字技术创新的不断进步，包括互联网、物联网、云计算、大数据、人工智能、区块链等现代信息技术的成熟与融合，为农业农村信息化提供了广阔的发展空间。传统的单项技术应用逐渐演变为多元技术的综合应用，推动了数字乡村建设的发展。与单一方面的农业农村信息化（如农村电子商务）不同，数字乡村建设通过综合应用现代信息技术，旨在实现农业全产业链信息化和农村社会全方位信息化。数字乡村建设不只是单纯推进现代信息技术的综合应用，还需将其运用于农业产业链的全要素和全过程，以及农村社会的各个方面。只有通过大力推动现代信息技术产品的集成开发和综合应用，将其贯穿于农业全产业链和农村社会的各个环节，才能从整体上实现农业全产业链的升级和农村社会的改变。这样的发展能推动农业农村现代化朝着高质量发展的方向迈进，实现农村经济的转型升级和农民生活的改善。

三、数字乡村建设的必然举措

数字乡村战略的实施标志着中国农业农村信息化发展进入了一个新的阶段。在这个阶段，政策脉络的顶层设计必然会从单一技术提升转变为多元技术综合应用，从主要部署单方面数字化转型转变为重视部署全方位数字化转型，范围更广、标准更高，进度更快、实效更佳。

要推进数字乡村建设，首先需要加强整体规划，制定更多全面部署数字乡村建设的政策文件。这些专项政策文件应该建立在数字乡村建设整体规划的基础上，确保各个方面的发展能够有序、协调。其次，要增加财政资金和人力资源的投入。这意味着需要大幅增加公共财政投入，调动数字产业资本下乡，统筹安排资金，并给予优先保障。同时，要加强对资金的监管，理顺部门权责，增加人员配备，引进数字化专业人才，确保数字乡村建设能够顺利进行。

---

① 秦澎 . 科学社会主义视域中的"与时俱进"精神［J］. 科教导刊（中旬刊），2012（08）：62.

四、数字乡村建设的重要内容

数字乡村建设要始终以农村居民为中心，确保他们成为参与主体和受益对象。由于受到多种因素的制约，农村居民使用信息技术的能力相对较差。

相对于城镇居民，农村居民在使用信息技术方面的能力确实不足。尤其是在资源获取、经营管理、在线教育、远程医疗、互联网理财等方面，他们与城镇居民相比明显存在差距。特别是一些中西部边远落后县乡的居民，对信息技术缺乏了解，对个人隐私安全、防范网络诈骗以及有序参与虚拟社区等方面缺乏概念，可能出现一些非理性甚至非法的参与行为。

加快数字乡村建设，必须把农村居民数字素养的提高作为重要内容，积极创造条件满足他们的信息需求。通过利用信息技术提升农村居民的人力资本，增强他们在生产、管理、学习、社交、理财、商贸、采购等方面利用信息技术的能力，让农村居民切实享受信息红利。

为此，可以采取一系列措施，如加强农村居民对信息技术的教育培训，提供相关的培训资源和服务；推动数字设备的普及和网络的改进，提供基础设施支持；提供便捷的数字服务，如在线教育、健康咨询等；加强信息安全教育，提高农村居民的网络安全意识等。

数字乡村建设在内容上可划分为五大维度：乡村数字基础设施建设、乡村数据资源开发与管理、乡村数字服务产业化、乡村产业数字化、乡村治理数字化。如表 2-1 所示。

表 2-1　中国数字乡村建设的内容框架

基本维度	具体定义	主要方面
乡村数字基础设施建设	乡村地区信息网络基础设施普及化以及传统基础设施的数字化改造	宽带通信网、移动互联网、数字电视网、智慧水利、智慧交通、智慧能源、智慧电力、智慧物流等
乡村数据资源开发与管理	培育发展覆盖农业农村的数据要素市场，促进大数据开发利用和产业发展，做好数据共享、交易、监督和管理，保障数据安全	农产品全产业链大数据、农田建设"一张图"、数字乡村"一张图"、农产品质量安全追溯管理信息平台、农药和兽药基础数据平台、电商数据产品等

续表

基本维度	具体定义	主要方面
乡村数字服务产业化	为推动现代信息技术在乡村地区的市场化应用而形成的技能培训、代运营、小程序开发等数字服务业及其空间载体	县域数字产业园区（服务商入驻）
乡村产业数字化	利用现代信息技术对农业、乡村制造业、乡村服务业等产业进行数字化改造	数字农业、乡村数字工厂、农村电商、智慧旅游、数字普惠金融、远程医疗、远程教育、智慧养老、数字文创等
乡村治理数字化	利用现代信息技术实现乡村政治、经济、文化、社会、生态等领域治理机制、方式和手段的数字化改造	数字政务、智慧村务

五、数字乡村建设的关键作用

新增长理论认为，技术外部性、人力资本溢出效应等因素能够内生地促进技术进步，从而保证经济能够在不依赖于外力的情况下实现持续性增长[①]。数字乡村建设的核心目标是利用数字技术推动乡村地区的发展。数字技术的下沉可以帮助乡村地区充分利用数字资源，实现产业、空间、主体和资源的赋能和外溢效应。这将激发乡村地区的内生发展能力，形成良性循环，促进乡村振兴和可持续发展。数字乡村建设的一项关键工作是加快开发和利用乡村的数字资源。这意味着要充分利用农业资源，并将数字技术应用到农业生产中。同时，也可以将数字资源用到农民的生产和生活中，帮助他们提高生产效率和生活品质。数字乡村建设要实现的是从农村中获取资源，再将资源应用于农村，从而增强乡村地区的发展能力。这意味着乡村地区的发展选择应该由本地决定，发展过程应该由本地控制，并且发展收益应该保留在本地。另外，乡村地区还应该能够充分获取外部市场的利润，以促进自身的内生发展。

---

① 孙丽.内生增长理论的发展与演变［J］.现代经济信息，2012（10）：272.

第二节　数字乡村建设的重点任务

一、《数字乡村发展战略纲要》提出的重点任务

为了实现数字乡村建设与发展目标，有序推进数字乡村建设工作，必须完成建设过程中的重点任务。《数字乡村发展战略纲要》提出了以下重点任务。

（一）加快乡村信息基础设施建设

完善乡村信息基础设施是数字乡村建设的关键环节之一。需要加强基础设施共建共享，加快农村宽带通信网、移动互联网、数字电视网和下一代互联网的发展。这样可以为乡村地区提供更好的网络连接和通信能力，提高信息传输和交流的效率。同时，完善信息终端和服务供给也是十分重要的。乡村地区需要加快基础设施数字化转型，推进智慧水利、智慧交通、智能电网、智慧农业、智慧物流等方面的建设。这可以通过引入先进的信息技术，如传感器、物联网等，实现资源的集中管理和智能化的监测和控制，提高生产和生活的效率和质量。另外，数字乡村建设还要统筹发展数字乡村与智慧城市，打造一个"互联网+"产业生态圈。这意味着要充分发挥数字技术的优势，建立感知体验、智慧应用、要素集聚和融合创新的生态系统。通过整合乡村和城市的资源和优势，加强产业融合和创新，带动乡村地区的创业和创新活动。

（二）发展农村数字经济

夯实数字农业基础，推进农业数字化转型，创新农村流通服务体系，积极发展乡村新业态。创建电子商务进农村综合示范，培育农村电商产品品牌，打通绿色供应链，推广绿色物流，促进人工智能、大数据赋能农村实体店，促进线上线下渠道的融合发展。推动互联网与特色农业深度融合，发展创意农业、认养农业、观光农业、都市农业等新业态。

（三）强化农业农村科技创新供给

推动农业装备智能化，优化农业科技信息服务。建设一批新农民新技术创业创新中心，推动"产、学、研、用一体化"。建立农业科技成果转化网络服务体系，支持建设农业技术在线交易市场。完善农业科技信息服务平台，鼓励技术专家在线为农民解决农业生产难题。

（四）建设智慧绿色农村

加大农村物联网建设力度，实时监测土地墒情，促进农田节水；建设现代化设施农业园区，发展绿色农业；建立全国农村生态系统监测平台，统筹山水林田湖草系统治理数据；强化农田土壤生态环境监测与保护；建设农村人居环境综合监测平台，强化农村饮用水水源水质监测与保护，实现对农村污染物、污染源全程监测；引导公众积极参与农村环境网络监督，共同维护绿色生活环境。

（五）繁荣发展乡村网络文化

推进数字乡村的文化资源数字化是保护和传承优秀文化的重要途径之一。建立历史文化名镇、名村和传统村落的"数字文物资源库"和"数字博物馆"，可以将乡村中的文化遗产、历史文物以数字化形式进行收集、整理和展示，使更多的人可以通过互联网和科技设备体验和了解乡村的历史文化，并进一步推广乡村旅游和文化传承。数字化的方式可以将乡村的文化资源保存在数字媒体中，避免天灾人祸带来的损失。通过数字博物馆等平台，人们可以在线浏览和学习乡村的历史文化，同时也能够让相关文化资源得到有效的保护和利用。此外，可以通过农业文化遗产网络展览的形式，向人们展示中华优秀农耕文化的特点和内容。农耕文化是中华民族传统文化的重要组成部分，通过网络展览可以让更多的人了解农耕文化的内涵，增强对其保护与传承的意识。同时，也可以通过展览的形式将优秀的农耕文化融入当代农业生产中，促进乡村振兴。

（六）推进农村治理能力现代化

提高农村社会综合治理精细化、现代化水平；推动"互联网＋社区"模式向农村延伸，提高村级综合服务信息化水平，大力推动乡村建设和规划管理信息化；依托全国一体化在线政务服务平台，推动政务服务"网上办、马上办、少跑快办"模式的有效落地，提高群众办事的便捷程度。

（七）激发乡村振兴内生动力

在人才培训、金融信贷、平台资源、营销渠道等方面提供更多支持，如实施新型职业农民培育工程，为农民提供在线培训服务，培养造就一支"爱农业、懂技术、善经营"的新型职业农民队伍；因地制宜地发展数字农业、智慧旅游业、智慧产业园区；创新农村普惠金融服务，进一步改善网络支付、移动支付、网络信贷等普惠金融发展环境。

（八）统筹推动城乡信息化融合发展

实现城乡一体化发展，需要确保各项规划的一体化设计、同步实施、协同并进和融合创新。这意味着城乡的生产、生活和生态空间都要向数字化、网络化和智能化发展。

首先，鼓励有条件的小城镇先行规划。小城镇是城乡一体化发展的重要节点和连接点。可以通过优先发展"互联网＋"特色主导产业，打造感知体验、智慧应用、要素集聚和融合创新的"互联网＋"产业生态圈。这样可以吸引和集聚创新要素，推动小城镇的经济发展和文化创意产业等的繁荣。

其次，需要辐射和带动乡村创业创新。乡村地区可以通过与城市的"互联网＋"产业合作，共享资源和机会，促进乡村经济的发展。可以通过数字技术和智能化应用，推动农业、农村经济的创新与发展，提高农民的收入和生活水平。

二、《数字乡村发展行动计划（2022—2025 年）》提出的重点任务

2022 年，中央网信办、农业农村部等部门联合印发《数字乡村发展行动计划（2022—2025 年）》，该文件从八个方面更为具体地部署了二十六项重点任务，以进一步推进数字乡村建设工作的有效落实。大致说来，可以将所设列的重点任务理解为八大行动，如表 2-2 所示。

表 2-2　数字乡村发展的八大行动与二十六项重点任务

八大行动	二十六项重点任务
数字基础设施升级行动	推进乡村信息基础设施优化升级、推动乡村传统基础设施数字化改造升级
智慧农业创新发展行动	加快推进农业农村大数据建设应用、建设天空地一体化农业观测网络、加快农业生产数字化改造、加快智慧农业技术创新、加强农业科技信息服务
新业态新模式发展行动	深化农产品电商发展、促进农村消费升级、加快培育农村新业态
数字治理能力提升行动	完善农村智慧党建体系、促进"互联网＋政务服务"向乡村延伸、提升村级事务管理智慧化水平、推动社会综合治理精细化、加强农村智慧应急管理体系建设

续表

八大行动	二十六项重点任务
乡村网络文化振兴行动	筑牢乡村网络文化阵地、推进乡村文化资源数字化
智慧绿色乡村打造行动	提升乡村生态保护信息化水平、加强农村人居环境数字化监管
公共服务效能提升行动	深化乡村"互联网＋教育"、推进"互联网＋医疗健康"、完善农村社保与就业服务、提升面向农村特殊人群的信息服务水平、深化农村普惠金融服务
网络帮扶拓展深化行动	巩固拓展脱贫攻坚成果、做好网络帮扶与数字乡村建设有效衔接

此外,《数字乡村发展行动计划(2022—2025年)》聚焦重点方向和薄弱环节,特别设立了七个重点工程,包括乡村基础设施数字化改造提升工程、智慧农业建设工程、农村电商优化升级工程、乡村数字治理体系打造工程、乡村文化设施和内容数字化改造工程、乡村生态和人居环境数字化管理提升工程、乡村惠民便民服务提升工程。

随着时代的不断进步和数字乡村的动态发展,致力于乡村振兴的各级一线工作者在不断研究和探索新的发展模式,解决发展过程中遇到的各类难题;国家也在不断推出新政策、研发新技术,以推动新乡村产业形态的进一步变革。

第三节　数字乡村建设的基本原则

高质量的数字乡村建设在一定程度上会对农业农村现代化发展起到促进作用,为中国农村经济和社会发展提供强大的支持与动力。但是,受各地资源、资金投入、未来发展目标的不同的限制,如今中国数字乡村建设尚未形成统一的建设标准和成熟的建设模式,还处于积极探索阶段。因此,在数字乡村建设的过程中,应该遵循以下三项基本原则,避免由于盲目推进而导致建设不力,最终使人力、物力、财力白白浪费,使民众建设的信心遭到严重打击。

一、统筹规划原则

在数字乡村建设的过程中，各省、市、县、乡镇、村等多头齐发容易出现发展资金预期规划不同、项目申报节奏不一致、不同行政单位各自为战等现象。

从如今的数字乡村建设实践来看，应该选择区县级政府作为建设的落脚点。总体来看，应当做好统一的顶层设计与统筹规划，形成相对统一的建设标准规范，实现不同行政单位之间的关联与配合，实现资源利用最大限度的节约，同时协调项目开展节奏与资金预期。

二、契合实际原则

在数字乡村建设过程中，要构建统一的数字乡村共建体系。那些已经取得成功的数字乡村建设成果和案例，是十分值得研究、学习和借鉴的。但是，由于各地具有不同的实际情况，在数字乡村建设的过程中，要有针对性地考虑当地产业、经济和资源条件，做到因地制宜，探索最适合在当地推广的建设方案，而不能盲目对其他地方的成功经验进行照搬照抄。

三、循序渐进原则

通常来讲，各地数字乡村建设都需要经过五大发展阶段，包括采集基础数据、搭建数字平台、完善各类业务应用、推动场景切实落地、系统推广再优化。在具体实施过程中，务必循序渐进、稳步向前推动，在不断探索中总结、提炼经验，切忌盲目求快、贪图一时成果。

各区县级政府可以针对当地的优势资源与条件，研究制定适宜的数字乡村建设方案和行动标准，搭建基础性的数字乡村公共平台，保障各项业务应用在乡村用户中得到有效落地，并在各乡镇、自然村的逐步推广应用中进一步完善，从而促进当地数字乡村建设水平的稳步提升。

第四节　数字乡村建设的基本模式

一、数字乡村建设发展模式

数字乡村建设对于乡村振兴而言，既是机遇又是挑战。因此，作为地方政府，需要立足本地经济社会的发展基础，合理选择开发模式，积极引进各方资源和资金，设立政府主导或引导、企业和各方参与的协同发展模式，不能政府单方面推进，包揽一切。要紧密结合企业发展、产业培育、居民生活条件改善等因素，有计划、有重点地实施数字乡村建设，不能一蹴而就，否则将会导致形式主义和面子工程的产生，从而损害地方经济和百姓生活，甚至损害政府的信誉和执政能力。

数字乡村建设发展模式是以新一代信息技术为手段，以特定的乡村为实施主体，结合各地特点、经济实力和发展方向，对数字乡村规划、建设、管理和运营等方面规律的总结，是解决数字乡村发展问题的方法论。借鉴数字乡村的内涵，从推动主体和建设动因两个方面对数字乡村建设发展模式进行分析，差异化地、分阶段地、分步骤地确立不同的数字乡村建设目标、实施路径和实现方式，在实践中不断总结经验，逐步形成政府主导、企业参与、产业支撑、公益性和市场化运营相结合的发展模式。

（一）依据推动主体分类

政府和市场是推进数字乡村的基本力量，也是推动数字乡村建设的主体。根据政府、市场的介入程度，可以将数字乡村建设发展模式分为政府主导型、市场主导型和联合推动型。

政府主导型发展模式是指政府在数字乡村发展中发挥动力作用，其特征是政府牵头，在深入调研后编制明确的发展战略路线图，制定加快数字乡村发展的政策等。政府主导，能够集中人力、物力和财力快速推进数字乡村建设。政府对智慧城市进行系统性规划和建设，也避免了局部推进带来的其他配套滞后而影响建设效率的问题。

市场主导型发展模式是指依赖自下而上的力量，市场发挥主导性作用，以市场的资源配置为基础，市场是数字乡村的轴心。这就要求企业拥有雄厚的资金实力和强大的运营能力，市场繁荣的地方数字乡村发展就会较快。市场上的各参与方对信息资源进行开发利用，因地制宜实现市场供需和配置协调，从而促进数字乡村的发展。

联合推动型发展模式是指充分发挥政府和市场的作用，政府的力量和市场的力量相互协调，二者协同推进，形成伙伴式合作关系。联合推动型发展模式能够有效配置社会物质财富和精神财富，形成数字乡村发展的合力。

（二）依据建设动因分类

数字乡村建设是一个复杂的动态过程，不同的乡村有不同的利益诉求，建设动因也会呈现多样化。从建设动因角度出发，可以将数字乡村建设发展模式分为增长型、治理型、民生型和均衡型发展模式。

增长型发展模式是指用数字乡村建设推动农村产业转型升级，达到经济增长的目的。其特征主要是通过新一代技术的广泛推广和应用，减少商业运营成本、创造经济增长点，为消费者提供价值，从而催生新产业、新业态、新模式。

治理型发展模式是指以数字赋能乡村管理，从而提高乡村治理水平，完善乡村治理体系，改善乡村基本服务。其侧重于智慧公共服务、智慧政务、智慧村务等方面，可以提高乡村可持续发展的能力，提高政府运作效率，保障乡村社会和谐稳定。

民生型发展模式着重提高广大农民的获得感、幸福感和安全感，其侧重于智慧教育、智慧养老、智慧医疗等方面，以人为本，改变乡村居民的生活习惯，提高乡村居民的生活质量。

均衡型发展模式同时推进。大多数的发展都是不均衡的，因此不同的乡村其发展战略不同，数字乡村发展模式也有所不同。一般来说，均衡型发展模式适合发展水平较高的乡村。

二、数字乡村建设运营模式

数字乡村建设主要是为农村居民带来便捷舒适的生活，促进农业农村社会经济的发展。要在深入了解和分析本地乡村发展实际需求和发展现状的基础上，结合建设项目的特点，充分调动企业的积极性，探索相应的建设和运营模式。除应急、政务、安全等领域外，可引入企业参与投资和运营，实现数字乡村创新、集约、高效、可持续发展。

数字乡村建设运营模式可分为政府主导建设运营、政府投资建设运营、政企合作建设运营、市场主体建设运营、BOT 建设运营等模式。

（一）政府主导建设运营模式

在这一运营模式下，由政府主导，委托有资质的机构或企业开展数字乡村项目设计和建设工作，政府拥有项目资产所有权，运营工作由政府通过招投标委托给有资质的社会企业负责。负责企业要及时征求项目使用部门、社会公众的意见，与项目建设部门做好沟通，及时调整，以满足使用者的需求。

此模式适用于数字乡村公共服务、乡村治理等涉及多个政府部门的项目，政府需要承担一定资金压力，并要具备较高的数字技术统筹管理能力。

（二）政府投资建设运营模式

在政府投资建设运营模式下，主要由政府来主导完成。政府投资建设运营模式是一种常见的公共项目管理方式，它可以确保公共项目的规范运营和管理。其中，代建制管理方式可以最大限度地发挥政府和专业项目管理单位的优势，使项目建设更加高效和顺利。在政府投资建设运营模式中，政府招标选择专业化的项目管理单位来负责项目的投资管理和建设组织实施工作。这些项目管理单位具有专业知识和经验，能够在项目的各个阶段提供专业的技术咨询和管理服务。他们可以通过合理的项目计划、严格的质量控制和有效的资源配置，确保项目的顺利开展。在项目建成后，政府将接管项目的运营和管理工作。政府可以组建专业的运营团队，负责项目的日常运营、维护和管理，确保项目能够为公众提供高质量的服务。此外，政府还可以制定相关的监管政策和法规，确保项目的运营符合规范和法律要求。

（三）政企合作建设运营模式

当前，数字乡村项目逐步由政府独立投资模式向政府与市场主体合资合作建设模式转变，主要由政府投资平台企业和社会资本共同出资组建项目公司，进行数字乡村项目建设。政府和企业通过签订合同，明确各自投资边界、运营分工和职责，合作开展项目建设和运营，最终实现收益共享、风险共担。

采用这种双赢的合作模式，政府牵头发挥引导作用（部分投资），通过市场化方式引进企业资金投资数字乡村基础设施建设，能够在很大程度上缓解政府财政投资压力，降低投资风险。社会资本方主要发挥资源优势，承担项目的建设和运营维护工作，由此提升市场主体的参与程度。

与政府合资建设数字乡村项目，不仅有助于降低投资风险，还有助于实现项目的快速建设和实施。数字乡村建设完成后，在运营阶段，政府对企业的运营活动进行监管，企业通过开展有偿服务，获得营业服务收入，补偿前期建设投资进而达到盈利的目的。

政企合作建设运营模式可兼顾政府和企业的利益诉求，合理配置市场资源。此模式适用于乡村养老、乡村医疗、智慧文体等前期需要较大投资、运营阶段盈利空间相对有限的项目，政府需要强化对企业的服务过程、服务效果和信息安全的监管能力。项目公司应在政府统一规划和相关标准规范的指引下参与投资、建设和运营。

（四）市场主体建设运营模式

在市场主体建设运营模式下，由市场主体承担建设的全部任务，并负担所需的全部投资费用。由单个企业或企业间合作筹措资金，开展项目数字乡村建设和运营，企业拥有项目资产所有权。政府统筹数字乡村规划布局，通过政策引导社会资本参与数字乡村建设。采取"政府监督、企业主导、生态参与"方式，政府仅提供有限的基础设施和政策支持，对其建设过程基本不进行干涉和掌控。对于投资较大、运营维护较难的数字乡村项目，由实力较强的市场主体独立建设是有很大优势的，企业采取市场化运营方法，可采取向使用者收费的后向商业模式，也可采用向生态合作伙伴收费的前向商业模式。此模式常见于基础通信网络建设、智慧农业、智慧旅游、智慧康养等专业化程度较高、具有一定盈利空间的非公共服务类业务领域。

在此种模式下，政府无须投入资金，也无须承担风险，节省了大量财力、物力和人力，同时发挥了市场主体专业化运营服务的优势，激活了市场主体的活力。相对而言，由于企业自负盈亏、承担投资压力和经营风险，其服务质量受经营管理能力的影响，存在一定的不确定性。在此种模式下，政府对社会运营的项目建设和运营的影响力及掌控力较弱，需做好市场监管，创造良好的市场经营环境，给予企业开展建设运营必要的政策支持。

（五）BOT 建设运营模式

BOT（build operate transfer）即建设—经营—转让，是指政府通过契约授予企业（包括外国企业）以一定期限的特许专营权，许可其融资建设和经营特定的公用基础设施，并准许其通过向用户收取费用或出售产品以清偿贷款、回收投资并赚取利润。特许权期满时，该基础设施无偿移交给政府。BOT 建设运营模式的核心内容在于项目公司对特定基础设施项目特许专营权的获得，以及特许专营权具体内容的确定。

BOT 建设运营模式不仅能解决资金来源问题，还可以保证村集体经济组织的主体性，合同到期即转让村集体，保证了村集体的主体地位。由于投资回报均来自项目建成后的经营效益，这也有利于提高项目的运作效率。此模式适用于数字乡村基础设施建设、乡村旅游项目等一次性中长期经营项目。对于经济欠发达地区发展数字乡村，采用此种模式有一定的优势。

三、数字乡村建设融资模式

在数字乡村建设过程中，需要大量的资金投入，而目前没有专门的数字乡村建设投融资机制，大多靠地方政府的财政投入，社会资本投入较少。目前，数字乡村建设处于以财政资金引导社会资本介入的过渡性阶段，国家也鼓励多种形式的股权融资、项目融资等参与到数字乡村建设的投融资中。客观的资金需求和经济发展情况，共同造成了数字乡村建设融资的多元化和多样化需求。数字乡村建设需要整合支撑资源，而支撑资源又需要资本作为强大后盾，在支撑资源难以有效整合的前提下，会阻碍数字乡村的建设。

为了刺激信息消费，国务院出台了一系列鼓励国家开发银行和商业银行贷款融资的政策，各类投资和资产公司也研究和制定了相应的金融服务策略。保险公司、担保机构、社保基金等社会资本都可参与，与银行等金融机构也可进行资源整合，形成合力参与到数字乡村建设中。根据当前形势，数字乡村建设融资有以下九种渠道：

①本级政府财政预算资金。本级政府每年的财政预算中有一定的信息化专项资金，可用于农业信息化项目建设，政府财政比较富裕的地方，专项资金也会多一些。

②省直单位资金。省直单位每年都有支持各地市的各类专项资金。

③中央部委资金。一些部委单位针对具体项目拿出资金支持地方政府。

④银行机构资金。国家开发银行、农业发展银行、世界银行、亚洲开发银行等金融机构，经常发起一些公益项目，以免息贷款的形式提供资金。

⑤资本机构资金。地方政府利用融资平台，向一些基金机构、民间投资机构融资投入数字乡村建设，但这一方式需要支付更高的利息费用。

⑥运营商垫资。地方政府引入投资运营商，由投资运营商负责全面的投资运营，地方政府采取全部购买服务的方式，这样基本就可以实现运营商资本替政府垫支，而政府保底资本的回收。

⑦运营商投资。地方政府引入投资运营商，授权投资运营商负责全面的投资运营。投资运营商的风险较大，需要精算投资和商业运营模式，可以利用向社会、企业、市民等用户收费的模式来收回投资。

⑧捐助模式。社会知名企业家无偿捐助数字乡村建设的一些项目资金。

⑨城市资源转化。地方政府可以将土地、文化、品牌、旅游资源等作为资本，联合投资运营商、土地开发商、旅游开发商等资源开发型企业，盘活数字乡村的资金来源。

第五节　数字乡村建设的理论逻辑

以经典理论为基础，梳理数字乡村建设的理论逻辑，有助于从理论层面上为数字乡村建设的实践探索提供方向指南和行动坐标。客观上可能存在诸多理论与数字乡村建设密切相关，本节主要从数字乡村建设的内涵特征出发进行理论匹配，仅阐述协同理论、信息可视化理论和内源式发展理论。其中，协同理论对应"推进现代信息技术的综合应用是数字乡村建设的基本特征"和"加强整体规划与配套是数字乡村建设的必然举措"这两点内涵特征，信息可视化理论对应"提高农村居民信息素养与技能是数字乡村建设的重要内容"这一内涵特征，内源式发展理论对应"数字乡村建设的关键作用是增强乡村内生发展动力"这一内涵特征。

一、协同理论

（一）协同理论的概念

协同理论主要研究的是开放系统在与外界有物质和能量交换的情况下，通过内部协同作用自发出现时间、空间和功能上的有序结构的现象。这一理论以系统论、信息论、控制论、突变论等现代科学成果为基础，并采用统计学和动力学相结合的方法，通过对不同领域的分析，提出多维空间理论，并建立一整套数学模型和处理方案。协同理论的核心思想是系统在不同尺度、不同层次和不同领域之间相互作用和关联。这些相互作用和关联可以通过协同作用来促进系统的结构演化和功能优化。协同作用可以是系统内部各个组成部分之间的相互作用，也可以是系统和外部环境之间的相互作用。通过这些协同作用，系统可以实现从无序到有序的转变过程。协同理论在从微观到宏观的过渡上具有广泛的适用性。无论是在物质世界还是在社会经济领域，都可以找到各种系统和现象从无序到有序转变的共同规律。协同理论的应用范围包括自然科学、工程技术、社会科学等多个领域。

协同理论可以加强不同学科之间的交流，促进不同领域的交叉研究。在物理学、化学、生物学、天文学等自然科学领域，协同理论可以帮助解决系统的复杂性问题。通过研究系统中不同组成部分之间的相互作用和关联，可以揭示系统的演化规律和功能优化机制。例如，在物理学中，协同理论可以应用于描述物质的相变过程和自组织现象。在化学中，协同理论可以用于解释化学反应的动力学和催化机理。在生物学中，协同理论可以用于研究生物系统中的合作效应和自适应行为。在经济学、社会学和管理科学等社会科学领域，协同理论可以应用于研究组织的协调和合作机制。通过分析组织内部各个部门之间的相互作用和信息流动，可以建立协调的组织系统，实现工作的协同和目标的达成。例如，在管理科学中，协同理论可以应用于优化组织的工作流程和提高效率。

协同理论的发展确实与许多学科的发展密切相关，它在建立跨学科框架方面起着重要作用。协同理论的跨学科本质使得它能够综合不同学科的知识和方法，从而提供一种综合性的理解和解决复杂问题的思路。尽管协同理论在应用时有一些局限性，但它已经取得了一些重要的应用研究成果。例如，在城市规划领域，协同理论可以用于分析城市系统中不同组成部分之间的相互作用，从而优化城市的规划。在环境保护领域，协同理论可以应用于研究生态系统中的相互依赖关系和环境保护措施的协调性。在信息技术领域，协同理论可以用于设计和优化网络系统的通信和协作机制。然而，协同理论的应用仍然存在一些挑战。由于复杂系统的多样性和复杂性，定量分析和精确建模仍然是一个挑战。此外，协同理论的应用也需要更多的实证研究和实际案例的验证，以进一步推动其在不同领域的应用。

（二）协同理论在数字乡村建设中的应用

协同理论是中国数字乡村建设最重要的理论基础之一。数字乡村建设是一个庞大而复杂的系统性工程，其中存在许多差异和变化，但同时也蕴含巨大的协同潜力。国家提出数字乡村发展战略的目的是要综合推进农业农村信息化，并充分发挥其中的协同效应。这将驱动数字化协同创新和数字化协同治理两大核心力量的形成，并推动农业农村进入数字化时代的新秩序和新结构，如图 2-1 所示。

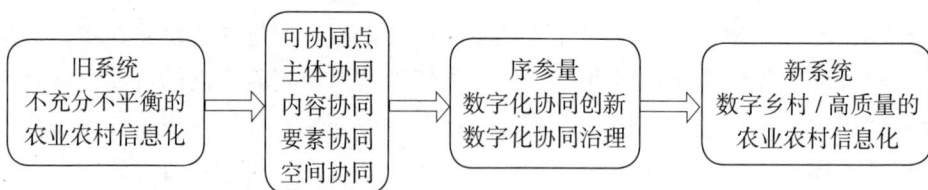

图 2-1　中国数字乡村建设的协同逻辑

按照系统内部的现实差异性，数字乡村建设可重点从以下几个方面挖掘协同效应。

一是主体协同。在数字乡村建设过程中，多元主体的广泛参与是非常重要的，可以促成各方的资源整合和优势互补，实现共同发展。确立各主体的角色定位和职责是协同推进的基础。政府在数字乡村建设中扮演着规划制定、政策支持和资源引导的角色；企业可以提供技术支持和资金投入；合作社、行业协会可以组织农民进行合作经营；高校和科研机构可以提供技术研发和培训支持；村集体可以参与产业发展和资源整合；农村居民则是项目的参与者和受益者。

为了激发各主体的积极性和创造力，可以采取一系列措施。例如：提供激励政策和金融支持，鼓励各主体创新和合作；开展培训和技术交流，提高各主体的专业能力和合作水平；建立信息共享和沟通平台，方便各主体之间的交流和合作。

二是内容协同。数字乡村建设是为了实现全方位、高质量的农业农村信息化，需要综合推进多个内容维度的协同演进，以形成互促合力和叠加效应。首先，乡村数字基础设施建设是数字乡村建设的基础。这包括宽带网络覆盖、物联网传感器设备、云计算和大数据中心等基础设施的建设。只有拥有稳定、高速的网络和先进的设备，才能支撑起乡村的数字化转型和信息化应用。其次，乡村数据资源开发与管理是实现乡村信息化的关键。这涉及农业农村各类数据的收集、整合、存储和管理。通过有效利用这些数据，可以为农业生产、农村经济、乡村治理等方面提供精准的决策支持。最后，乡村治理数字化是为了提高农村治理的效能和水平。通过数字技术的应用，可以实现农村基层治理的信息化、精细化和智能化，提升农民参与决策的能力和获得感。

三是要素协同。在数字乡村建设过程中，要注重要素投入的协同，以确保各要素的协调推进。首先，设施建设是数字乡村建设的基础。要加大对乡村数字基础设施建设的投入，包括宽带网络、物联网设备、智能设备等的建设，以提供稳定和先进的信息化基础设施支持。其次，土地供给是数字乡村建设的基础条件。要确保有足够的土地用于建设数字农业园区、农业科技示范基地等，为数字农业发展提供物质基础。

资金投入是数字乡村建设的重要保障。要加大对数字乡村建设的财政支持，引导社会资本参与投资，加大对数字农业、数字服务产业等的资金投入，确保项目的顺利开展。

技术引进是数字乡村建设的重要推动因素。要加强对先进数字农业技术的引进和推广，提高农民的技术水平，推动农业生产的现代化和智能化。

人才支撑是数字乡村建设的核心。要加大对数字农业和乡村数字服务产业人才的培养和引进力度，建立健全人才培养机制，提供专业化的人才支撑，以保障数字乡村建设的顺利进行。

组织保障是数字乡村建设的关键。要加强组织领导和协调机制的建设，完善数字乡村建设的管理体制和政策制度，形成统一领导、分工协作的工作机制，确保各要素投入的协同推进。

在数字乡村建设中，技术协同是非常重要的。数字乡村建设的目标是通过综合应用现代信息技术，实现农业和农村的全面发展和改造。这需要各种现代信息技术的协同推进和融合应用。互联网、物联网、云计算、大数据、人工智能、区块链等技术在农业农村的应用都有非常大的潜力，可以带来很多变化。例如，互联网可以帮助农民更方便地获取市场信息和销售农产品；物联网可以实现精确的农业生产管理；云计算和大数据可以帮助农业农村的决策制定和精确管理；人工智能可以提供智能化的农业技术和服务；区块链可以提高农产品的溯源性和信任度。

四是空间协同。空间结构优化是数字乡村建设中非常关键的一环。通过优化基础设施、产业园区、服务中心等硬件的空间布局规划，可以提升这些硬件载体之间的协同性，建立更加开放协调的空间格局，从而实现区域间、城乡间、县城与乡镇间的衔接和联系更加顺畅。数字乡村建设中的空间协同不仅仅是简单的物理连接，更重要的是打破信息壁垒和信息孤岛，通过数字技术的应用，实现不同空间载体之间的信息共享和互动。这样可以促进资源的优化配置，提高生产效率和服务质量，同时也为乡村居民提供更多的就业机会和发展机会。

此外，在数字乡村建设过程中，主体协同、内容协同、要素协同和空间协同是相互关联的。私营部门和公共部门在数字化协同创新能力和数字化协同治理能力方面的提升，将推动乡村的重构。数字化协同创新能力包括农业生产、农产品加工、电子商务等私营部门的创新能力，而数字化协同治理能力主要涉及公共部门在政策制定、服务管理、公共服务提供等方面的能力提升。这两方面能力的逐步提高将驱动数字乡村新系统的最终形成。

二、信息可视化理论

（一）信息可视化理论的概念

视觉是人类获取信息的主要途径。科学实验表明，信息可视化具有很多优势和应用价值。信息可视化可以帮助人们更好地洞察数据和发现规律。通过可视化工具，数据变得更具有可操作性，可以更容易地发现数据之间的关联和趋势，从而获得有价值的信息。例如，将大量的数据以可视化的方式呈现，人们可以更清晰地看到数据的变化趋势和异常点，从而及时采取相应的行动。此外，信息可视化还有助于解释复杂的信息和概念。通过图表、图形等可视化形式，可以将复杂的数据和概念简化、梳理成易于理解的形式，让人们更容易掌握信息和理解其含义。这对于科学研究、商业分析、政策制定等非常重要。此外，信息可视化也有助于提高工作效率和管理绩效。通过可视化工具，人们可以快速获取和传递有用的信息，减少烦琐的数据处理过程，提高工作效率和决策效果。在管理层面，信息可视化可以帮助管理者更全面、直观地了解组织或项目的运行情况，及时发现问题并采取相应措施。

信息可视化理论包括数据可视化、信息可视化和知识可视化三个部分。

数据可视化的主要目的是将数据通过图表、图形、地图等视觉形式展示出来，使人们能够更好地理解数据。它在科学计算可视化的基础上增加了对数据变化的可视化以及与人进行交互的能力。这有助于人们从数据中提取有用的信息，并支持决策和解决问题。然而，数据可视化的对象仅局限于空间数据是不准确的。事实上，数据可视化可以适用于各种类型的数据，包括时间序列数据、文本数据、网络数据等。数据是人们观察外部世界的原始材料，它们并没有直接的意义。数据可视化帮助人们更好地描述数据中所发生的事情，但它可能与人们手头的具体任务有关，也可能与任务无关。因此，数据可视化只是帮助人们更直观地理解数据，并为人们提供更好的数据分析和决策支持工具。要想形成有用的信息，需要人们对数据进行深入分析和解释，找出与手头任务有关的部分。数据可视化只是一种辅助工具，它提供了数据的可视化呈现，而人们需要通过对数据的分析来获取更深层次的信息。

信息可视化是将大量的抽象数据通过可视化手段转化为有用的信息。它通过图表、图形、地图、可视化界面等方式，将数据以一种直观、易懂的方式表现出来，帮助用户发现数据中的模式、趋势、关联等信息，从而做出更好的决策。与数据可视化相比，信息可视化将对象从空间数据扩展到了非空间数据和多维数据。

进一步地，信息经过人类的分析和理解，结合人类的价值认知，就可以形成知识。知识是对信息的深入理解和分析，是经过加工、整合、归纳而形成的有价值的信息。知识可视化的处理对象不再是数据，而是人类的知识。知识可视化的本质是利用视觉表征手段来转化知识，并以能够直接作用于人感官的外在表现形式呈现出来。通过视觉化的方式展示知识，能够更加直观地传播、分享和理解知识。知识可视化的目标是传递各种类型的知识，包括见解、经验、态度、价值观、期望、意见和预测等。通过合理的视觉表达和设计，知识可视化不仅可以帮助人们更好地理解和应用这些知识，还可以帮助人们对复杂的信息和概念进行整理和分类，从而提供更好的知识表达和传递方式。

（二）信息可视化理论在数字乡村建设中的应用

在数字乡村建设中，应用信息可视化理论可以为政府、农户等主体提供更好的产品、服务和平台。对于政府来说，应用信息可视化理论可以显著提升其公共服务供给能力和治理效率。通过信息可视化，政府可以更清晰地展示公共服务的数据和信息，更直观地向公众传递政策和相关信息。这样可以增加政府与群众之间的互动，提高公共服务的效果。对于农户来说。通过可视化展示产品和服务，可以更好地参与网络市场，实现农产品的销售和推广。

在数字乡村建设中，数据可视化建设是非常重要的一环。首先，需要进行相关硬件设施的建设，如传感器、数据采集设备等，以确保数据的准确采集。其次，要建立数据存储和管理系统，确保数据的安全性和可靠性。数据融合是将不同来源的数据整合在一起，形成完整的信息体系，这对于数字乡村建设来说也是至关重要的。此外，数据传输也需要考虑到网络的覆盖和带宽等问题，确保数据的及时传输。最后，数据的呈现是实现数据可视化的关键，包括图表、地图、可视化界面等方式，以便用户能够直观地理解和利用数据。一旦数据可视化建设初步完成，就可以过渡到信息可视化和知识可视化的建设阶段。信息可视化主要是将数据转化为信息，通过可视化手段清晰地呈现信息，帮助用户快速理解和分析。在数字乡村建设中，信息可视化可以用于展示农田管理、气象预测、市场需求等方面的信息，帮助农民和农业从业者做出决策。知识可视化则更进一步将信息转化为知识，以帮助用户更好地理解、应用和创新。例如，将农业经验、种植知识以图表、教学视频等形式展示出来，帮助农民学习和应用。此外，数字乡村中的各种平台和系统也可以通过知识可视化将相关知识进行整合和传播，促进数字乡村各方面的发展和创新。

目前，尽管中国已经在全国水利"一张图"、农村公路基础属性和电子地图数据库、重要农产品全产业链大数据、农田建设"一张图"、数字乡村"一张图"、农产品质量安全追溯管理信息平台、农药和兽药基础数据平台等方面的可视化建设上取得了初步进展。但是，数字乡村的可视化建设仍然存在一些问题，包括数据可视化的基础设施建设不足，硬件设备落后，缺乏统一的数据采集、存储等标准规范，已有数据资源难以实现互联互通、协同共享等。

数据可视化、信息可视化和知识可视化是数字乡村建设中的重要内容之一。目前，数据资源的开发利用存在不足，导致数据价值无法得到深度挖掘。为了解决这个问题，可以建立决策知识库、模型库和方法库，通过关联分析、分布式计算和多维度展示等手段,从大数据中挖掘出复杂变量之间的规律,揭示变量间的内在机理,拓宽人类认知的边界,形成新知识。

三、内源式发展理论

(一)内源式发展理论的概念

内源式发展理论的提出是对 20 世纪六七十年代盛行的外源式发展模式进行反思和批判的结果。内源式发展是一种自然发生的社会发展方式,依赖于国家或民族的内部因素。由于内源式发展在相对封闭的环境中进行,因此从空间维度来看,这种方式的社会发展具有独特的地域或民族特色;从时间维度来看,这种方式的社会发展在历史的不同时期表现为社会交往不充分。

在不同的历史时期,内源式发展情况的发生缘由各不相同。在古代,由于环境封闭和社群间交往能力不足,内源式发展主要取决于各地社群自身的能力。在近代,尽管交通和交流工具的进步促进了人与人之间的联系,但由于文化差异和抵触情绪,内源式发展仍然存在。在现代社会,随着文明和生产力的进一步发展,经济全球化和信息化成为主要趋势,要求各民族和国家之间打破隔阂,实现合作共赢。然而,在涉及国家重大利益和尖端科学领域的核心技术方面,国家仍然倾向于依靠内源式发展而不是资源共享。

内源式发展是古代文明社会发展的基本方式,它强调社会群体在特定独立环境下与自然的物质变换。在今天的"地球村"时代,在经济全球化的影响下,各地区、民族和国家之间的交流也日益增加,这使得内源式发展被更为突出的交互性发展方式所遮蔽。然而,这并不意味着内源式发展会消失无形。相反地,各地区、民族和国家在政治、经济和文化方面仍然保留着相对独立的发展形态。尽管在经济全球化的大背景下,我们越来越看到经济全球化和本土化相互作用、相互影响的趋势,但内源式发展仍然在现代社会中发挥着重要作用。经济全球化的发展和本土化的保留并不矛盾,它们可以相辅相成。在经济全球化的潮流中,各地区、民族和国家仍然通过本土化的方式来保留和弘扬自己的文化特色。这种保持本土特色的内源式发展对于维护多样性和文化传承至关重要。

(二)内源式发展理论在数字乡村建设中的应用

在经济全球化的推动下,以逐利为导向的资本为各国工业化和城市化注入动力,城市的中心地位被不断强化,而农村日益面临边缘化、空心化、内卷化等问题。在此进程中,外源式发展模式被广泛运用于农村发展的具体实践中,其核心思想是外部力量介入能够刺激农村发展。然而，外源式发展模式的逐利本质使其演变为一股掠夺农村资源、加剧农村凋敝的力量。在外源式发展模式中，外部力量的介入限制了农村本土的自主性，忽视甚至践踏地方人文、生态等非经济因素，导致地方在农村发展过程中深陷主体迷失与作用异化的困境。与外源式发展不同的是，内源式发展在本质上是一种自我导向型发展，实现了乡村发展"自下而上"的转换，突出地方的自主性和能动性，充分发挥社区的作用，强调地方对发展选择的决策权、对发展过程的控制权、对发展收益的享有权。

内源式发展的内在实现路径在于：首先，让地方居民参与，让他们在规划、决策和实施中发挥重要作用，这样可以增强乡村发展的凝聚力。其次，通过加强地方文化，传承乡土传统，提升地方居民对乡村的归属感和自豪感来培育地方认同。这有助于激发地方居民的积极性和创造力，推动乡村实现内源式发展。最后，注重保护和合理利用本地资源，避免过度开发和破坏。通过合理规划和管理，保护自然环境和生态系统，确保乡村内源式发展的可持续性。换言之，内源式发展应该是"外发促内生"与"内联促外引"的有机结合。

数字乡村建设是一个需要内外部力量协同作用的过程，仅靠地方内部力量很难完成。这就需要城市的信息化资源下沉到乡村地区，为乡村注入新的发展动力。数字乡村建设需要重视内部主体与外部主体的互动和合作。乡村地区需要与发达城市和其他地区进行合作，共享技术、资源和经验。通过与外部主体的互动，乡村地区可以获得更多的创新资源和技术支持，促进乡村的数字化发展。同时，数字乡村建设也需要重视内部资源与外部资源的整合。乡村地区拥有丰富的自然资源和人文资源，这些资源可以与外部资源进行有机结合，形成具有乡村特色和优势的数字化发展模式。内部资源和外部资源的整合，可以促进乡村地区的综合发展，提高乡村居民的生活质量。

在数字乡村建设过程中，要坚持以地方参与、地方认同和地方资源为前提。只有深入了解地方的实际情况和资源禀赋，才能根据实际情况因地制宜地开展数字乡村建设。同时，数字乡村建设也要以人为本，注重社区居民的参与和认同。通过以社区为单位的组织动员工作，可以培育本土居民对数字乡村建设的理念认同和角色认同，使他们积极参与到数字乡村建设中来。

在数字乡村建设中，还需要做好规划和与外部合作。规划是指明方向、明确目标的重要环节，对数字乡村建设起到指导作用。而与外部合作则可以借鉴其他地区的成功经验，吸收优秀的数字乡村建设实践，促进本地区的发展。

第三章 数字乡村建设的支撑技术

数字乡村建设是一项打基础、促发展、顾长远的历史性任务，需要一定的数字化技术作为重要支撑力量。当前，以物联网、云计算、大数据、GIS、人工智能、虚拟现实、数字孪生技术为代表的新一代信息技术日益深入农业农村的各个领域和环节，正在深刻改变着农业生产和农民生活的方式。本章则围绕物联网技术、云计算技术、大数据技术、GIS 技术、人工智能技术、虚拟现实技术、数字孪生技术展开研究。

第一节 物联网技术

一、物联网技术概述

（一）物联网基础知识

1.物联网的定义和本质特征

物联网（Internet of Things，IoT）是指利用各种设备和技术，实时采集各种需要的信息，然后通过网络实现物和物、物和人的广泛连接以及对物体和过程的智能化感知、识别与管理。物联网，其实就是万物互联的意思。它不仅是对互联网的扩展，也是互联网与各种信息传感设备相结合形成的网络，能够随时随地实现人、机、物三者的相互连接。

一般来讲，物联网与互联网承担的业务和功能不同，二者是互补关系。互联网是全球化的，只要计算机接入互联网就能与全球相连。物联网建设在互联网之上，但是并不是任何人都能接入。例如，电力系统的物联网只有电力系统的相关人员才能进入，交通系统的物联网只有交通系统的相关人员才能接入，所以物联网实际上是专网。互联网是全球性的，物联网是区域性的。物联网的核心网既可以是下一代互联网，也可以是现有的互联网。

物联网的本质特征表现在以下三方面。

第一，物联网的核心在于"物"，实质在于"控"。物联网的"网"是媒介，是众多参与者组成的或松散或严格的组织。对于物联网，信息的生产者和消费者均可以是智能化的设备，设备本身就成为系统的参与者，不再仅是人工管理的执行者，如此庞大的相对对等的终端群为超系统的存在提供了基础。

因此，物联网有两层含义：一是信息传输与交流要通过网络（互联网或专用网都可以作为信息传输手段）；二是物物相联结成网状。物联网的本质是要实现物与物、物与人之间的互动，在网络的范围内，可以实现人对人、人对物以及物对物的智能化识别、定位、跟踪、互联互通、监控和管理。在方式上可以是点对点式的，也可以是点对面或面对点式的。因而，互联网延伸了物联网的边界，而物联网延伸了管理的触角，使管理摆脱了调度的模式而得以成为一种协同工作的机制。

第二，物联网是具有 3C 特性的物理系统。物联网不是虚拟网络，也不是一般意义上的物理网络，而是一种具有通信、计算机、控制的 3C（communication，computer，control）特性的物联系统，具有全面感知、泛在连接、智慧智能的特点，即利用射频识别技术（RFID）、传感器、二维码及其他感知设备随时随地采集各种动态对象，利用以太网、无线网、移动网将感知的信息进行实时的连接与传送，然后对物体实现智能化的控制和管理，真正达到人与物的沟通。

第三，物联网本质上是经济和社会的深度信息化。信息与通信技术水平越高，信息技术、通信技术与其他技术（如传感技术等）的融合越深入，信息化涉及的领域、对象越多，信息基础设施越完善，数据越海量，信息互联互通越深入，信息处理能力越高，信息化为人类生产、生活做出的贡献越大。也就是说，物联网只不过是信息化推进到某一阶段而已，在这个阶段，很多特征比此前的信息化更加显著，更加深入。

2. 物联网的四大类型

物联网可分为私有物联网、公有物联网、社区物联网和混合物联网四种类型，如图 3-1 所示。

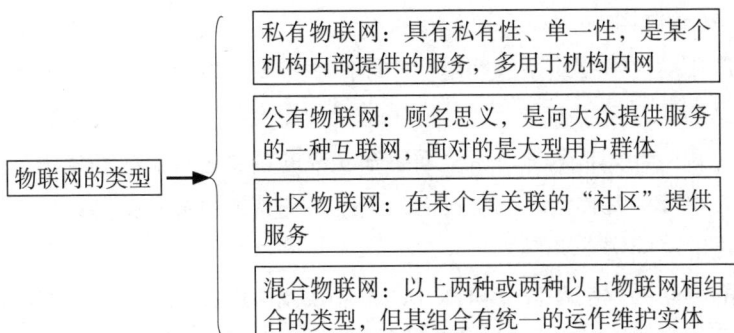

私有物联网：具有私有性、单一性，是某个机构内部提供的服务，多用于机构内网

公有物联网：顾名思义，是向大众提供服务的一种互联网，面对的是大型用户群体

物联网的类型

社区物联网：在某个有关联的"社区"提供服务

混合物联网：以上两种或两种以上物联网相组合的类型，但其组合有统一的运作维护实体

图 3-1 物联网的类型

3. 物联网的技术特征

物联网是一个基于互联网、传统电信网等的信息承载体，它让所有能够独立寻址的普通物理对象形成互联互通的网络。物联网的核心是数据，最核心的技术问题是如何获取数据、如何传输数据、如何应用数据。因此，物联网的技术特征也相应地包括全面感知、泛在连接和智慧应用三个方面。

（1）全面感知

全面感知解决数据获取的问题。这里的数据既包含物理世界的数据，也包含人类社会活动产生的各类数据。感知是指利用识别、捕获、测量等技术手段，对各类数据进行采集获取的过程。近年来，由于微电子技术的快速发展，嵌入式设备日益微型化和低功耗化，使得为每个物品或生物体安装电子感知装置成为可能，物联网进入了全面感知的时代。为了使物品具有感知能力，需要在物品上安装不同类型的身份识别装置（如电子标签、条形码、二维码等），或者通过各类传感器感知其物理属性和个性化特征。

（2）泛在连接

泛在连接解决数据传输的问题。"泛在"的含义是无处不在。因为物联网接入的物品分布范围广且数量巨大，所以必须建设"无处不在"的网络进行连接和传输。数据传输的稳定性和可靠性是保证物与物相连的关键，要求传输环节必须具有更高的带宽、更快的传输速率、更低的误码率。同时，由于无处不在的感知数据很容易被窃取和干扰，这就要求泛在连接必须保证数据传输的安全性和完整性。物联网是异构网络，不同实体间的信息交互可能存在协议规范的差异，因此需要通过相应的软、硬件进行转换。这些软、硬件一般被称为物联网协议网关。

（3）智慧应用

智慧应用解决数据应用的问题。物联网服务人类社会的最终目的是为各行各业提供数据的智慧应用方案。智慧应用是指利用大数据技术、人工智能技术、云计算等各种智能计算技术，对由全面感知获取的信息进行分析和处理，提升对物理世界、人类社会各种活动的洞察力，最终实现智能决策与控制，以更加系统和全面的方式解决问题。

早期的物联网只在零售、物流、交通等领域使用，近年来物联网应用已经进入智能农业、智慧医疗、环境监控、智能家居、智慧教育等与老百姓生活密切相关的领域之中。物联网应用的广度和深度在不断深化，并且智能化程度日益提高。

（二）物联网关键技术

1. 感知与识别技术

感知与识别技术是物联网的基础，负责采集物理世界中发生的物理事件和数据，实现外部世界信息的感知和识别。感知与识别方面的关键技术包括传感器技术、RFID 技术、条码技术、二维码技术等。

（1）传感器技术

物联网实现感知功能离不开传感器，传感器技术作为物联网最底层的终端技术，对支撑整个物联网起基础性的作用，是实现物物互联的基础，是互联网延伸为物联网的前提条件。传感器最大的作用是帮助人们完成对物品的自动检测和自动控制。目前，传感器的相关技术已经相对成熟，被应用于多个领域，如地质勘探、航天探索、医疗诊断、商品质检、交通安全、文物保护、机械工程等。传感器是一种检测采集装置，能感受、采集到被测量的信息，并能将感受到的信息按特定的要求转换成电信号或其他所需的信号进行输出，最后由传感网传输到计算机上，以满足信息的传输、处理、转换、存储、显示、记录和控制等要求。

第一，传感器的组成。传感器的物理组成包括敏感元件、转换元件以及信号调理与转换电路三部分，如图 3-2 所示。

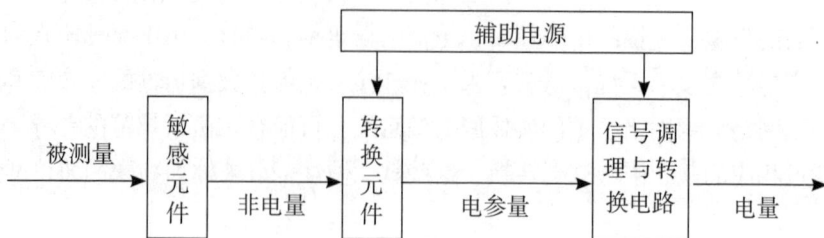

图 3-2　传感器的组成

敏感元件可以直接感受对应的物品；转换元件也叫传感元件，主要作用是将其他形式的数据信号转换为电信号；信号调理与转换电路可以调节信号，将电信号转换为可供人和计算机处理、管理的有用电信号。

第二，传感器的特点与分类。传感器的特点包括微型化、数字化、多样化、智能化、多功能化、系统化、网络化等，它是实现自动控制、自动传输和自动检测的重要设备。

传感器是人类五官的延伸及拓展。通常传感器可分为温度传感器、湿度传感器、压力传感器、流量传感器、液位传感器、超声波传感器、气敏传感器、光敏传感器和智能传感器等。

①温度传感器。温度传感器是一种感知温度并转换成可用输出信号的传感器。它是利用某些材料或元件的性能随温度变化的原理来测量温度的。温度传感器广泛应用于工农业生产、商品流通、医疗健康、科学研究和国防军事等领域。

②湿度传感器。湿度传感器是一种感知湿度并转换成可用输出信号的传感器。它是利用湿敏材料吸附水分子或对水分子产生物理效应等原理来测量湿度的。湿度传感器广泛应用于工农业生产、商品流通、医疗健康、科学研究和国防军事等领域。

③压力传感器。压力传感器是一种感知压力并转换成可用输出信号的传感器。它是利用压电效应等原理来测量压力的。压力传感器广泛用于石油化工、水利电力、航天航空和医疗健康等领域。

④流量传感器。流量传感器是一种感知介质（如液体、气体）的流量并转换成可用输出信号的传感器。流量传感器广泛应用于工农业生产、商品流通、医疗健康和科学研究等领域。

⑤液位传感器。液位传感器是一种感知液位并转换成可用输出信号的传感器。它是利用流体静力学原理来测量液位的。液位传感器广泛应用于工农业生产、商品流通、医疗健康、科学研究和国防军事等领域。

⑥超声波传感器。超声波传感器是一种感知超声波并转换成可用输出信号的传感器。它是利用超声波对液体、固体的穿透力强，遇到杂质和分界面会产生反射回波，遇到活动物体产生多普勒效应等原理来获取信息的。超声波传感器广泛应用于医疗健康、科学研究和国防军事等领域。

⑦气敏传感器。气敏传感器是一种感知特定气体并转换成可用输出信号的传感器。它利用声表面波器件的波速和频率随外界环境变化而发生漂移的原理，通过测量声表面波频率的变化来获得气体浓度变化值。气敏传感器广泛应用于生产、

生活、健康和安全等领域，如一氧化碳检测、瓦斯气体检测、煤气检测、氟利昂检测、乙醇检测和人体口臭检测等。

⑧光敏传感器。光敏传感器是一种感知光信号并转换成可用输出信号的传感器。它是利用光敏元件感知光信号的。光敏传感器种类繁多，主要有光电管、光电倍增管、光敏电阻、光电晶体管、红外线传感器、紫外线传感器、光纤式光电传感器、色彩传感器、电荷耦合元件、互补金属氧化物半导体图像传感器和太阳能电池。

⑨智能传感器。智能传感器是一种带微处理器的，具有信息采集、处理、传输和存储等功能的传感器。智能传感器具有集成处理、功能多样、综合成本低等特点，广泛应用于工业、农业、国防和科学研究等领域。

（2）RFID 技术

RFID 技术是一种识别系统与特定目标之间无须建立机械或者光学接触，通过无线电信号识别特定目标并读写有关数据的识别技术。RFID 技术具有安全、读写方便、处理速度快、数据容量大和使用寿命长等优点，广泛应用于工业、农业、国防和科学研究等领域。RFID 应用系统一般包括 RFID 读写器和 RFID 标签。

（3）条码技术

条码是将宽度不等的若干黑条和白条按照一定的编码规则排列，用以表达一组信息的图形标识符。

条码一般只在水平方向表达信息，而在垂直方向不表达任何信息。常见的条码是由反射率相差很大的黑条（简称条）和白条（简称空）排成的平行线图案。条码技术具有可靠性强、效率高、成本低、易于制作、构造简单和灵活实用等优点，广泛应用于工业、农业、国防和科学研究等领域。

（4）二维码技术

二维码技术，也被称为二维条码技术或二维条形码技术，是一种广泛使用的信息识别技术。这种技术通过使用黑白相间的图形来编码信息。这些图形在二维平面上按照特定的规律排列，它们与计算机中的二进制数相对应。通过使用对应的光电识别设备，人们可以将二维码输入计算机，进而进行数据的识别和处理。

二维码有两类，一类是堆叠式 / 行排式二维码，另一类是矩阵式二维码。堆叠式 / 行排式二维码与矩阵式二维码在形态上有所区别，前者由一维码堆叠而成，后者以矩阵的形式组成。两者虽然在形态上有所不同，但都采用了共同的原理：每一个二维码都有特定的字符集，都有相应宽度的"黑条"和"空白"来代替不同的字符，都有校验码等。

二维码技术具有以下几个方面的优点。

①编码的密度较高，信息容量很大。一般来说，一个二维码理论上能容纳1850个大写字母或者2710个数字。如果换算成字节，可包含1108个；换算成汉字，能包含500多个。

②编码范围广。二维码编码的依据可以是指纹、图片、文字、声音、签名等，具体操作是将这些"依据"先进行数字化处理，再转化成条码的形式呈现。二维码不仅能表示文字信息，还能表示图像数据。

③容错能力强，具有纠错功能。二维码局部沾染了油污，变得模糊不清，或者被利器穿透导致局部损坏，在这些极端情况下，二维码都可以正常地识读和使用。只要二维码损毁面积不超过50%，都可以利用技术手段恢复其原有信息。

④译码可靠性高。二维码的错误率低于千万分之一，比普通条码错误率低十几倍。

⑤安全性高，保密性好。

⑥制作简单，成本较低，持久耐用。

⑦可随意缩小和放大比例。

⑧能用多种设备识读，如光电扫描器、CCD 设备等。

2. 网络与通信技术

网络是物联网信息传递和服务支撑的基础设施，通过泛在的互联功能，实现感知信息高可靠性、高安全性传送。

（1）接入与组网

物联网的网络技术涵盖泛在接入和骨干传输等多个层面的内容。以互联网协议第六版（IPv6）为核心的下一代网络，为物联网技术的发展创造了良好的条件。以传感器网络为代表的末梢网络在规模化应用后，面临与骨干网络的接入问题，并且其网络技术需要与骨干网络进行充分协同，这些都将面临新的挑战。

（2）通信与频管

物联网需要综合各种有线及无线通信技术，其中近距离无线通信技术是物联网的研究重点。由于物联网终端一般使用工业科学医疗 ISM 频段进行通信（免许可证的 2.4 GHz ISM 频段全世界都可通用），频段内括大量的物联网设备以及现有的无线网、超宽带、紫峰协议、蓝牙等设备，频谱空间将极其拥挤，制约物联网的实际大规模应用。为提升频谱资源的利用率，让更多物联网业务能实现空间并存，须切实提高物联网规模化应用的频谱保障能力，保证异种物联网的共存，并实现其互联互通、互操作。

（3）移动通信网络优化技术

移动通信网络作为覆盖范围最广、应用最普及的无线通信网络，在物联网体系架构中具有不可替代的重要作用，并且是物联网发展初期最主要的终端接入手段。一般来讲，必须从物物通信的业务模型出发，对移动通信网络进行优化。通过设计更低带宽、更低码率编码的传输方式，支持更小资源粒度的分配；简化同步、小区搜索、随机接入、切换过程以及移动性管理；简化调度、工控、混合自动重传请求和链路自适应。

（4）异构网络接入与组网技术

在物联网应用中，大量设备会以不同的方式接入网络，如局域网、无线网、全球移动通信系统、窄带物联网、无线传感网等。因此，这就要求各类异构网络能够实现互联互通，而且要求网络设备、智能终端根据自己的应用需求、通信能力、能源供给情况、网络环境等智能选择接入方式。此外，异构网络还必须能够支持多种终端或网元间的相互协同，以完成以某一任务为目标的、临时的动态组网，以提高物物互联的效率。

3. 信息处理与服务技术

信息处理与服务技术负责对数据信息进行智能信息处理并为上层应用提供服务。对于物联网而言，信息的智能处理是最为核心的部分。物联网不仅仅要收集物体的信息，更重要的在于利用这些信息对物体进行管理。因此信息处理与服务技术是提供服务与应用的重要组成部分。

由于物联网处于发展的初级阶段，因此物联网的信息处理与服务也处于发展之中。对于大规模的物联网应用而言，海量数据的处理以及数据挖掘、数据分析正是物联网的最大潜力所在，然而目前这些还处于发展阶段的初期。

4. 物联网控制技术

物联网控制技术是一种面向物联网系统的控制技术，如嵌入式控制技术、网络控制技术和组态软件技术。

（1）嵌入式控制技术

嵌入式控制技术是一种基于嵌入式控制系统对被控对象进行控制的技术。嵌入式控制系统可以嵌入许多设备或系统中，以实现对设备或系统的控制。嵌入式控制技术广泛应用于生产过程控制、农业自动化系统控制、消费电子产品控制、交通系统控制和军事装备控制等领域。

（2）网络控制技术

网络控制技术是一种控制信号与被控对象的状态反馈信号通过网络进行传输的控制技术，是计算机网络技术在控制领域的延伸和应用。网络控制系统是一种基于网络控制技术的控制系统，其网络类型可以是局域网或广域网，也可以是有线网络或无线网络，控制设备可来自不同厂商，传感器可具有不同类型。网络控制技术广泛应用于工业自动化、农业自动化、商业自动化、交通自动化、军事自动化和家庭自动化等领域。

（3）组态软件技术

在组态软件出现之前，对于传统控制软件的开发，一般需要编写计算机程序来实现软件功能。编写计算机程序往往存在工作量大、工期长、成本高和可靠性低等问题。

组态软件技术是一种能较好地解决以上问题的控制软件开发技术。应用组态软件，开发人员很容易通过模块组合（组态）实现控制软件的功能，而不需要编写计算机程序。

组态软件具有如下特点：①功能丰富，组态软件提供控制软件界面设计工具，支持实时数据处理、历史数据管理、动画展示、图表展示，还支持集中式控制、分布式控制和远程控制。②易学易用，组态软件使用简单，开发人员甚至不用掌握计算机编程语言就能完成复杂控制软件的开发。③开发效率高，当控制系统硬件、结构和用户需求发生变化时，组态软件很容易完成控制软件的修改。④可靠性高，组态软件预置了控制软件所需的各种模块，开发人员可根据实际情况通过组装模块的方式完成控制软件开发，极大地提高了控制软件的可靠性。⑤开放性好。组态软件支持接入多种可编程逻辑控制器、智能仪表、板卡和变频器等设备，支持接入多种数据库，支持多种通信协议。

5. 物联网安全技术

物联网安全技术是保障物联网系统开发、运行与维护的安全技术，主要包括数据保密技术、认证技术、入侵检测技术、容侵技术、容错技术、容灾技术和访问控制技术。

（1）数据保密技术

数据保密技术是采用数学或物理手段，对在传输过程中的数据进行保护以防止泄露的技术，包括对称加密算法、非对称加密算法和哈希加密算法。

第一，关于对称加密算法。对称加密算法是一种加密密钥和解密密钥相同的加密算法。其特点是算法公开、计算量小、加密速度快和加密效率高。常见的对称加密算法有数据加密标准、高级加密标准等。

第二，关于非对称加密算法。非对称加密算法是一种加密密钥和解密密钥不同的加密算法。非对称加密算法需要一对密钥，即公钥和私钥。如果用公钥对数据进行加密，就只能用对应的私钥解密。其工作过程为：甲方生成一对密钥（公钥和私钥），并将公钥公开，乙方使用公钥对机密信息进行加密后发送给甲方，甲方用私钥对加密后的信息进行解密。非对称加密算法的特点是安全性高，但计算量大、加密速度慢。常见的非对称加密算法有椭圆曲线加密算法等。

第三，关于哈希加密算法。哈希加密算法是一种利用某种单向哈希函数进行加密的算法。哈希加密算法是一种单向算法，其特点是用户可以通过哈希加密算法对目标信息生成一段特定长度的唯一哈希值，但不能通过这个哈希值重新获得目标信息。哈希加密算法常用于消息签名、消息完成性检测和消息非否认检测等。常见的哈希加密算法有消息摘要算法、安全哈希算法等。

（2）认证技术

认证是一个实体用一种可靠的方式验证另一个实体某种属性的过程。认证技术主要有身份认证、消息认证和数字签名认证。

第一，关于身份认证。身份认证又称身份验证、身份鉴别，是指通过一定的手段确认用户的身份，即确认该用户是否具有对某种资源的访问和使用权限，以保障合法用户的利益，防止攻击者假冒合法用户获得资源的访问权限。

第二，关于消息认证。消息认证是指验证消息的完整性。它包含两层含义：一是验证消息的发送者不是冒充的，即信息起源认证；二是验证消息在传送过程中未被篡改、重发或延迟等。消息认证主要是防止信息被篡改，而不能防止消息被窃取。

第三，关于数字签名认证。数字签名认证是一种通过在原数据上附加一些数据或对原数据进行密码变换以电子形式对原数据进行签名的技术。一套数字签名方案通常同时定义两个运算，一个用于签名，另一个用于验证。数字签名有两个作用：一是能保证消息的完整性；二是防止抵赖发生，确认消息确实是由发送方发出的。

（3）入侵检测技术

入侵检测通过收集和分析网络行为、安全日志、审计数据和关键节点信息等，检查物联网系统是否存在违反安全的行为和被攻击的迹象。入侵检测技术作为一种主动的安全保护技术，提供对内部攻击、外部攻击和误操作的实时防御，在物联网系统受到危害之前进行入侵响应或拦截。入侵检测技术主要包括特征检测和异常检测两种技术。

第一，关于特征检测。特征检测假定入侵行为可以用一种模式来表示，通过检测被检行为是否符合某个入侵模式来判断该被检行为是否属于入侵行为。特征检测只能把基于已知入侵模式的入侵行为检测出来，而不能检测基于未知入侵模式的入侵行为。

第二，关于异常检测。异常检测建立正常行为特征库，并假定入侵行为与正常行为的特征不同。异常检测主要是比较被检行为与正常行为，若两者的特征偏差较大，则认为该被检行为属于入侵行为。由于不需要对每种入侵行为进行描述，所以异常检测能有效检测未知的入侵，漏报率低，但误报率高。

（4）容侵技术、容错技术和容灾技术

容侵技术是指物联网系统在遭受入侵时仍能够提供全部或部分服务的技术。

容错技术是指物联网系统出现故障时能够自行恢复并提供全部或部分服务的技术。

容灾技术是指物联网系统在遭受火灾、洪灾和震灾等灾害时仍能够提供全部或部分服务的技术。

（5）访问控制技术

访问控制技术是指对用户合法使用资源的认证和控制的技术。这里，资源包括目录、文件、数据项等信息资源以及服务器、硬盘、打印机等设备资源。访问控制技术主要是为了保证合法用户按权限访问受保护资源，拒绝非法用户访问或合法用户越权访问受保护资源。

二、物联网技术在数字乡村建设中的应用

关于物联网技术在数字乡村建设中的应用，主要表现在以下几方面。

第一，利用物联网技术可以实现家畜监测。牧场管理者可以利用家畜传感器对家畜进行监控，不仅可以轻松追踪家畜的位置，还可以获取家畜健康状况的数据，识别患病的家畜并将其隔离，进而预防疾病的传播。

第二，利用物联网技术可以推动智慧农业发展，具体表现在以下几方面。

首先，通过物联网技术，可以实现对农作物生长环境的实时监测和数据采集，同时也可以实现远程控制和调整。在农作物生长过程中，物联网传感器节点可以实时采集土壤水分含量、有机质含量和 pH 值等关键参数，这些参数对农作物生长非常重要。通过分析这些参数的变化趋势，种植人员可以根据实际情况调整施

肥和灌溉的量和时机，以确保农作物得到合适的养分供应和水分管理，提高农作物的生长质量和产量。此外，运用物联网技术还可以实现农作物生长状态的实时监测和远程调整。通过与种植人员的手机 App 关联，种植人员可以随时监测农作物的生长情况，包括温度湿度变化、光照强度等。如果发现问题，可以及时采取措施进行远程浇灌或施肥等，以保证农作物的正常生长和产量稳定。

其次，物联网技术在农业生产中的应用，使得农业生产与农业销售能够进行有效的对接。通过全程监控农作物的生长情况，物联网技术可以实现农产品的安全溯源，确保农产品的质量，并为农产品后期的经营销售提供便利。概述来说，在农业监管中利用物联网技术可以对农产品的全供应链质量进行追溯查询。为了实现这一目标，需要在农产品信息收集环节，为每个农产品生产基地设置相应的电子标签和条码，并将施肥、浇水等记录与条码关联起来。在农产品的加工和销售过程中，相关数据也可以记录在电子编码和条码中。

此外，还可以结合其他物联网技术，如无线传感器网络和云计算等，实现农产品生产全程数据的收集和存储。通过追溯码查询，消费者和商家都可以轻松了解农产品的生长、加工和销售全过程，并确保农产品的质量和安全。通过建立农产品追溯系统可以提高农产品交易的透明度，提高消费者对农产品的信任度，从而提高农产品的市场竞争力。

最后，正确利用物联网技术建设物联网农产品电商平台对推动农产品在电商领域的发展具有重要意义。这一平台不仅可以促进农产品的销售，还能够提供农产品生产过程的实时追溯，为消费者带来更加可靠、透明的农产品购买体验。通过物联网技术，农产品的生产环境、生长条件、采摘时间等信息可以被实时采集、监控和记录。消费者在平台上能够获取详细的农产品信息，包括生长过程中使用的肥料、农药情况，以及产品是否符合有机认证等。这样的信息对于消费者来说是有价值的，他们可以根据自己的需求和偏好进行购买决策。这不仅提高了消费者对农产品的信任度，还有助于消费者更好地了解产品的质量和安全性。

此外，物联网农产品电商平台的建设还可以推动农业生产效益的提高。农产品追溯系统可以帮助农业生产者更好地管理农作物的生产过程，提高生产效率和保证农产品质量。通过实时监测和反馈，农业生产者能够及时发现并处理问题，有效减少病虫害、自然灾害等因素导致的损失，并改善农产品供应链管理。

第三，利用物联网技术可以推动农村生活智能化的实现。物联网技术在农村地区的养老、教育和医疗方面的应用，可以提升农村地区的生活质量，提高农村居民的福利，促进数字乡村建设水平的提升。

首先，在养老方面，区域养老信息平台可以更好地对农村地区的养老需求进行统计和归类，有针对性地提供相应的养老服务。运用物联网技术，可以实现对老人的定位追踪、健康状况监测等，及时发现老人身体异常或紧急情况，提供相应的援助和救助。同时，通过智能化的养老设备和服务，可以提供更加便捷和舒适的养老环境，帮助老人提高生活质量。

其次，在教育方面，运用物联网技术可以帮助农村学校和教师更好地搜集教学资源，丰富教学内容。教师可以通过线上平台对学生进行学习情况的动态分析，更好地指导学生的学习，个性化地开展教育教学工作。同时，运用物联网技术也可以提供远程教育，搭建农村地区学生与城市优质教育资源对接的桥梁，为农村学生提供更多的学习机会和发展空间。

最后，在医疗方面，运用物联网技术可以实现远程医疗服务，在农村地区有利于解决医疗资源不足的问题。通过远程体温监测、智能识别和远程问诊等技术手段，可以提供给医生更多的信息，帮助医生判断病情和进行诊疗。同时，运用物联网技术还可以实现智能看护，对老人和患者进行全天候的监测和照顾，提高医疗服务的质量和便捷性。

第二节 云计算技术

一、云计算技术概述

（一）云计算基础知识

1.云计算的定义和特点

（1）云计算的定义

云计算是指将多台计算机系统的资源（计算、存储、网络等）进行统一管理，对多租户提供按需使用、简化管理、方便部署的计算机应用系统。它允许用户根据需要获取和释放计算机资源，而不必购买和维护大量的硬件和软件。此外，云计算提供商可以集中管理这些资源，以提供高可用性、高可靠性和高安全性的服务。

云计算作为一种技术手段和实现模式，使得计算资源成为向大众提供服务的社会基础设施，将对信息技术本身及其应用产生深远影响。运用云计算技术，能够提高社会计算资源的利用率，推动以互联网为基础的物联网迅速发展，将更加有效地提升人类感知世界、认识世界的能力，促进经济发展和社会进步。

（2）云计算的特点

云计算由并行计算、分布式计算、网格计算等发展而来，除了继承了这些计算模式的精髓外，还有其独有的特点，具体如下。

一是超大规模。云计算拥有的基础设施规模是巨大的。

二是高可靠性、高通用性和高扩展性。在云数据中心，每个任务有多个数据副本，当任务出现数据复写等错误时，可通过数据副本进行修复，具有更高的可靠性。并且，云数据中心支持不同应用的运行，可动态伸缩原有规模，具有高通用性和高扩展性。

三是支持虚拟化。云计算通过网络为用户提供所需资源，用户在使用资源时并不知道自己使用的资源在哪个计算机集群上。

四是按需提供服务。云计算提供商根据用户付费的情况，按需提供所需的资源。

2. 云计算的部署模型

云计算通过网络构建了一个庞大的计算机服务体系，为保证系统的安全性和满足服务对象的不同需求，其部署模型通常被划分为四种，即公有云、私有云、社区云和混合云，每一种部署模型都具有特殊的应用场景和服务对象。

公有云需要由拥有大量计算、存储、网络等资源的云计算服务提供商建设，面向公众提供互联网服务。在该部署模式下，"云"中的资源和服务像日常生活中的水、电等公共生活资源一样，用户只需要接入互联网，便可以低廉的代价获得计算机服务，如阿里巴巴、百度、腾讯、微软等互联网企业提供的云服务器租用服务、存储服务等，用户只要按需付费"租赁"即可使用满足自己需要的服务器、存储等设备。

与公有云相比，私有云只面向特定人员（如企业内部员工）提供云服务。该部署方式能够对单位组织内部的数据提供有效的保护。私有云所使用的物理设备可通过单位内部建设或委托、租赁等方式获得，目前呈现出公有云"私有化"的趋势。

社区云是一种有限开放的"共享式私有云"。与公有云不同的是，社区云的适用对象是若干个业务相似或有数据、服务等内容共享的组织，各个单位之间共享一套物理设备。因而，社区云内部的单位组织可以访问相同的云服务，云平台的建设可以由多家单位共建，或者委托第三方建设，不同单位之间实现数据共享的同时，也可以进行数据备份，这样能够有效提高整个云平台数据的抗风险能力。

混合云是上述云部署模式的结合体，根据实际的云服务访问需求，在一个云平台中面向多种类型的用户授权时，需要结合公有云、私有云和社区云的部署模式。这种云计算模式能够发挥各个部署模式的优点，实现云之间的数据和应用程序的平滑流转。

3. 云计算的服务分类

云计算的目标是对计算、存储、网络等资源进行管理，以求达到资源利用效率的最大化。因此，从服务的角度来说，云计算主要包括三层架构：基础设施即服务、平台即服务、软件即服务。

（1）基础设施即服务（IaaS）

IaaS 提供给客户的服务是所有计算机基础设施的服务，包括虚拟机、处理器、内存、防火墙、网络带宽等基本的计算机资源。用户可通过应用程序编程接口（API）或控制面板进行访问，并且基本上采用租用基础架构的方式。操作系统、应用和中间件等内容由用户管理，云服务提供商则负责硬件、网络、硬盘驱动器、数据存储和服务器，并负责处理中断、维修问题。

对于客户而言，IaaS 的巨大价值通过"云爆发"来实现。云爆发是指当业务瞬间增长，需要大量的计算资源时，将任务负载扩展到云环境的过程。云爆发促成的资本节约潜力巨大，因为企业无须额外投资利用率很低的服务器，那些服务器一年中只有两三次能够用到 70% 的容量，其余时间仅有 7% ~ 10% 的负荷。

（2）平台即服务（PaaS）

PaaS 是指软件的整个生命周期都是在 PaaS 上完成的。硬件和应用软件平台由外部云服务提供商来提供和管理，而用户负责平台上运行的应用以及应用所依赖的数据。

这种服务面向的用户包括应用程序开发员、测试员、部署人员和管理员，旨在为用户提供一个共享的云平台，用于应用开发和管理，而无须构建和维护通常与该流程相关联的基础架构。

通过 PaaS 模式，用户可以在一个提供软件开发工具包（SDK）、文档、测试环境和部署环境等在内的开发平台上非常方便地编写、部署应用。不论是在部署阶段还是运行阶段，用户都无须为服务器、操作系统、网络和存储等资源的运维而操心，这些烦琐的工作都由云服务提供商负责。

业界典型的 PaaS 产品包括 Google App Engine、Windows Azure Platform、Heroku 等。

（3）软件即服务（SaaS）

SaaS 是将云服务提供商负责管理的软件应用直接交付给用户的服务，提供给用户的服务是云上的应用程序。SaaS 应用通常是一些用户可通过网页浏览器访问的 Web 应用或移动应用，SaaS 应用服务会为用户完成软件更新、错误修复及其他常规软件维护工作。

SaaS 同时也为客户提供了一种降低软件使用成本的方法：按需使用软件，而不是为每台计算机购买许可证。尤其是考虑到大多数计算机差不多 70% 的时间是空闲的，SaaS 可能非常有效。客户不必为单一用户购买多个许可证，而是让许可证的使用时间尽可能接近 100%，从而尽可能地节省成本。

用户可以在各种设备上连接应用程序，通过控制面板或 API 连接至云应用，不需要管理或者控制任何云计算设施，如服务器、操作系统和储存等。因此，用户可以把主要精力用于主营业务，而不是把时间浪费在聘请和留住 IT 人员。

最常见的 SaaS 是协作应用程序、在线项目管理应用程序、客户关系管理程序以及基于云的储存和共享服务。

（二）云计算关键技术

云计算的实现采用分层架构，其中的关键技术包括高性能计算技术、虚拟化技术、分布式数据存储技术、资源管理技术、云计算平台管理技术和多租户隔离技术等。下面主要介绍高性能计算技术、虚拟化技术和资源管理技术。

1. 高性能计算技术

随着科技的发展及人们需求的不断提高，人们对计算机计算速度的要求也不断提高，正是在这种情况下，高性能计算应运而生。也正是高性能计算技术的不断发展，才催生出了云计算技术，可以说高性能计算技术是云计算的关键技术之一。

高性能计算的本质是支持全面分析、快速决策，即通过收集、分析资料及模拟自然现象或产品，以最快的速度得到最终分析结果，揭示客观规律，支持科学决策。对于科研工作者来说，这意味着减少科学突破的时间，增加突破的深度；对于工程师来说，这意味着缩短新产品上市的时间，增加复杂设计的可信度；对于国家来说，这意味着提高综合国力和参与全球竞争的实力。

随着计算机技术的飞速发展，高性能计算速度不断提高，其标准也不断变化和更新，对称多处理、大规模并行处理机、集群系统、网格计算、消息传递接口等都是高性能计算技术的内容。

2.虚拟化技术

云计算模式最关键的突破就是资源使用方式的改变。通过虚拟化的方式，可以在短短几分钟内创建一个独立且可根据需求进行配置的虚拟机供用户使用。虚拟化技术通过软件的方法重新定义和划分信息技术资源，实现信息技术资源的动态分配、灵活调度和跨域共享。这种技术的出现，使得信息技术资源的利用率得到了显著提高,使其真正成为计算基础设施,并能满足各种应用的灵活多变的需求。可以说，虚拟化技术是云计算中最关键、最核心的技术原动力。下面详细介绍服务器虚拟化。

服务器虚拟化是指通过虚拟化技术将一台计算机虚拟为多台逻辑计算机。服务器的虚拟化是通过在硬件和操作系统之间引入虚拟化层，实现硬件与操作系统的解耦。服务器虚拟化有两种常见的架构：寄居架构和裸金属架构。寄居架构将虚拟化层运行在操作系统之上，当作一个应用来运行。寄居架构依赖于主机操作系统对设备的支持和物理资源的管理。裸金属架构直接将虚拟化层运行在 X86 的硬件系统上，再在其上安装操作系统和应用。因为裸金属架构可以直接访问硬件资源，而不需要通过操作系统来实现对硬件的访问，所以具有更高的效率。VMware Server 是寄居架构虚拟化产品的代表；而 Xen、XenServer、VMware ESX Server 和 KVM 都是基于裸金属架构的虚拟化产品。

3.资源管理技术

云计算需要将分布式的海量资源进行池化，然后提供给用户使用，因此，云计算的关键技术还包括资源管理技术。资源管理技术主要包括两个方面：一是对海量资源的统一管理，二是对资源的弹性管理。在云计算环境下，主要通过基于概率预测的负载均衡技术、基于遗传算法的资源调度技术、双向竞拍资源竞价技术等，来有效地对动态、异构、分布以及自治等方面的云计算资源进行管理。

二、云计算技术在数字乡村建设中的应用

关于云计算技术在数字乡村建设中的应用，主要表现在以下几方面。

第一，利用云计算技术，在云端搭建"互联网＋政务"，实现横向与纵向各类政务服务的互联互通，为大规模数据整合和交换提供可能，实现基础软硬件资源的统一管理、按需分配、综合利用，从而实现"互联网＋政务"管理的一体化，这对于数字乡村建设具有重要意义。

同时，在数字乡村建设过程中，运用云计算技术，统筹利用已有的资源等，发挥云计算虚拟化、高可靠性、高通用性、高可扩展性及快速、按需、弹性服务等优势，向乡村地区的相关组织和公众提供有偿或无偿服务的云平台，如教育云、医疗云、档案云、交通云等，有利于推动政府对大数据技术的开发与利用，从而为广大群众提供更加方便快捷的服务。

第二，利用云计算技术可以推动农业信息化的实现。首先，通过云计算技术，可以实现对海量的文字、图片、视频等形式的资源进行整合，并建立专门的数据库来存储和管理海量信息，从而突破以往数据库的限制。这种有效的资源加工和分析方式，可以为农业发展提供最可靠和适宜的资源信息，为农业生产提供准确的决策支持，进而帮助农业实现健康高速发展。其次，通过科学地应用信息化手段，可以利用云计算技术监督农业生产过程，并实时地整理和分析农业生产信息。同时，在实际应用过程中，通过有效反馈来优化这些信息技术，并将它们与物联网相联系，从而实现对农业生产的有效管理。再次，利用云计算技术可以对农业生产过程中的各种因素进行有效监测和分析，包括气象数据、土壤条件、作物生长情况等。在农作物的生长过程中，利用云计算平台可以全面地收集和分析与作物生长状况相关的数据。然后，针对收集到的信息进行专业的解析，实现对农作物生长状况的实时监测，并储存收集到的全部数据。在高度专业化的农业生产中，信息的收集显得尤为重要。这些信息能够揭示农业生产和农作物生长的相关规律，进一步推动农业的发展。云计算技术的运用，大大增加了农业信息的存储空间，从而方便进行有效的农业生产和监管工作。最后，利用云计算技术可以使农产品交易市场中存在的信息不对称问题得到有效解决，通过可靠的第三方电子交易平台的构建，利用云服务将农村农产品的供给与市场对农产品的需求进行无缝对接，从而促使交易成本减少，并提高农产品的销售效率。同时，云计算具有针对大数据的分析处理能力，可以对海量的市场数据进行分析和挖掘。

通过云计算技术，能够实现对市场中的有效需求和潜在需求进行较为精准的分析，从而为市场中的需求群体及时提供优质的农产品。这种需求预测和分析可以帮助农民更好地把握市场需求，优化种植结构和生产计划，提高农产品的市场竞争力，进而帮助农民获得更好的收益。另外，云计算技术的运用还可以为农业生产和农产品销售带来更多的创新机会。例如，利用云计算技术可以搭建覆盖全国乃至全球的农产品销售网络，拓展农产品的销售渠道，提高农产品的市场占有率和品牌影响力。

第三，利用云计算技术可以有效地解决乡村文化传播中存在的诸多问题。首先，通过云计算的数据存储和管理功能，可以将大量的乡村文化信息存储在云端，并且可以实现高效的管理和共享，提高了乡村文化的利用率和传播效率。其次，云计算的传播功能可以快速地将乡村文化信息传递给受众，并且可以实现跨地域、跨文化的传播，提高了乡村文化的知名度和影响力。

另外，通过乡村文化传播共享平台，优秀的乡村文化可以得到更多的关注和传承。平台可以吸引来自不同地区、不同文化背景的受众，将乡村文化传播到更广泛的受众群体中，并且可以在受众中激发创造性思维，对优秀的乡村文化进行改进和再创造。这种创新性、适应性改造可以为乡村文化注入新的生命和活力，使其更好地适应现代社会的发展。同时，批判性继承是乡村文化传承中非常重要的一环。通过平台，受众可以对优秀的乡村文化进行深入了解和研究，发现其优点和不足之处，并且可以在继承的基础上进行批判和创新。这种批判性继承可以促进乡村文化的持续发展和进步，使其在当代社会中发挥更大的作用。

第四，利用云计算技术强大的数据处理能力可以促使乡村基础设施建设的效率得到有效提升，并且实现资源的共享和优化，节约建设过程中所需的时间、人力、财力等资源。同时，在建成的农村基础设施的利用与管理上引入云计算，能有效提高农村整体现代化水平，如基于云计算的农村教育信息化、医疗信息化等。一方面，基于云计算的农村教育信息化可以提供远程教育、在线学习、互动教学等功能，提高农村教育的质量和普及程度；另一方面，基于云计算的医疗信息化可以提供远程诊疗、在线预约、健康管理等功能，提高农村居民的健康意识和健康水平。

第五，在对乡村的环境污染治理过程中，云计算发挥重要的作用。通过搭建监测云平台，云计算技术可以提供实时的环境监测和数据分析，帮助乡村的环境监管部门更好地了解当地的环境状况，及时发现和解决环境污染问题。具体而言，云计算技术可以实现对污染源的监测和数据收集。通过在云平台上部署传感器和数据采集设备，可以实时监测乡村的环境数据，包括空气质量、水质等。这些数据将被收集、处理和分析，为环境监管部门提供科学依据。

此外，云计算技术还可以助力乡村生态文明建设。通过云计算平台，环境监管部门可以建立污染源的数据库，了解污染源的类型、分布和排放情况，从而制定更加科学、有效的治理措施。同时，云计算技术还可以提供环境预测和预警服务，帮助环境监管部门及时掌握环境变化趋势，采取有效措施应对环境风险。

第三节　大数据技术

一、大数据技术概述

（一）大数据基础知识

1.大数据的定义

大数据，通常是指多源异构、跨域关联的海量数据集合，其数据量特别大、数据形态众多、数据结构复杂。直观地讲，大数据除了是大量数据的集合，还包括数据收集、数据存储、数据分析、数据利用、数据共享、数据管理等过程，是一个复杂的技术体系。

大数据在各个学科领域包括医学、经济学、管理学以及公共管理学等领域得到了广泛探讨与研究。从广义上看，大数据为人们提供的是一种看待世界的新方法。着眼于整体分析的视角，数据的价值将呈现出意想不到的效果。

2.大数据的特征

大数据的特征可以从数据特征、技术特征、涌现特征和应用特征四个方面来理解。

（1）数据特征

第一，规模大。聚合在一起供分析的数据规模非常庞大。"大"是相对的概念，不同学科对"量大"的理解有所不同。统计领域中往往以"总体"的规模作为参照物，当样本量达到或接近总体规模时，称之为"大"的数据。对于搜索引擎，艾字节（EB）[①]属于比较大的规模，但是对于各类数据库或数据分析软件，其规模量级会有较大的差别。就目前来说，当数据量达到拍字节（PB）[②]以上，一般就可称为"大"的数据。大数据的时间分布往往不均匀，近几年数据的占比最高。

第二，类型多。数据形态多样，从生成类型上分为交易数据、交互数据、传感数据；从数据来源上分为社交媒体数据、传感器数据、系统数据；从数据格式上分为文本、图片、音频、视频、光谱等；从数据关系上分为结构化、半结构化、非结构化数据；从数据所有者上分为公司数据、政府数据、社会数据等。数据类

[①] 艾字节，计算机存储容量单位，常用 EB 来表示。1艾字节 =1024拍字节 =2^{60} 字节。

[②] 拍字节，计算机存储容量单位，常用 PB 来表示。1拍字节 =1024太字节 =2^{50} 字节。

型的多样性往往导致数据的异构性，进而增强数据处理的复杂性，对数据处理能力提出了更高的要求。

其中，结构化数据、非结构化数据与半结构化数据的区别与联系如表 3-1 所示。

表 3-1　结构化数据、非结构化数据与半结构化数据的区别与联系

类型	含义	本质	举例
结构化数据	直接可以用传统关系数据库存储和管理的数据	先有结构，后有数据	关系数据库中的数据
非结构化数据	无法用关系数据库存储和管理的数据	没有（或难以发现）统一结构的数据	语音、图像文件等
半结构化数据	经过一定转换处理后可以用传统关系数据库存储和管理的数据	先有数据，后有结构（或较容易发现其结构）	超文本标记语言（HTML）

第三，速度快。大数据中所说的速度包括两种，即增长速度和处理速度。一方面是大数据的增长速度快；另一方面是要求数据访问、处理、交付等速度快，"大数据的实时分析"成为热门话题。

第四，价值发现难度大。大数据蕴含的整体价值是非常大的。大量的各类数据和信息，不经过处理则价值较低，属于价值密度低的数据。在大数据中，数据价值和数据量之间不一定存在线性关系，有价值的数据往往被淹没在海量的无用数据之中。例如，一部长达 120 min 的连续不间断的监控视频中，有价值的数据可能仅几秒。挖掘大数据的有用价值并加以利用，是数据拥有者的目标。如何在海量的、多样化的、低价值密度的数据中快速挖掘出其蕴含的有用价值，是大数据技术的革命。

（2）技术特征

大数据的技术特征，可以归结为分布式可拓展、复杂关联性和技术兼容性等。

第一，分布式可拓展。以前是样本数据，现在发展成全量数据；以前是单源单模态数据，现在是多源多模态数据。因此，大数据的技术架构需要从单机向分布式或者并行架构演进。为适应数据的持续增长，其技术架构必须具备较高的可扩展性。

第二，复杂关联性。大量的数据叠加在一起，使得传统产业的边界变得模糊，

数据分析的需求发生变化。多源数据要求的数据跨界融合不仅需要高精度分析，还需要深层分析。

第三，技术兼容性。数据的多源异构性，使得采集、存储、管理、处理、分析和可视化等相关技术需要兼容更多处理方式。例如，大数据获取需要兼容全量采集与增量采集，大数据处理需要兼容实时、准实时与非实时计算，大数据分析需要兼容传统的查询分析计算和复杂数据挖掘计算等。

（3）涌现特征

大数据并不等同于"小数据的集合"，因为从小数据到大数据的过程中出现了"涌现"现象。"涌现"是大数据的一个非常明显的特征，所谓"涌现"也就是系统大于元素之和，或者说，系统在跨越层次时，出现了新的质。大数据"涌现"的具体形式有多种，包括价值涌现、隐私涌现、质量涌现和安全涌现。

价值涌现：大数据中的某个成员小数据可能"没有什么用（无价值）"，但由这些小数据组成的大数据会"很有用（有价值）"。

隐私涌现：大数据中的某个成员小数据可能"根本不涉及隐私（非敏感数据）"，但由这些小数据组成的大数据可能"严重威胁到个人隐私（敏感数据）"。

质量涌现：大数据中的某个成员小数据可能有质量问题（不可信的数据），如缺失、冗余、存在垃圾数据，但不影响大数据的质量（可信的数据）。

安全涌现：大数据中的某个成员小数据可能不涉及安全问题（不带密级的数据），但如果将这些小数据放在一起变成大数据之后，很可能影响到机构信息安全、社会稳定甚至国家安全（带密级的数据）。

（4）应用特征

大数据的应用特征可以从大数据应用的深度和广度两个维度来阐述。

从应用深度上，大数据的应用特征分为三个层次。第一个层次是描述性的，描述当前发展的态势曲线，呈现当时发展的历程；第二个层次是预测性的，能够在当前分析的基础上，预测未来会发生什么；第三个层次是指导性的，能够基于当前的态势进行预测，基于预测结果做出决策并进行推演。

从应用广度上，大数据的应用特征是跨界融合。传统的社会分工使不同领域和行业的数据以条块的形式存在，加之行业因素、本位主义及数据风险防范等原因，造成数据壁垒，成为数据融合的障碍。随着大数据应用不断深化，数据壁垒逐步被打破，数据之间的流动自由化程度越来越高，使不同领域、不同类型的数据成为高度关联的整体，实现跨界关联，形成新的大数据应用形态。

（二）大数据技术及其框架

大数据技术是指采集、获取、汇聚、处理数据的技术总称，包括数据的采集、数据预处理、分布式存储、数据库、数据仓库、机器学习、并行计算、可视化等。而大数据资源是指数据本身，是从资源利用的角度出发的，主要关心数据从哪里来、如何确权、如何治理、如何共享、如何交易流通、如何分析利用等问题。大数据产业则利用大数据技术作用于大数据资源，解决产业化落地问题。对大多数用户而言，主要从资源利用视角掌握即可。

第一，大数据处理周期。大数据处理周期是指从数据采集、清洗、集成、挖掘和分析等方面获得的各种各样的数据中快速获得有价值的信息的过程。目前所说的大数据有双重含义，它不仅指数据本身的特点，而且包括采集数据的工具、平台和数据分析系统。

大数据的研究目的是发展大数据技术并将其应用到相关领域，通过解决大数据处理问题实现突破性发展。因此，大数据带来的挑战不仅体现在如何处理大数据并从中获取有价值的信息，而且体现在如何加强大数据技术的研发、抢占时代发展的前沿。

第二，大数据技术框架。全球数据规模的迅速扩大带来了两大挑战。首先，处理如此庞大的数据量给当前的计算机存储和处理能力带来了巨大的压力。其次，多样化的数据处理需求也给技术带来了极大的挑战。正因为如此，数据处理能力已经成为关乎企业竞争力的重要因素。为了应对这些挑战，需要将多学科的知识和方法结合起来，并探索新型的数据处理方法。这些方法应该能够在兼顾数据多样性和不确定性的情况下，深入研究和理解数据的规律和统计特征。另外，数据仓储技术（ETL）在这个过程中扮演着关键的角色，负责从各种分布式的异构数据源中获取数据，如关系型数据和平面数据文件等，然后将这些数据抽取到临时的中间层进行处理。在这里，数据会进行清洗、转换和集成等操作，最后被加载到数据仓库或数据集市中。这些数据仓库或集市不仅为联机分析处理和数据挖掘提供了基础，也是企业进行决策和战略规划的重要依据。

二、大数据技术在数字乡村建设中的应用

关于大数据技术在数字乡村建设中的应用，主要表现在以下几方面。

第一，大数据技术的应用对智慧农业发展有着巨大的助力。通过采集和分析

农业基础数据，可以实现对农业生产全流程的集中管理和决策支持。首先，通过采集农业基础数据，如温度、湿度和光照等，大数据技术可以进行数据感知、数据流转和动态更新，实现对农田环境的实时监测。这有助于农民更好地控制和调节农田环境，提高农作物的生长质量和产量。其次，海量数据经过整理和加工以及清除无效数据后，形成多个智慧应用系统，其中包括基础数据库、专题数据库和主题数据库等。这些系统可以满足环境监测、决策管控、生产管理、质量溯源和市场营销等需求，实现对农业生产全流程的集中高效管理。

举例来说，近年来，贵州省积极推动大数据技术与农业生产的融合，通过科学化监管和可视化决策，提高农业生产效率和效益。其中，贵州省余庆县长坪生猪养殖场通过运用大数据技术，在生猪养殖管理和提高存活率的各个环节取得了显著的成效。在养殖场内，每头猪的耳标上都装有传感器，可以实时采集生猪的体温和运动数据。一旦猪出现体温过高或其他异常情况，云平台就会自动发出预警信息，养殖技术人员可以对猪的健康状况进行及时了解，并且采取相应的治疗措施，确保生猪的稳定生长和繁殖。通过这种智能化、数据化的管理方式，长坪生猪养殖场不仅可以提高生猪的存活率，还能够降低因疾病引起的死亡率。

此外，运用大数据技术还可以对养殖场的环境进行实时监测，如温度、湿度、空气质量等参数，确保养殖环境的舒适和安全。此外，长坪生猪养殖场还利用大数据技术对饲料配方进行优化，为生猪提供更加营养均衡的饲料。通过对历史数据的分析，可以得出最佳的饲料配方比例，不仅能够降低饲料成本，还可以提高生猪的生长速度和肉质品质。

第二，通过大数据技术的应用，可以推动公共服务的升级，缩小城乡信息鸿沟和公共服务差距。大数据技术作为驱动公共服务高质量供给的力量，可以减少农民的跑腿，实现数据进村。通过分析乡村的大数据需求，选择具有典型代表性的生活、生产、生态等相关指标来完成模型的构建。然后，以具体的应用需求为依据，建立相应的服务接口。通过这种方式，可以促使数字技术不断优化，并实现公共服务实践的更新。同时，需要将技术与管理工作相结合，将管理工作与公共服务相结合，以充分发挥大数据技术在基层服务工作中的优势来确保服务工作的有序开展。

以江西省定南县为例，该县推进"一门式、一窗式、一网式"政务服务模式改革，利用大数据技术的互联互通和扁平化特性，推动公共服务方式不断优化，使当地群众能够在不出村的情况下快捷办事。通过数字化建设的支持，定南县提升了群众对公共服务水平和效率的满意度，增强了群众参与政民互动的积极性。此外，这一举措还使政府和群众之间的空间壁垒得以打破，延伸了各项公共服务的范围，包括农田设施、公共安全、医疗卫生等。定南县的做法为其他地区提供了借助大数据技术赋能数字乡村建设的范例。

总的来讲，通过借力数字建设，公共服务水平可以得到提升，城乡信息鸿沟也得到缩小，且可以实现更加便捷高效的公共服务模式。

第三，通过大数据技术的应用，可以推动基础设施的改善，推动数字乡村建设向更高水平发展。乡村信息基础设施建设是数字乡村建设的基础，首先要实现基站、通信设备、移动网络的全覆盖。其次，要实现各种时空大数据的规范接入和汇聚，包括遥感遥测、移动定位等。最后，利用大数据技术实现实时感知和监测，为数字乡村的空间形态构建提供支持。

以河南省南阳市为例，该市于2022年2月全面启用大数据技术，并出台了《南阳市乡村建设行动实施方案》。该方案明确指出到2025年，全市乡镇以上区域和重点行政村将实现5G网络全覆盖。这一目标不仅体现了各地对完善信息技术基础设施的重视，也反映了乡村地区对数字技术应用的迫切需求。未来，除了网络覆盖的普及，南阳市还应注重丰富乡村网络的多样性。这意味着需要建设更多的基站和网络设备，以确保乡村地区的网络连接不仅覆盖面广，而且质量高。这将有助于提高乡村地区的生产效率和生活质量，促进当地经济的繁荣发展。更为重要的是，南阳市应建立数字乡村全新信息系统，以夯实数字乡村全面振兴的基础。这意味着需要利用大数据技术对各种信息进行收集、整合、分析和利用，从而为政府决策提供支持，同时也为乡村地区的企业和个人提供更高效的服务。

第四节　GIS 技术

一、GIS 技术概述

（一）GIS 基础知识

1. GIS 的定义

地理信息系统（GIS），又被称作"地学信息系统"。随着 GIS 的发展演变，也有不少人将其称作地理信息科学或地理信息服务。最初提出 GIS 这一术语的人是加拿大测量学家罗杰·汤姆林森（Roger Tomlinson），他建立了世界上第一个 GIS 系统——加拿大地理信息系统（CGIS），用于自然资源的管理与规划，因此他也被誉为"GIS 之父"。

GIS 是一种决策支持系统，它具有信息系统的各种特点。经过半个多世纪的发展，其概念和内涵也发生了巨大的变化，由地理信息系统的概念引申为地理信息科学和地理信息服务等相关概念。GIS 也是一种特定的十分重要的空间信息系统，它可以在计算机软、硬件系统的支持下，对整个或部分地球表层（包括大气层）的有关地理分布的数据进行采集、储存、管理、运算、分析、显示和描述。

GIS 的概念一直没有一个标准的定义，从不同的研究角度出发，在不同的发展阶段，有着不同的强调点。

从技术角度看，GIS 由计算机系统、空间数据库和用户组成，是在计算机硬件和软件的支持下，通过对空间数据的集成、存储管理、操作和分析，生成并输出各种空间信息的技术系统。

从学科角度看，GIS 是一门新兴的交叉学科，属于空间信息科学，它既依赖于地理学、测绘学、统计学等基础性学科，又取决于计算机硬件与软件技术、航天技术、遥感技术和人工智能技术的进步，其核心是计算机科学。GIS 既强调优化设计、数据库技术和有效存取数据的重要性，又从制图学科角度强调地图显示、处理与使用的重要性。

从应用角度看，GIS 是一门以应用为目的的信息产业，它的应用可深入各行各业，为资源管理、土地利用、环境监测、交通运输、城市规划以及政府各部门行政管理提供有用的信息，为规划、管理等提供辅助决策支持。

2. GIS 的类型

GIS 通常可以分为两大类，即专题型 GIS 和工具型 GIS。

（1）专题型 GIS

专题型 GIS 是具有有限目标和专业特点的 GIS 系统，以应用为目的，服务于特定的目的，如城市规划信息系统、森林动态监测信息系统、水资源监测信息系统、农作物估产信息系统、水土流失信息系统等。专题型 GIS 也具有区域性的特点，服务于区域综合研究，可以有不同的规模。

（2）工具型 GIS

工具型 GIS 常称为 GIS 工具、GIS 平台、GIS 外壳或 GIS 基础软件等，是一组具有图形数字化、存储管理、查询检索、分析运算和多种输出等 GIS 基本功能的软件包，是建立专题型 GIS 的支撑软件，如 ArcGIS、MapGIS 等。

工具型 GIS 是 GIS 研究和开发的核心内容，具有对计算机硬件适应性强、数据管理和操作效率高、功能强的特点，是具有较强实用性的信息系统。

从性能角度出发，可分为：①空间管理型 GIS，具有 GIS 的基础功能，强调对空间数据的管理；②空间分析型 GIS，具有 GIS 的分析功能，强调空间数据分析模型及功能；③空间决策型 GIS，具有辅助决策功能，强调知识库。

从软件角度出发，可分为：①最终用户用 GIS，以 GIS 为最终工具，得到处理结果，强调处理结果，不关心过程；②专业人士用 GIS，具有较强的空间分析功能，能扩充成各种 GIS 专业应用系统；③软件开发者 / 系统集成者用 GIS，以组件为核心，为系统开发 / 集成者提供技术手段。

从系统结构角度出发，可分为：①单机结构 GIS，不支持网络环境，只能在独立的计算机上实现 GIS 的各种功能；②网络结构 GIS，可在局域网或 Internet 网络环境支持下实现 GIS 的各种功能。

从研究对象的分布范围出发，可分为：①全球性 GIS，系统研究的区域范围为全球，如全球人口资源 GIS；②区域性 GIS，指以某种区域（如行政区）为对象建立的 GIS，如我国黄土高原 GIS。

3. GIS 的基本构成

GIS 的基本构成通常包括计算机硬件、计算机软件、空间数据、应用人员和应用模型五个部分。计算机硬件是 GIS 的物理外壳，通常包括计算机主机、数据输入设备、数据存储设备、数据输出设备和网络设备。计算机软件是 GIS 的核心，用于执行 GIS 的各种操作，目前应用较为广泛的 GIS 专业软件有 ArcGIS、MapInfo、SuperMap、MapGIS 和 GeoStar 等。空间数据是 GIS 的操作对象，它被形象地比喻为 GIS 的"血液"，这是因为所有的 GIS 应用都是围绕着数据来开展工作的。GIS 的开发是一项以人为本的系统工程，GIS 的应用人员包括系统开发人员和 GIS 技术的最终用户，他们的业务素质和专业知识都是 GIS 工程及其应用成功的关键。GIS 的应用模型是客观世界中事物或现象的一种抽象表达形式，根据应用场景的不同可以构建特定的应用模型，如商业选址模型、人口扩散模型、水土流失模型等。

GIS 的五大组成部分相互依赖、有机结合，为相关领域的各类应用提供了重要保障。随着计算机技术的不断进步和地球系统科学理论的复兴，地理信息系统技术已蔚然成为信息产业中的关键一环，应用广度与科学内涵已远远超过以制图自动化与图形分析为主的初期水平。GIS 目前在资源管理、城市规划、防洪减灾、辅助决策等领域的应用日趋成熟，逐渐成为人们科研学习、生产生活中重要的工具和手段。

4. GIS 的基本功能

GIS 的功能具体分析如下。

（1）数据采集

数据采集功能主要用于获取数据，保证 GIS 数据库中的数据在内容与空间上的完整性、数值逻辑的一致性与正确性等。数据采集在整个 GIS 建设中具有非常重要的意义。数据库的建设占总投入的 70% 或更多。目前，GIS 数据采集方法与技术很多，如手扶跟踪数字化仪、扫描数字化仪、遥感技术等。

（2）数据编辑与处理

GIS 中的数据通常按照地理类别和几何图形，抽象为不同专题和图层的地理信息，GIS 的数据编辑与处理功能是指将地理要素与地理对象等抽象为各种地理信息的图层，同时提供对地理信息各图层的图形、属性、拓扑的增加、修改、删除等编辑的功能，还包括数据转换、格式化等。数据转换又包括数据格式之间的转换、数据比例尺的变化以及坐标的变换等。

（3）数据存储与管理

GIS 数据存储与管理功能是指系统对已采集的地理信息（也称空间数据）进行存储和管理。这是建立 GIS 数据库的关键步骤，涉及空间数据和属性数据的组织。存储方式通常分为文件和数据库两种方式：以文件形式的存储和管理主要依赖 GIS 系统提供的基本功能；对数据库的存储和管理主要依赖空间数据库管理软件提供的功能。

（4）图形显示

GIS 源于地图，也离不开地图。GIS 的一个基本功能就是能根据用户的要求，通过对数据的提取和分析，以图形的方式表示结果。当 GIS 数据被描绘在地图上时，信息就变得容易理解和解释了，往往能起到"一图胜千言"的效果。GIS 不只是为了有效地存储、管理、查询和操作地理数据，更重要的是以可视化的形式将数据或经过深加工的地理信息呈现在用户面前，使用户方便地通过图形认识地理空间实体和现象及其相互关系。

（5）空间查询与空间分析

GIS 空间查询是指在有序数据集合的基础上，从空间数据库中找出所有满足其属性和空间约束条件的地理对象，即按特定的目标，有针对性地查找特定的表达和描述特定地理要素的数据集合。查询的实质是查找满足查询条件的空间数据与属性数据集合。

GIS 空间分析功能是 GIS 的核心功能，是 GIS 与其他系统的最本质的区别，也是 GIS 独特的研究领域。具体来讲，主要包括以下五种分析方法：①空间叠加分析。通过叠加分析，可以获取某一段时期内的土地利用变化情况、耕地减少数量、建设用地新增数量等相关信息。②区域缓冲区分析。可以使用 GIS 技术的区域缓冲区分析方法来确定地物的空间临近关系。③网络分析。在 GIS 中输入起点和目的地后，可以自动分析并获得最短行车路径或者公交转乘方案，还可以实时获取道路的路况信息，从而对当前行驶路线进行优化调整。④数字地形分析。可以在直观的数字环境中感受地形地貌。⑤空间统计分析。可以客观地统计和分析在某个特定地区，居民地是零散分布还是集中分布，或者是否沿河流分布。

（6）数据输出与可视化表达

GIS 的数据输出与可视化表达功能是 GIS 专门针对地理信息（空间数据）的位置、图形、属性而提供的制图与综合输出功能，它是将数据根据不同的应用目的进行处理分析后，以用户可以理解的某种方式呈现，基于地图学、地理信息科学、计算机科学、信息传输学等，通过多种技术，动态、直观且形象地表达、解释、传输地理信息，揭示其分布规律以及实现地理信息产品展示、专题地图制作、产品输出的重要功能。例如，以地图、表格、数字、曲线等形式表示于某种介质上。

（二）GIS 技术及其发展趋势

随着现代信息技术的不断发展，计算机技术快速发展，并应用于各个领域。随着需求的不断增长，GIS 技术也在逐步改进和完善。

基于对 GIS 相关理论知识的深入分析，可以总结出 GIS 技术是基于计算机软硬件系统，对整个或者局部地球表层空间中的相关空间分布数据进行采集、存储、管理、运算、分析、显示和描述的技术系统。其主要是对多种地理空间实体数据及其之间的关系进行处理及分析，包括属性数据、图形数据、空间定位数据、遥感影像数据等。GIS 技术涉及地图学、遥感、地理学和计算机科学，其已广泛应用于各个领域。

进入 21 世纪后，GIS 技术与应用向更深的层次发展，展现新的发展趋势。GIS 技术的发展受到社会需求牵引及 IT 进步双轮驱动。社会对 GIS 技术的需求越来越强烈，各部门纷纷引入 GIS。

在技术上，物联网、大数据、云计算、人工智能、区块链、移动互联网等给 GIS 注入了新的活力。具体表现为 GIS 与 Web 结合，使 WebGIS 成为主流，地理信息服务得到广泛应用；与云计算结合，诞生了云 GIS；与大数据技术结合，诞生了大数据 GIS；与人工智能结合，诞生了 AIGIS；与物联网技术结合，更是将数字城市时代推进到智慧城市时代。对于 IT 的每一次爆发式发展或新的技术突破，GIS 总能快速结合，谱写 GIS 新的篇章。下面针对几种典型的新型 GIS 技术进行具体介绍。

①云 GIS 技术。云 GIS 技术是结合了云计算技术、工作流技术、数据仓库、功能仓库、GIS 等技术而产生的全新一代 GIS 技术。云 GIS 技术是利用云基础设施获得大规模计算能力、存储能力来解决 GIS 中海量空间数据的分布式存储、分布式处理、分布式查询检索、互操作和虚拟化等关键性科学问题，提高 GIS 数据处理与管理能力，为计算密集型和数据密集型的各类 GIS 服务提供高性能处理方式的技术。

②大数据 GIS 技术。大数据的本质是针对研究对象的样本"超"覆盖。地理大数据与其他大数据的区别在于数据是否具有明显的位置特征。大数据 GIS 技术要求能够对空间大数据进行存储、处理、空间分析、流数据处理及可视化等。大数据 GIS 软件要求能够提供多种分布式空间数据引擎，支持大规模矢量 / 栅格数据存储，能够提供地理大数据分析，如支持基于 Spark 的并行地理计算等。大数据 GIS 技术还能提供高性能的分布式动态查询与检索，支持动态渲染技术等。

③三维 GIS 技术。人类生活在三维空间中，如果加上时间，则是生活在四维空间中。二维 GIS 技术将三维空间压缩到二维进行处理、表达，一般将三维变为属性来表达。简单来讲，三维 GIS 技术是指能够处理三维地理信息的 GIS 技术，三维高程不再作为属性，标识空间位置的坐标为三维坐标。

三维 GIS 的概念已经有 20 多年的历史，然而，基于技术及市场原因，三维 GIS 曾备受诟病。随着数据采集手段的进步，三维激光扫描、倾斜摄影测量等技术逐渐成熟，三维 GIS 技术与建筑信息模型走向融合，WebGL 及先进的游戏引擎等引入三维 GIS 技术，使得三维 GIS 技术重新成为 GIS 技术的焦点。尤其是"实景中国"等重大项目的推进，将进一步丰富三维 GIS 技术的应用。三维 GIS 技术大有全面取代二维 GIS 技术的趋势，未来的 GIS 技术应用必然围绕三维 GIS 技术展开。

二、GIS 技术在数字乡村建设中的应用

关于 GIS 技术在数字乡村建设中的应用，主要表现在以下几方面。

第一，利用 GIS 技术，可以获取地理、气象、土壤、水体、植被、农作物种植、行政区界与建筑轮廓、GPS 轨迹等方面的各类数据。在 GIS 信息基础上，整合农业生产经营主体数据、耕地基本信息数据、渔业水域数据、农业投入品数据、

农产品市场交易数据等，形成农业数据资源库，实现对农业生产和乡村环境等全领域、全过程、全覆盖的实时动态观测。

第二，利用 GIS 技术，可以对山川、湖泊、森林、草地、湿地、沙地、冰山等进行综合监测，能够比较精确地计算水土流失面积、荒漠化面积、森林砍伐面积等数据，客观评价生态破坏程度和波及范围，形成山水林田湖草沙系统数据资源管理"一张图"，为各级政府进行生态环境保护与治理提供科学依据，从而实现乡村生态环境的持续改善。

第三，随着农业农村现代化的加速推进和乡村振兴战略的全面实施，低碳发展已经成为乡村发展的内在动力和必然要求。GIS 技术的应用对实现低碳乡村发展起到了重要的推动作用。例如，在项目选址规划中，GIS 技术可以提供强大的空间分析和可视化能力，帮助决策者进行更为精准的项目选址。通过分析地形地貌、气候水文等空间数据，可以为项目选址提供科学依据。

此外，GIS 还可以模拟和预测不同项目选址的交通流量，从而制订更为合理的交通规划方案，减少不必要的交通拥堵和碳排放。同时，在碳源碳汇计算方面，GIS 技术也有着广泛的应用。通过对不同类型土地的碳源碳汇进行计算，可以评估不同土地利用方式的碳排放量。这些数据可以为乡村地区的低碳发展提供决策支持，推动碳汇计量系统的建立和碳排放管理数据库的完善，实现乡村区域的低碳发展。

第四，基于 GIS 技术的信息存储管理和三维可视化技术，可以有效推动乡村区域场景模型的建立，并创建类似实景导航的乡村漫游等场景。借助这些技术可以更加深入地了解乡村的地理、文化、生态等资源要素，并对其进行有效的管理和利用。在乡村旅游等产业推广中，通过 GIS 技术实现同城市数据的互联互通，可以更好地推广乡村的特色产品。例如，可以通过 GIS 技术将乡村的特色产品、旅游景点等信息与城市的数据进行整合，并在城市中宣传乡村的特色和优势。同时，可以通过 GIS 技术将乡村的文化资源、生态空间等信息进行整合和管理，创造更便捷、更市场化的条件，促进乡村特色产品的流通和市场推广。

第五，GIS 技术已经成功地应用于生态专题，其过程通常包括确立评价指标体系和评价方法，然后在利用一定的分析方法的基础上完成指标权重的确定。最后，运用 GIS 分析相关数据，以评估乡村生态空间的状况。同时，结合遥感技术和 GIS 的空间分析能力，可以确定目标地块的规划与环境容量。这样，就可以分析得出相关的各项环境规划指标，进一步计算与规划相关的生态指标，这有助于提高乡村生态规划建设的准确性和工作效率。

第六，通过 GIS 技术对乡村大尺度空间进行分析与评价，可以获得准确和丰富的数据，从而实现准确生态红线的划定，推进生态保护政策的有效实施，并克服后期管理上的困难。划定生态红线的方法是基于生态专题评价结果，利用 GIS 技术根据评价结果构建模型，并结合当地的政策、环境等因素进行红线的划定或者生态区域的划分。这个过程可以综合考虑各种生态要素和条件，包括地形地貌、植被分布、水文条件、气候因素等，以及当地的政策和环境要求。

第五节　人工智能技术

一、人工智能技术概述

（一）人工智能的定义、流派与技术构成

1. 人工智能的定义

从技术角度和发展过程来讲，人工智能在不同时期、针对不同群体的内容和含义是不同的。随着人工智能的发展和人们认识的深入，这些定义是动态发展且依然充满不确定性的，需要结合具体情况和语境来设定。通过对不同的人工智能的定义进行梳理，目前对人工智能的定义主要存在三方面的意见：一是从技术角度定义人工智能；二是从行为角度定义人工智能；三是从综合角度定义人工智能。

（1）从技术角度定义

从技术角度来讲，人工智能可以被简单定义为，由一系列技术组成的、可模仿人类行为的智能机器。这些技术是计算机技术的子集，具体可以包括软件、硬件、数据等。在人工智能技术发展初期，虽然有"人工智能"这一词语，但通常会被"软件""机器人"等词语代称。20 世纪 80 年代，人工智能可以被用来广义地描述进行智能活动的计算机科学。随着人工智能的发展和普遍使用，人们逐渐意识到，很多类型的计算机技术本身就可以是一项或一部分人工智能技术，因此，人工智能技术和产品也可以由计算机技术而产生。换言之，凡是使用计算机技术相关的创新活动，包含软件、硬件及对数据的处理，都有可能涉及人工智能技术的研发，对这些技术的支持，也会成为对人工智能技术发展的支持。

（2）从行为角度定义

从行为角度来讲，可以将人工智能描述为，具有人类智慧，可以做到"自主"输出、自主地创作与生产出具有创造性的艺术或技术成果。因此，人工智能可以与普通计算机技术区分开。

也有人遵循技术界的观点，通过技术特点对人工智能进行定义：人工智能可以读懂非结构化数据，使用计算机进行推理、自主学习。根据自主学习的程度，人工智能还可以分为弱人工智能与强人工智能。如果计算力与人类无异，可被视为通过图灵测试（一种测试机器是不是具备人工智能的方法），有资格被认定为弱人工智能。对于弱人工智能，计算机通过预先编程的数据库模仿基于外部表现的智能。任何输入给弱人工智能的结果都是确定的和预先确定的。相对地，如果可以实现深度学习，并可以实现具有创造性的表达，具有与自然人一样的意识和智力水平，则可以被认定为强人工智能。

（3）从综合角度定义

从综合角度来讲，如果单纯考虑人工智能的技术功能，会有一些人仅将人工智能定义为一类工具，仅仅是人类的辅助者。有保守的学者认为，只要人工智能还在人类的控制和使用下，无论其智能程度如何，就依然仅仅是一种工具。可以说，对人工智能进行定义非常不易，通常会根据目标主题不同，而强调不同的方面。鉴于人工智能的复杂性，也有学者消极地认为，不能给出定义。

斯坦福大学计算机科学教授尼尔斯·尼尔森（Nils Nilsson）曾提出一个有用且相当具有包容性的定义："人工智能是致力于使机器智能化的活动，而智能是使实体能够在其环境中正确运作并具有远见的品质。"[1]但是，这样的定义对人工智能本体认识和法律分析而言基本无用。

总的来讲，虽然学者在一些细节上对人工智能的认知有差异，但在关涉其基本思想和基本内容方面基本已达成共识：人工智能作为一门科学，其实就是一个像人一样能够自我感知和反应的人造系统。对此，有学者将人工智能所欲实现的主要目标归结为如下两方面：一方面，在技术层面，利用计算机完成有益的事情；另一方面，在科学层面，利用人工智能概念和模型，帮助回答有关人类和其他生物体的问题[2]。以上均是从科学层面来解释人工智能，这种意义上的人工智能更多强调的是如何通过多学科知识的运用，设计出类似于人工智能的机器模拟，这既涉及何为智能的基础理论，又意味着智能机器要具备相应的能力（模仿、深度学习等）。

---

① 王奕俊，杨悠然.人工智能背景下专业人才培养的发展路径与方向——基于会计职业相关数据的实证研究［J］.中国远程教育，2020（01）：35-45.
② 博登.AI：人工智能的本质与未来［M］.孙诗惠，译.北京：中国人民大学出版社，2017.

2. 人工智能研究的流派

目前，对人工智能研究影响较大的流派主要有三个，分别是符号主义学派、联结主义学派和行为主义学派。这三大流派对人工智能有不同的理解，不同的学术流派之间，都有不同的思想和价值观念，而由于这些思想的不同，造成了最终实现人工智能的思路不同，从而使人工智能延伸出了不同的发展轨迹。

符号主义学派是人工智能技术开发的第一类范式，也被称为逻辑主义、心理学派、计算机学派。符号主义学派认为数理逻辑是智能的来源，人工智能通过符号之间的转换来模拟智能，其围绕逻辑、数学形式定理等进行科学探讨。

联结主义学派是人工智能技术开发的第二类范式，又被称为仿生学派或生理学派。该学派认为，仿生学是智能的来源，对人脑模型进行研究，通过神经网络来模仿人类的大脑。联结主义学派的观点以神经网络及神经网络间的联结机制与计算机算法为基础。

行为主义学派又被称为进化主义或控制论学派，是人工智能技术开发的第三类范式。行为主义学派认为智能主体只有在真实的环境中通过反复学习才能学会处理各种复杂情况，最终学会在未知环境中运行。人工智能通过这样的具体学习，达到具有适应复杂、不确定和非结构化的客观环境的能力的目的。

对人类大脑的研究促进了众多算法的发展，使人工智能够识别物体，或以类似于我们对人类感知和模式识别的方式，自动对物体进行分类。识别的过程包括对物体、人、事件或情况的分类或识别。人工智能之所以能够这样做就是因为它具备了机器学习的能力。所谓机器学习就是计算机实现了模拟人类的学习行为，涉及概率论、统计学、逼近论、凸分析、算法复杂度理论等多种学科，是人工智能算法形成的基础。通过机器学习，人工智能可以获取新的知识或技能，重新组织已有的知识结构以不断改善自身的性能。

3. 人工智能的技术构成

按产业链结构划分，人工智能可以分为基础设施层、基础技术层、AI 要素层、AI 技术层和 AI 应用层。

（1）基础设施层

基础设施层通常包含互联网、传感器、物联网，以及服务器和高性能芯片等人工智能发展所需的基础硬件设备。互联网主要用来收集人与人之间在线上交流所产生的数据；传感器主要为计算机视觉采集设备和语音识别设备，是实现计算机认知和人机交互的传感设备；物联网则用来收集人与机器所产生的交互数据；

服务器通常指人工智能底层基础技术所用到的相关硬件设备，包括中央处理器（CPU）、硬盘、内存等计算机基础硬件；高性能芯片则包括图形处理器（GPU）、专用集成电路（ASIC）、现场可编程逻辑门阵列（FPGA）等，是人工智能最核心的硬件设备。

（2）基础技术层

基础技术层主要提供存储和算力，主要包含大数据技术和云计算技术。处理海量的数据是人工智能发展的必备条件，使用高质量和高关联度的数据训练人工智能可以快速提高人工智能算法的准确性。自2000年以来，互联网和个人移动设备产生了海量的数据，伴随着物联网技术的迅猛发展，将会产生更大规模的数据。云计算则提供了强大的计算能力，通过高速网络，云计算将大量独立的计算单元相连，提供可扩展的高性能计算能力。云计算的主要特点是资源虚拟化、服务按需化、接入泛在化、部署可扩展、使用可计费。

（3）AI要素层

AI要素层主要依赖于运算平台和数据资源，从而开发出适用于不同领域的应用技术，包括语音识别、自然语言处理、计算机视觉和机器学习等技术。在我国，人工智能技术近年来发展迅速，主要的研究和发展方向集中在计算机视觉、语音识别和自然语言处理等领域。计算机视觉致力于让计算机具备感知与理解图像和视频的能力，以便进行图像识别、目标检测，甚至图像生成等。语音识别则是探索如何让机器能够理解和识别人类的语音信息，并将其转化为可处理的文本数据，为自然语言处理和对话系统提供基础。自然语言处理则研究如何让机器能够理解和处理人类的自然语言，包括文本分析、机器翻译、情感分析和文本生成等任务。另外，除了百度、阿里巴巴、腾讯在内的科技企业之外，还出现了如商汤、旷视、科大讯飞等诸多独角兽公司。

（4）AI技术层

AI技术层是连接人工智能与具体应用场景的桥梁，通过将基础的人工智能理论和技术进行升级和细化，以实现人机交互的目的。其技术主要包括计算机视觉技术、语音识别技术等。AI技术层分为计算智能、感知智能和认知智能三个部分：计算智能主要借助相关算法，自主存储和计算数据；感知智能的技术包括自然语言处理、计算机视觉技术、语音识别技术等；认知智能的技术包括机器学习、深度学习等算法，让机器能够像人一样思考，并拥有自主的行动能力。

计算机视觉技术根据识别对象的不同，可划分为生物识别和图像识别。生物识别通常指利用传感设备对人体的生理特征（如指纹、虹膜、脉搏等）和行为特征（如声音、笔迹等）进行识别和验证，主要应用于安防领域和医疗领域。图像识别是指机器对于图像进行检测和识别的技术，它的应用更为广泛，在新零售领域被应用于无人货架、智能零售柜等的商品识别；在交通领域可以用于车牌识别和部分违章识别；在农业领域可用于种子识别乃至环境污染检测；在公安刑侦领域通常用于反伪装和采集证据；在教育领域可以实现文本识别并转为语音；在游戏领域可以将数字虚拟层置于真实图像之上，实现增强现实的效果。语音识别技术是将语音转化为字符或命令等机器能够理解的信号，它能够实现人类和机器之间的语音交流，让机器"听懂"人类的语言。语音识别技术主要包括自动语音识别（ASR）、自然语言理解（NLU）、自然语言生成（NLG）与文字转语音（TTS）。语音识别技术的商业化应用主要体现在语音转文字和语音指令识别两个方面。在商务司法领域，可以用于智能会议同传、记录和转写，节省大量人工；在智能家居领域，可以为声控电视、声控机器人提供底层技术支持，提高人机交互的便捷度；在金融科技领域，可以代替部分笔头工作，减少客户填写各种凭证的时间；在自动驾驶领域，可以搭建高效的车载语音系统，进一步解放驾驶者的双手。

（5）AI 应用层

在 AI 应用层中，人工智能包括应用产品、行业解决方案、通用技术平台。应用产品可以分为基础产品和复合产品。基础产品包括智能语音、自然语言处理、计算机视觉、知识图谱、人机交互五类，是基于人工智能底层技术研发的产品，是人工智能终端产品和行业解决方案的基础。复合产品可看作人工智能终端产品，是人工智能技术的载体，目前主要包括可穿戴设备、机器人、无人车、智能音箱、智能摄像头、特征识别设备等终端及配套软件。在行业解决方案中，人工智能在医疗、交通、家居、智能制造、金融、教育等多个领域均有广泛应用。我国对于人工智能的研究正在持续开展，百度、阿里巴巴、腾讯等国内科技巨头也推出了自己的通用技术平台。

（二）人工智能的核心技术

人工智能技术通常是利用计算机程序来模拟人类智能的一种技术。它的核心技术包括计算机视觉、机器学习、自然语言处理和机器人技术等。

计算机视觉是指计算机从图像中识别出物体、场景和活动的能力，它被广泛应用于人脸识别、自动驾驶等领域。

机器学习是一种研究计算机如何模拟或实现人类学习行为的方法，通过获取新的知识或技能以及重新组织已有的知识结构来不断改善自身的性能。它的应用范围很广，如推荐系统、股票预测等。

自然语言处理是利用计算机对人类语言进行处理、理解以及运用，其属于人工智能的一个分支，是计算机科学与语言学的交叉学科。它的应用范围包括文本分类、情感分析、机器翻译等。

机器人技术是将机器视觉、自动规划等认知技术整合至极小却高性能的传感器、制动器及设计巧妙的硬件中，这使得新一代的机器人有能力与人类一起工作，能在各种未知环境中灵活处理不同的任务。它的应用范围包括工业自动化、医疗护理等。

二、人工智能技术在数字乡村建设中的应用

关于人工智能技术在数字乡村建设中的应用，主要表现在以下几方面。

第一，在数字乡村建设发展过程中，利用各种基于人工智能技术的图像识别终端、智能穿戴设备，可以对农村老年人的身体健康状况进行全程监测与预警，配合电子围栏、无线门磁、红外探测等设备，对老年人所处环境及其动态进行监控、预警，提升农村老年人生活的质量，让农村老年人群获得智慧生活带来的便利。

第二，人工智能技术的引入在环境保护领域起到了积极的作用，它不仅有助于提高管理效率，还为减少环境污染、改善乡村生态环境、预防突发性危机事件做出了重要贡献。首先，通过使用人工智能技术，可以更有效地收集环境数据，以更准确地了解环境的现状和变化。例如，利用卫星遥感技术和无人机巡查可以提供大面积、高精度的环境数据，而借助在线监控、视频监控和用电监控等手段则可以提供实时的环境数据。这些数据通过 AI 算法进行处理和分析，有助于更好地理解环境问题，并为制定有效的环境保护策略提供依据。其次，利用人工智能技术可以使环保管理更加智慧化和高效化。通过"数据平台＋手机 App"的智能管理模式，可以实时监控环境状况，及时发现和解决环境问题。这种精准监控的方式可以实现靶向治理，即针对具体问题采取具体的解决方案，从而更加高效地解决环境问题。此外，利用人工智能技术还可以提高环保管理的智能化水平。例如，通过人工智能技术对数据的分析，可以自动检测污染源并进行有效的监控，从而减少环境污染。同时，人工智能技术也可以用于环评审批的线上受理，提高审批效率，并推动生态环境数据中心的建设。最后，人工智能技术在环境宣传教育、危险废物转运处置等领域的应用也得到了进一步的拓展。通过引入物联网、5G 等技术，可以帮助人们更好地了解环境保护的重要性，更加准确地跟踪危险废物的运输和处理情况，进而促使生态环保综合决策能力不断增强，推动环境执法监管效率进一步提升。例如，浙江省衢州市在 2021 年成功搭建了"四位一体"

数字化综合应用系统，其中包括环境眼 AI 感知、环境码全面体检、环境芯智能分析、环境链协同治理四个方面，被视为典范并得到大力推广。

第三，人工智能技术在农业生产中的应用可以改善农业生态环境，通过节省劳动力、减少水资源浪费等方式实现。通过使用智能装备，如农业无人车（机）、智能收割机和播种机以及采摘机器人等，农民可以减轻繁重的体力劳动，使农业生产更加科学、规范和高效。例如，通过将无人机与人工智能技术相结合，可以利用多种技术来进行周边环境感知，其中包括激光、超声波、雷达、里程计、GPS 和计算机视觉等技术。通过先进的计算和控制系统，可以实现障碍物和标识牌的智能识别，并规划出合适的路径来实现对车辆行驶的有效控制。这些技术可以有效地执行精准农资运输、防疫消杀、自动巡田等任务，从而大大提高农业生产的效率和精度。例如，美国 Harvest CrOO Robotics 公司开发的农业智能机械人可以帮助果农完成草莓采摘工作。每台收获机配备 16 个独立工作的视觉 AI 机器人，可以自动采摘草莓、分级和包装。在采摘过程中，机器人通过 360° 图像扫描和分析对每个草莓进行识别，确定成熟后，采摘系统根据草莓的坐标进行准确采摘。这种机器人的应用不仅节省了劳动力，还显著减少了二氧化碳排放，并减少了农田中草莓的浪费。

除了能避免浪费，人工智能技术的应用还能有效节约自然资源，助力"节水农业"。例如，以色列光合作用公司 Phytech 通过对数据分析和智能传感技术的利用，完成了植物传感器系统的开发工作，并在利用物联网技术的基础上完成了滴灌节水系统设计工作。该系统通过控制计算机，将传感器与土壤、植物茎秆、叶片、果实连接，以便全程监控农作物的生长情况，获取植物生长的准确数据，并基于这些数据来确定浇水量和浇水时间。同时，将水果的生长轨迹以及果园的实际需求作为重要参考依据，完成灌溉量的调整工作。这一智能系统的应用不仅节省了人力成本，提高了农业生产效率，同时还有效地减少了水资源的浪费，为农业可持续发展做出了积极贡献。

第四，借助人工智能技术及新媒体平台，对乡土文化进行内涵挖掘、记录保存和传播管理，能够有效促进乡村文化生态的构建。首先，在文化内涵挖掘方面，具备优秀的自主学习、深度挖掘和数据分析能力的人工智能技术可以高效地完成本土资料的搜集和整理工作，并且发现文化亮点。基于人机合作以及多元化创作主体的优势，人工智能技术可以使乡村优秀传统文化的智能化展示得以顺利实现。同时，虚拟现实技术、增强现实技术和混合现实技术则能够创造身临其境的体验环境，这可以为开展乡贤文化旅游和民俗旅游提供丰富的文化素材。

　　其次，在文化保存记录方面，采用"影像记录"方式为乡村优秀传统文化打造数字化档案。通过高清晰度摄像和录音设备，可以记录乡村生活的点点滴滴，包括民间艺术、传统手工艺、乡土建筑和自然景观等。这些珍贵的影像资料被储存于数字数据库中，可以在任何时间、任何地点进行访问和分享。

　　同时，运用语义感知、语音识别、语音合成、图像处理、情景模拟等先进技术来打造一项名为"乡村记忆工程"的项目，这个项目以数字形式保存乡村的记忆和历史，包括村民的生活方式、风俗习惯、方言土语等，并且通过这个工程，能够将乡村文化以更加生动、真实的方式呈现出来，不仅提高了保存的效率和准确性，还为后续的研究和传承提供了便利。此外，利用具有灵敏感应能力的人工智能信息采集装置，如能感知温度、湿度、光照、定位和紫外线的 AI 设备，监测乡村文物的保存状况。这些设备能够准确记录文物的各项指标，以便及时发现并解决可能出现的问题，以确保这些珍贵的乡村文物得到妥善保存。

　　最后，在文化传播管理方面，可以利用人工智能深度学习技术获取和整合乡土文化资源，推动信息数据库的建设，进而为文化传播提供数据支持。结合人工智能技术，策划蕴含传统节日文化的影视和动漫作品，使这些作品更加生动、真实地呈现乡村文化的魅力。同时，通过多样化的新媒体平台如微信、抖音、App、微博、视频直播等，对这些作品进行有效传播，让更多的人了解和欣赏乡村文化的魅力，进而加快新旧媒体的融合进程。

　　此外，还可以利用网络视频、智能视频等技术，克服工艺传承在时间、空间和语言上的障碍。通过这些技术，用户可以实现与手工艺人的直接交流，深入了解传统工艺的制作过程和背后的故事。这将使用户与乡村文化更加亲近，也为手工艺人的传承工作提供更多的动力和支持。另外，还可以积极推动"文化进校园"建设，为乡村传统文化的传承奠定广泛的群众基础。通过在校园内开展相关的文化活动，可以让更多的年轻人了解和接受乡村传统文化，使乡村文化在更广泛的范围内得到认可和传播。

第六节　虚拟现实技术

一、虚拟现实技术概述

（一）虚拟现实的定义与相关概念比较

1. 虚拟现实的定义

虚拟现实的英文名称为 Virtual Reality。Virtual 意味着环境或世界是虚拟的，只存在于计算机内部，而 Reality 则代表现实的环境或真实的世界。因此，虚拟现实是虚拟和现实的结合，是一种计算机仿真系统，能够创建和体验虚拟世界。虚拟现实的核心是计算机技术，它结合了其他科学技术，生成了一个与真实环境在视觉、听觉和触感等方面高度相似的虚拟环境。用户可以通过必要的设备与虚拟环境中的对象进行交互作用，并相互影响，从而产生身临其境的感受和体验。

此外，虚拟现实也可以理解为一种创造和体验虚拟世界的计算机系统，是一种逼真的模拟人在自然环境中的视觉、听觉、运动等感知行为，并可以和这种虚拟环境之间自然交互的高级人机界面技术，是允许用户通过自己的手和头部的运动与环境中的物体进行交互的一种独特的人机界面。这种人机界面具有以下特点：①逼真的感觉，包括视觉、听觉、触觉、嗅觉等；②自然的交互，包括运动、姿势、语言、身体跟踪；③个人的视点，用户用自己的眼、耳、身体感觉信息；④迅速响应，感觉的信息根据用户视点变化和用户输入及时更新。虚拟现实的作用对象是"人"而非"物"。虚拟现实以人的直观感受体验为基本评判依据，是人类认识世界、改造世界的一种新的方式和手段。与其他直接作用于"物"的技术不同，虚拟现实本身并不是生产工具，它通过影响人的认知体验，间接作用于"物"，进而提升效率。

总的来讲，虚拟现实是对客观世界的易用、易知化改造，是互联网未来的入口与交互环境。

2. 虚拟现实与增强现实、混合现实的比较

（1）虚拟现实

虚拟现实是利用计算机模拟产生一个三维空间的虚拟世界，提供给用户关于视觉、听觉、触觉等感官的模拟，让用户如同身临其境一般。在这个虚拟空间内，用户感知和交互的是虚拟世界里的东西。

（2）增强现实

增强现实（augmented reality，AR）是在虚拟现实的基础上发展起来的一种将真实世界信息和虚拟世界信息"无缝"集成的新技术，将计算机生成的虚拟信息叠加到现实中的真实场景，以对现实世界进行补充，使人们在视觉、听觉、触觉等方面增强对现实世界的体验。简单地说，VR 是全虚拟世界，AR 是半真实、半虚拟的世界。

（3）混合现实

混合现实（mixed reality，MR）是虚拟现实技术的进一步发展，通过在现实场景中呈现虚拟场景的信息来增强用户的真实体验。它将虚拟现实技术与增强现实技术结合在一起，以便更好地展现增强现实技术。在混合现实中，现实世界与虚拟世界的交互反馈形成了信息回路，使用户能够更好地融入虚拟场景中，并增强用户的沉浸感和体验感。

从狭义来说，虚拟现实特指 VR，是以想象为特征，创造与用户交互的虚拟世界场景。广义的虚拟现实包含 VR、AR、MR，是虚构世界与真实世界的辩证统一。AR 以虚实结合为特征，将虚拟物体信息和真实世界叠加，实现对现实的增强。MR 将虚拟世界和真实世界融合创造为一个全新的三维世界，其中物理实体和数字对象实时并存并且相互作用。区分 AR 和 VR 并不难，难的是如何区分 AR 和MR。从概念上来说，VR 是纯虚拟数字画面，而 AR 是虚拟数字画面加上裸眼现实，MR 是数字化现实加上虚拟数字画面。当然，很多时候，人们把 AR 也当作了 MR 的代名词，用 AR 代替了 MR。

（二）虚拟现实技术相关理论知识

1. 虚拟现实技术的概念

虚拟现实技术是仿真技术的一个重要方向，是仿真技术与计算机图形学、人机接口技术、多媒体技术、传感技术、网络技术等多种技术的集合。虚拟现实技术主要涉及模拟环境、感知、自然技能和传感设备等方面。模拟环境是由计算机生成的、实时的三维立体逼真图像。感知是指理想的 VR 应该具有一切人所具

有的感知。除计算机图形技术所生成的视觉感知外，还有听觉、触觉、运动等感知，甚至还包括嗅觉和味觉等，也称为多感知。自然技能是指人的头部转动，眼睛、手势或其他人体行为动作，由计算机来处理与参与者的动作相适应的数据，并对用户的输入做出实时响应，并分别反馈到用户的五官。传感设备是指三维交互设备。

2. 虚拟现实技术的基本特征

（1）沉浸性

沉浸性，也被称为临场感，是指用户在模拟环境中感受到作为主角存在的真实程度。通过沉浸式体验，用户能够完全融入计算机系统所创建的虚拟环境中，从观察者变为参与者，成为虚拟现实系统的一部分。无论从生理还是心理的角度来看，用户都难以区分虚拟环境与真实环境，能够全身心地投入计算机所创造的三维虚拟世界中。在这个虚拟环境中，一切看起来都是真实的，听起来也是真实的，物体的运动、触感甚至是气味和味道等一切感觉都与真实世界一样。

沉浸性的实现取决于系统具备多感知性。所谓多感知性，就是除了一般计算机技术所具备的视觉感知外，还有听觉、力感、触觉、运动，甚至包括味觉和嗅觉等感官。理想的虚拟现实技术应该具备人类所具备的所有感官功能。然而，由于相关技术，特别是传感技术的限制，虚拟现实技术目前只能提供有限的感知功能，主要包括视觉、听觉、力感、触觉和运动等几种。只有当用户在虚拟世界中感知到各种感官刺激时，才能产生思维共鸣，达到心理沉浸的效果，让人感觉仿佛进入了真实世界中。

（2）构想性

构想性也称想象性，是指用户在虚拟空间中，可以与周围物体进行互动，从而拓宽认知范围，创造客观世界不存在的场景或不可能发生的环境的能力程度。构想性也可以理解为用户进入虚拟空间，根据自己的感觉与认知能力吸收知识、发散思维，得到感性和理性的认识，在虚拟世界中根据所获取的多种信息和自身在系统中的行为，通过联想、推理和逻辑判断等思维过程，对系统运动的未来进展进行想象，以获取更多的知识，认识复杂系统深层次的运动机理和规律性。可以说，虚拟现实技术为众多应用问题提供了新颖的解决方案，有效地突破了时间、空间、成本、安全性等诸多条件的限制，人们可以去体验已经发生过或尚未发生的事件，可以进入实际不可达或不存在的空间。

（3）自主性

从某种意义上说，虚拟现实技术是"有思想"的，它会获取实际环境的三维数据，并利用获取的三维数据建立相应的虚拟环境模型。虚拟环境中的物体是依据物理定律进行运动的。

3. 虚拟现实技术的主要开发工具

从虚拟现实出现开始，出现了各种各样的虚拟现实技术的解决方案，看似五花八门，各家的方法与侧重点也不同，但其实它们的最终目标是一致的。为了实现各自制订的解决方案，他们得制作出实现这种解决方案的硬件系统或软件系统，而实现的软件系统，就是所说的虚拟现实引擎。常见的几种虚拟现实引擎如下。

360° 全景虚拟。实现 360° 全景虚拟的方式有 Flash 和 Java。其实说它是虚拟现实技术比较牵强，因为它实际上是一张全景图片，只不过用户可以控制旋转观看而已，但这成为它的优势。原因就是这张图片是全景摄像机拍摄于真实场景，绝对真实，虽然不能漫游，只能定点观看，但文件小，制作周期和成本相对较少，所以这对于一些要求真实还原效果却不需要漫游互动等的客户（如酒店等）非常有用。

虚拟现实建模语言（Vrml）。Vrml 其实是一套虚拟现实语言规范，其特点是文件小，灵活度比较高，适合网络传播，但由于年代较久远，画面效果比较差。对于要放在网络上不是很注重效果的应用（如工业方面），可以使用 Vrml。

虚幻引擎。由全球顶级游戏 EPIC 公司推出的虚幻引擎，其每个方面都具有比较高的易用性，尤其侧重数据生成和程序编写。美工只需要程序员的少量协助，就能够尽可能多地开发游戏的数据资源，并且这个过程是在完全的可视化环境中完成的，实际操作非常便利。与此同时，虚幻引擎还能够为程序员提供一个具有先进功能的、可扩展性的应用程序框架，这个框架可以用于建立、测试和发布各种类型的游戏。

Cortona。有专用的建模工具和动画互动制作工具，同样支持导入其他建模软件制作好的模型文件，可以进行优化，文件小，互动较强，比较适合做工业方面的作品。

Bitmanagement Software（BS）。BS 的画面效果优于 Cortona，但互动性不及它，没有专用建模工具，所以必须使用其他建模软件制作的模型，文件比 Cortona 大，操作更简单，所以 BS 比较适合做一些要求不是很高的漫游类作品。

WireFusion（WF）。不需要用户编写任何代码，就可以设计出先进的、交互式动态 3D 网页。使用 Java 技术，跨平台性好，效果不错。文件小，作品适合放在网络上。不支持一些比较复杂的画面效果，所以 WF 比较适合做一些产品展示类作品。

虚拟现实制作软件（Virtools）。起初定义为游戏引擎，但后来主要用来做虚拟现实。Virtools 扩展性好，可以自定义功能（只要会编程），可以接外设硬件（包括虚拟现实硬件），有自带的物理引擎。

Quest3D（Q3D）。Q3D 具有类似 Virtools 的功能模块（不过似乎更琐碎，制作比较复杂），自带了强大的实时渲染器，画面效果非常好，有的甚至可以跟效果图相媲美。不过文件比 Virtools 大，适合做单机作品。

虚拟现实平台（VRP）。中国本土大型引擎，经过了好几代的升级，目前已经支持一些类似 HDR 运动模糊的效果。

Unity。虚拟现实的后起之秀，自起步起就定义为高端大型引擎，受到业内的广泛关注。起初只可以运行于 Mac 系统，后来扩展到 Windows 系统。Unity 自带了不少的工具，制作方便。

4. 虚拟现实技术具体介绍

（1）显示技术

比起目前还稍显稚嫩的虚拟现实技术，显示技术近年来得到了长足的发展，如投影仪、LCD 设备市场等。随着虚拟技术的发展，显示设备主要有头盔式显示器、环绕式投影技术、全景显示、工作台等。一是头盔式显示器。头盔式显示器最显著的优点是分辨率高，同时在色彩饱和度、亮度和人体工程学方面也体现出优势。20 世纪末产生的头盔式显示器分为两种：一种是价格昂贵且笨重的 CRT 式头盔式显示器，但它的分辨率比较高；另一种则是比较经济实惠的液晶显示屏，但其分辨率比较低，色彩饱和度也比较差。而如今，廉价液晶显示屏的分辨率就能达到很高的像素，并具有良好的色彩饱和度。头盔式显示器优点较多，但其最大的问题是视角受到限制。

二是环绕式投影技术（CAVE）。许多主流的虚拟现实装置都使用 CAVE。该技术是由伊利诺伊大学芝加哥分校首次提出的。该系统的外形像长方体，每个面都是一台背投显示器，均由一组图像协同生成系统驱动。投影分辨率可达 1280×1024 像素，比高级视频图形阵列（SVGA）或是扩展图形阵列（XGA）高。CAVE 的主要优点在于拥有环绕的视角，能够同时支持多个人共享经验和感受。CAVE 同样也存在一些缺陷，如多图形生成系统的成本较高、背投显示器需要占用额外空间、大尺寸显示屏导致亮度受限等。

三是全景显示。在全景显示中，一般需要一个或更多屏幕。全景显示尤其适用于群组显示和综合性学科设计评估，由一个人来操控视角。

四是工作台。工作台通常由一台水平放置的背投显示器组成，长度约为一个成年人的身高。观众可以跟踪每一张由客户生成的感知图像，在接近屏幕中间位置的角分辨率是标准的 4 Drad。因为在远离视角的屏幕边缘附近，会限制物体的高度，所以许多工作台被设计为类似于制图桌那样倾斜摆放的结构。

（2）跟踪技术

20 世纪末，虚拟现实存在的主要问题是，在跟踪观察者的头部运动时，由于跟踪器连接在观察者身上，有效的活动半径并不大。跟踪器的精度受到该区域内金属物体或者磁场的影响。

不同于显示技术或者图像生成技术，跟踪技术少有一个现实市场去推动它。与跟踪最相关的市场是娱乐产品中的运动捕捉技术，但这项技术本质上没有推动跟踪技术提高精度。因此，跟踪技术并没有和图像生成或显示技术一起得到发展。不过，跟踪技术在某些方面还是取得了进步，结合了惯性、光学、超声波和磁技术的复合型追踪器也是今后的一大热点。

（3）系统延迟

虚拟现实需要解决的一个关键技术是用户操作和系统表述之间的延迟。一般的虚拟现实系统延迟均在 250 ～ 500 毫秒。50 毫秒以上的延迟对于飞行模拟系统来说已经是可感知的，而那些端到端的虚拟现实系统之间的延迟问题很可能还要严重。

通过在现实世界里叠加虚拟世界的增强现实系统，延迟问题更加严重。主要的挑战在于动态配准——不管虚拟世界的系统性能如何，两种世界必须时刻衔接在一起。最有趣也是最容易的增强现实应用是虚拟外科手术，其利用摄像机捕捉现实世界图像，然后合成虚拟图像。这种方法最主要的优点有：其一，现实世界的图像可以被延迟直到和虚拟图像匹配；其二，无论远处或近处的物体均可以同时完成匹配。

二、虚拟现实技术在数字乡村建设中的应用

关于虚拟现实技术在数字乡村建设中的应用，主要表现在以下几方面。

第一，利用虚拟现实技术，可以将乡村的历史文化、风景、建筑、民俗、美食特产等内容制作成虚拟现实全景，建设相关数字博物馆；也可以对农村文物、古建筑等历史资源以及文学和文字方言、美术书法、音乐歌舞、戏剧曲艺、传统

技艺、医疗和历法、传统民俗、体育和游艺等进行数字化记录，将这些非物质文化遗产资源制成虚拟现实全景，用于相关非物质文化的留存、保护和传播。

第二，利用虚拟现实技术，可以将各类景色、人文、建筑、风俗等乡村旅游资源制作为虚拟现实内容和剧情，通过互联网途径传播，以吸引游客，带动地方乡村旅游产业的发展。在乡村旅游的体验过程中，利用虚拟现实技术向游客提供导览服务，帮助游客更立体和鲜活地了解乡村，并向游客提供多元的虚拟现实娱乐体验，以提升游客的观光、游玩体验。同时，虚拟现实技术也可以与电子商务结合，将购买链接植入全景系统，在游客体验虚拟观光的过程中，可以同时对乡村特产或文化衍生品进行解说，为游客推送商品，促进销售。

第三，利用虚拟现实技术，可以推动农业创新发展。尤其是全景技术的应用，促使农业向多元化方向发展。举例来讲，操作简单、实用性强的虚拟现实技术在农业茶园和农业设施建设上得到了广泛应用。首先是关于全景技术在农业茶园上的应用。一方面，全景技术可以帮助用户更好地了解茶园的生态环境、规模、海拔、气候等信息。通过全景图，用户可以在未到达现场的情况下，就对茶园的情况有一个全面、准确的了解。这样不仅可以降低用户出行的成本，还为用户的出行提供了便利。另一方面，茶园全景图可以为茶厂产品的销售和推广进行有效的宣传。通过全景技术，茶厂可以向用户展示自己的茶园、茶叶生产过程以及茶叶品质，从而提高用户对产品的信任度和认可度。此外，茶园全景图也为用户选购茶叶提供了更有力的借鉴。通过全景技术，用户可以在购买之前了解茶叶的实际生产环境、品质特点等信息，从而更好地做出购买决策。其次是关于全景技术在农业设施建设上的应用。全景技术在农业设施建设中也发挥着重要作用，在农业设施建设的施工过程中，通过空中全景能了解到整体施工的进度、规模是否达到预期的标准，这对于前期规划、中期进度安排和后期验收具有重要的参考价值。此外，全景技术能够为现代乡村农田农业设施改造提供数字化支持，为数字乡村建设和规划提供更加便捷、快速的数据支持，进而加快数字乡村建设和规划的速度。

第四，利用虚拟现实技术，从人才培养目标、过程和方法等角度出发构建虚拟现实技术支持下的乡村规划人才培养模式，可以实现教学方法和过程的创新，培养与时代发展、社会需求相匹配的数字乡村规划设计人才。将虚拟现实技术应用在数字乡村规划建设实践以及人才培养之中，可以产生一种全新的虚拟现实观，实际上包含了以下三个方面的重要转变。首先，虚拟现实→乡村规划：教育过程与成果的转变。将虚拟现实技术应用于教学中，在利用虚拟现实实验平台的基础上进行授课与实验设计，可以改变传统的面对面的教学方式。同时，通过平台对教学成果进行展示、评价与打分，还可以改变传统的文本汇报式作业打分方式和成果表现形式。其次，虚拟现实→人才培养：教育方式的转变。利用虚拟现实技术，可以改变传统的面授方式，并使其转变为灵活的线上授课方式，这就使得教师与学生可以在不同的时间和地点进行教学和学习，大大减少各种外部风险对授课进程造成的不良影响。最后，乡村规划→人才培养：教育目标的转变。虚拟现实技术支持下的乡村规划人才培养更加关注乡村未来的转型发展，以为数字乡村发展培育和输入智慧型、实践型人才为目标。

第七节　数字孪生技术

一、数字孪生技术概述

（一）数字孪生的定义与模型

1.数字孪生的定义

数字孪生是充分利用物理模型、传感器更新、运行历史等数据，集成多学科、多物理量、多尺度、多概率的仿真过程。其在虚拟空间中完成映射，从而反映相对应的物理实体的全生命周期过程。数字孪生的概念建立在现实世界和计算机世界之间的双系统模型上，其中一个系统存在于现实的物理空间，另一个系统存在于计算机世界的虚拟空间。

值得注意的是，数字孪生中的两个系统并不是完全一样的两个个体，而是通过数据连接实现信息的同步和共享。数字孪生的目标是实现物理实体与其虚拟表达之间的同步，并利用虚拟系统的模拟和分析能力来优化物理实体的性能。

2.数字孪生模型

数字孪生作为一种全新的方法，展现了巨大的潜力。然而，对于数字孪生模型概念的准确定义还不够清晰。数字孪生模型可以分为通用模型和专用模型，当前的研究热点主要集中在专用模型领域。其主要研究任务是如何将数字孪生方法应用于具体项目的建模，同时也包括专用模型的研发。数字孪生模型作为数字孪生研究的核心领域之一，未来的研究重点将集中在如何将各种不同类型数字孪生体的外部特征和内在属性归纳为可集成、可交互、可扩展的模型，以便更高效地在物理世界和数字世界之间传递信息，进而实现数字孪生技术的广泛应用，并为网络物理空间和网络物理生产系统的建设提供支持。

值得一提的是，北京航空航天大学团队结合多年在智能制造服务、制造物联、制造大数据等方面的研究基础和认识，将数字孪生模型由最初的三维结构发展为五维结构①，包括物理实体、虚拟模型、服务系统、孪生数据和动态实时交互。

第一，物理实体是真实存在的物体或系统，通常由多个功能子系统构成，如控制、动力和执行等子系统。这些子系统之间相互协作，共同完成特定的任务。为了监测物理实体的环境数据和运行状态，各种传感器会部署在物理实体上。这些传感器可以实时监测环境数据和物理实体的运行状态，为决策提供重要依据。

第二，虚拟模型是物理实体忠实的数字化镜像，集成与融合了几何、物理、行为及规则四层模型。其中，几何模型描述尺寸、形状、装配关系等几何参数；物理模型用于分析电流、电压、温度等物理属性；行为模型响应外界驱动及扰动作用；规则模型对物理实体运行的规律/规则建模，使模型具备评估、优化、预测、评测等功能。

第三，服务系统包含了各种信息系统，如评估、控制和优化等，这些系统基于物理实体和虚拟模型，提供智能运行、精准管理和可靠运维服务。这些服务系统可以有效地集成各种信息，实现高效、精准、可靠的运行，从而满足客户的需求。

第四，孪生数据是一个综合性的概念，它包括了物理实体、虚拟模型、服务系统、领域知识及其融合数据等多个方面的数据，并且可以随着实时数据的产生不断更新和优化。在数字孪生系统中，孪生数据是运行的核心驱动力，它能够驱动数字孪生系统的运行，并且可以实现各种实时的分析和优化。

第五，动态实时交互将以上四个部分进行两两连接，以便实现数据的有效实时传输。这样可以确保各部分之间的一致性，并通过实时交互迭代优化。

（二）数字孪生技术的特征及意义

1. 数字孪生技术的特征

数字孪生技术的特征包括以下几方面。

一是形成闭环。数字孪生技术中的数字虚体主要用于构建物理实体的可视化模型和内在机制的描述，从而便于对其状态数据进行实时监视、分析和推理，优化工艺参数和运行参数，实现决策功能。可以说，数字孪生技术通过赋予数字虚

---

① 裴爱根，戚绪安，刘云飞，等.基于五维模型的数字孪生树状拓扑结构［J］.计算机应用研究，2020，37（S1）：240–243.

体和物理实体一个"大脑",使其具备了闭环性的特征。这种闭环性的特征使得数字孪生技术能够有效地解决各种复杂的问题,提高生产效率和降低成本。

二是虚实共生。数字孪生技术的发展可以分为三个阶段,即虚实连接、虚实融合和虚实共生,这构成了技术整合的层级体系。在虚实连接阶段,数字孪生技术主要以数字模型的形式出现。在该阶段,模型与物理实体之间的数据交换是手动进行的,并且通常是基于产品设计阶段的原型,主要用于模拟和设计产品的外观和性能等。在虚实融合阶段,数字孪生技术更多地被称为数字阴影。在这个阶段,物联网、大数据分析等数据采集技术被广泛使用,使得虚拟的模型参数能够实时更新并与物理实体的状态相对应。

然而,虚拟端无法主动向物理端传输数据,只能通过数据采集技术获取物理实体的状态信息。在虚实共生阶段,数字孪生技术达到了高阶形态,结合数字线程技术的不断发展,虚拟实体与未来对应的智能系统(孪生对象)之间可以完成数据的双向流动。这种形态被称为虚实共生,它能够在全生命周期内实现虚拟与现实的融合。通过虚实交互反馈、多维数据融合分析和决策迭代等方式,可以促使物理实体不断优化,并从根本上推进现实活动的各个阶段实现高效协同。

三是高虚拟仿真。当前 5G 网络的传输速度和计算机实时渲染能力的显著提高,使得数字孪生技术能够创建出高度逼真的虚拟物体。然而,由于不同服务对象对孪生对象的感知需求有差异,如在工业应用场景中,结构工程师和造价工程师对同一个孪生对象在不同阶段的需求可能会有所不同,因此孪生对象的展示形式也应该具有灵活多变性。因此,数字孪生技术以通用孪生体为基础,并借助情境感知的功能,为不同的用户提供相应的高度真实的专用模型。通用孪生休作为数字孪生技术的基础,能够提供通用的模型和数据,如产品的几何形状、材料属性等。

然而,面对不同的用户需求,通用孪生体需要根据具体场景进行定制化。情境感知技术的引入可以帮助数字孪生技术更好地理解和适应不同的使用背景,从而提供高保真专用模型。通过情境感知技术,数字孪生技术可以感知并分析用户所处的环境、需求以及目标。例如,对于结构工程师,他们可能更关注孪生对象在工程设计阶段的结构性能和相应的数据指标。而对于造型工程师来说,他们则更关注孪生对象在造型设计阶段的外观质量和细节表现。因此,数字孪生技术可以根据不同的用户需求,提供适用于不同阶段的高保真专用模型,以更好地满足用户的需求。

2.数字孪生技术的意义

自数字孪生概念提出以来，数字孪生技术在不断地演化，无论是对产品的设计、制造还是服务，都产生了巨大的推动作用。

第一，更全面的分析和预测能力。现有的产品生命周期管理往往难以做出精准的预测，因此无法提前预知隐藏在表面下的问题。然而，随着数字孪生技术的出现，则可以通过结合物联网的数据采集、大数据的处理和人工智能的建模分析，实现对当前状态的评估、对过去问题的诊断以及对未来趋势的预测，并为决策提供全面的支持和分析结果。

数字孪生技术可以模拟各种可能性，为用户提供更全面的决策支持。以智能制造为例，数字孪生技术可以实时虚拟化物理实体的映射。设备传感器可以将温度、振动、碰撞、载荷等数据实时输入数字孪生模型，并将设备使用环境的数据输入模型中，使得数字孪生的环境模型能够与实际设备的工作环境变化保持一致。通过这种方式，数字孪生技术可以提前预测设备出现问题的情况，如在设备停止运作之前，可以提前更换磨损部件，避免设备意外停止运作。通过利用数字孪生技术，可实现复杂设备的故障预测，如航天飞行器的故障预测，这有利于对相关设备进行故障预测与及时维护等。

第二，更便捷，更适合创新。数字孪生利用设计工具、仿真工具、物联网、虚拟现实等各种数字化的手段，可以使物理设备以数字镜像的形式存在于虚拟空间中。这种数字镜像具有可拆解性，可以分解成各个组成部分进行详细分析；具有可复制性，可以在不同环境中进行多次复制和测试；具有可转移性，可以在不同平台之间进行数据传输和共享；具有可修改性，可以根据需求对属性和参数进行灵活调整；具有可删除性，可以随时删除或替换不再需要的部分；具有可重复操作性，可以反复进行相同操作来验证和优化。这种技术极大地加速了操作人员对物理实体的理解，使得许多原本受物理条件限制的操作，如模拟仿真、批量复制和虚拟装配等，变得触手可及，从而鼓励人们探索新的途径来实现设计、制造和服务的优化。

第三，经验的数字化。在传统的工业设计、制造和服务领域，经验往往是一种难以捉摸、难以量化的形态，很难作为精准决策的依据。数字孪生技术的出现，通过数字化手段将以往难以保存的专家经验进行数字化处理，赋予了保存、复制、修改和转移的能力。

以大型设备运行过程中的故障特征为例，数字孪生技术可以通过历史传感器数据,通过机器学习的方法建立针对不同故障现象的数字化特征模型。结合专家处理的记录,数字孪生技术可以形成未来对设备故障状态进行精准判断的依据。同时,针对新的故障,可以对特征库进行丰富和更新,最终形成自治化的智能诊断和判断。这种智能诊断和判断,不仅可以提高设备维护的效率和精度,还可以为工业制造提供更高效、更准确、更灵活的虚拟仿真平台。数字孪生技术可以模拟各种工况下的设备性能表现,帮助企业进行设备选型、优化设备配置、预测设备故障等。同时,数字孪生技术还可以帮助企业实现数字化工厂的规划和建设,实现工厂的自动化生产和智能化管理。

随着云计算、人工智能、区块链和量子计算等新型技术的出现和应用,采用开放式架构(或松散标准)的数字孪生体呈现了非常强的活力。数字孪生体构建在基于模型的系统工程之上,需要协同的工作量比较大,实现难度也比较大,但随着该技术持续的发展,逐步形成了专业化分工格局,部分企业把一些复杂技术封装后提供到市场,大大促进了数字孪生体市场的发展。

二、数字孪生技术在数字乡村建设中的应用

关于数字孪生技术在数字乡村建设中的应用,主要表现在以下几方面。

第一,利用数字孪生技术,可以针对乡村实际情况形成乡村"天—空—地—地下"的立体化、可视化、智能化的预警系统,对重点防火单位、自然灾害高风险地区、大型公共场所等重点区域进行实时可视化监测,并对区域内各种信息进行联动分析,对各种自然灾害和应急事故进行有效、稳定、可靠的预警。

第二,利用数字孪生技术,能够将乡村学生要学的历史、生物、物理、化学等课程的内容映射到三维世界,再通过 VR 等工具,让学生体验到沉浸感知、立体互动的教学模式,使学习过程更加鲜活、生动而不再停留于书本。未来,利用数字孪生技术,可以将当前的"网课"远程教育,升级为课堂校园的"孪生",让分散各地的学生在三维空间里汇集成班,由教师统一教学。

第三,数字孪生技术具有强大的数据感知和数字集成能力,它的应用在农村供水建设和管理中发挥着重要的作用。通过该技术的应用,可以进一步提高农村供水建设的管理能力,推动农村供水高质量发展,为实现宜居宜业和美乡村的建设目标提供有力支持。近年来,随着智慧化农村供水实践工作的不断推进,数字孪生技术与其他前沿技术的融合越来越紧密,为农村供水工程的建设和管理带来了更多的创新和突破。

数字孪生技术在农村供水领域的应用有利于延长工程基础设施的生命周期,

同时也有利于优化工程的管理成本。一方面，数字孪生技术的应用可以为农村供水建设和管理带来许多优势。首先，它可以通过数据感知和数字集成，提供及时、准确的数据信息，帮助管理者做出更明智、更高效的决策。例如，数字孪生技术可以实时监测供水系统的运行状态，预测未来的设备维护需求，从而提前采取措施，避免设备损坏和停机时间过长。其次，数字孪生技术可以为农村供水建设节约成本。通过数字化管理和虚拟仿真技术，数字孪生技术可以实现远程监控和管理，减少人力成本和现场巡检的次数，提高管理效率和管理质量。另一方面，数字孪生技术还可以为农村供水建设的管理者提供沉浸式漫游和供水区域导航功能。这些功能可以帮助管理者更好地了解供水系统的整体运行情况，对管理区域范围内的整体运行情况进行真实、立体、时序化体验。通过数字孪生技术的应用，管理者突破现实世界时间、距离的限制，足不出户实现全空间一体化感受，有效节约管理的时间成本。

第四，数字孪生技术与农业的深度融合，将为农业数字化转型升级注入新的活力。基于农业生产系统所产生的数据流，农业数字孪生系统通过实时态势感知、超实时虚拟推演和全程交互反馈等手段，能够有效地对作物的生产系统实施智能化的管控，以实现更为高效和精准的农业生产和管理。尽管相比于工业领域，数字孪生技术在农业中的应用尚处于初步探索阶段，但荷兰瓦格宁根大学等全球顶尖农业科研机构已将其列为未来几年的重点研究领域，而荷兰瓦格宁根大学的"虚拟番茄系统"项目便是一个典型案例。对于这个项目而言，主要是利用环境、作物、管理和社会经济的实时数据，构建一个模拟番茄作物的虚拟模型。通过推演温室番茄的种植环境以及管理措施对经济回报的影响，该系统实现了对高产高效番茄生产的智能化管控。2021年中央一号文件《中共中央国务院关于全面推进乡村振兴加快农业农村现代化的意见》强调了全面推进乡村振兴和农业农村现代化的重要性。国家发展改革委在《关于推进"上云用数赋智"行动 培养新经济发展实施方案》中也多次提到了"数字孪生"，强调它是实现精准农业和虚拟农业的关键基础技术之一，将推动农业智能化转型。通过数字孪生技术的应用，农业种植人员可以更加精准地进行决策和管理，提高作物的产量和质量，推进农业的现代化进程。具体来讲，数字孪生系统在农业中的应用主要体现在以下几方面。

①从数字育种到智慧栽培的拓展，农业数字孪生系统正展现出巨大的潜力。农业数字孪生系统应用于育种领域，有望通过对植株点云、光谱、图像数据和高通量表型平台作业信息的全面深度感知和实时传输交换，实现对植物表型性状的实时解析和对表型平台的智能控制，为植物表型的精准鉴定和种质资源的高效评

价提供稳定、准确的技术支持。随着 5G 和边缘计算等先进技术的集成，智能机器人已经具备了针对植物表型数据的自动采集和智能分析能力。这为规模化无人农场的稳定运行提供了可能性，也将为未来的农业生产带来巨大的变革。在田间管理方面，杂草精确识别技术的快速进步，极大地推进了锄草机器人的自动化识别和实时精准作业。这种技术的进步将大幅提高农业生产效率，减少人力投入，并减少因错误识别而导致的农药使用和环境问题。此外，基于机器视觉和光谱的病虫害鉴别技术与知识模型结合，为精准施药技术在大田农业生产中的落地应用提供了有效的支持。这种技术的结合将有助于提早发现病虫害，实现精准用药，减少农药使用量和浪费，保护农田生态环境。

②基于数字孪生系统的环境智能控制在农业领域具有广阔的应用前景。特别是在高度工业化的植物工厂中，农业数字孪生系统可以促进农业生产系统的安全、健康和可持续发展。作物数字孪生系统是基于信息物理融合的理念设计的。首先，利用物联网技术，将植物工厂生产系统完整地数字化为一个镜像系统。这个数字化的镜像系统是通过感知设备和传感器收集到的大量数据来构建的。其次，利用作物数字孪生系统对这些多源异构数据进行智能化分析。通过使用先进的数据处理和分析算法，可以深入挖掘数据中蕴含的与作物生长和环境相关的信息。这样可以更好地了解作物生长的规律和所需环境条件，为后续的智能化决策提供支持。进一步地，利用孪生数据，可以进行针对未来情景的智能化决策。根据历史数据和当前的环境状况，模拟不同的决策方案，并评估其对作物生长和环境影响的效果。通过这种方式，可以选择最优的决策方案，以提高作物生产的效率和产量。最后，利用植物工厂机器人，可以自动执行这些智能化决策。机器人可以根据预先设定的指令和决策结果，自主地进行作物的种植、水肥调控和采收等操作。这样可以大大减少人力成本，提高作物生产的自动化程度。

③基于数字孪生的农技教育培训为农业领域带来了创新的方式。尤其是结合AR/VR 技术的农业数字孪生系统，为教师和学生提供了全新的教学和学习体验。在农业科教方面，学生可以利用作物数字孪生系统进行田间观测和栽培试验，而这些操作可以在多种情景下进行模拟。通过 AR/VR 技术，学生能够更加真实地感受到作物生长的过程。他们可以在虚拟的环境中与作物进行互动，观察作物生长的各个阶段，并学习相关的农业知识和技术。这种互动和实践型的学习方式，能够激发学生的兴趣和学习积极性。在农技推广方面，农户可以通过农业数字孪生系统接受远程的农技培训。他们可以在真实的农作场景中进行虚拟体验，学习最新的农技措施和技术。通过 AR/VR 技术，农户可以亲自参与到农作活动中，

学习如何施肥、喷药、排灌等操作，并在虚拟环境中观察不同农技措施对作物生产状况的影响。这种实景式的学习方式，能够帮助农户更好地理解和掌握农技知识，提高他们接受先进农技的积极性。此外，农业数字孪生系统还可以帮助农户更有效地规避风险。通过模拟不同情境下的作物生产状况，农户可以提前了解不同农技措施的效果，并根据虚拟环境中的数据做出相应的调整。这样可以降低农作风险，提高农业生产的稳定性和可靠性。同时，农户还可以利用系统提供的数据和分析结果，更合理地安排作物的种植和管理，提高农业生产的效益和产量。

④农产品宣传展示迎来了数字化的时代。为了向消费者全面展示农产品的生产和加工过程，农业数字孪生系统应运而生。通过借助 5G 技术，这一系统可以实现生产数据的信息化汇总、网络化传输、数字化处理，以及可视化展示与智慧化管控，从而为消费者呈现农产品的全方位信息。此外，农业数字孪生系统也可以成为农业品牌数字营销的重要工具。

通过系统的可视化展示，农产品品牌可以将自己的生产过程和品牌形象全面呈现给消费者。消费者可以通过系统了解品牌的种植基地、生产工艺、质量控制等方面的信息，并从中感受到品牌的科技感和质量保证。通过与消费者的互动，农产品品牌可以更好地与消费者建立连接，提高品牌的知名度和信誉度。

第四章 数字乡村建设的基本内容

数字乡村建设是通过加强整体规划，推进现代信息技术在农业农村经济社会发展中的综合应用，提高乡村居民现代数字素养，以增强乡村内生发展能力的农业农村现代化新进程。具体而言，数字乡村建设的基本内容包括数字党建、数字政务、数字民生、产业帮扶、环境营造等内容。

第一节 数字党建

基层党组织作为推进党建的基础，应当在基层社会建设中发挥战斗堡垒作用。党员干部作为基层党组织的主体力量，应当在基层社会建设中发挥先锋模范作用，带头执行党的路线、方针、政策，带领群众共同致富。所以，配备一支实力强劲的基层党组织，对于贯彻执行党的路线、方针、政策尤为重要。做好农村工作，关键在农村基层党组织。要坚持久久为功，始终把农村基层党建工作牢牢抓在手中。只有加强农村数字党组织建设，党在农村的全部工作才会有坚实基础，农村改革发展才会有可靠保障。

一、农村基层党建工作存在的突出问题

（一）部分农村基层党组织涣散

部分农村基层党组织涣散突出体现在三方面。第一，部分农村党员干部思想落后，创新意识、开拓精神不强，突出表现为缺乏大局意识和为民思想，无法起到模范带头作用。第二，一些党员干部服务意识不强，不能身体力行地把农村群众的利益放在首位，真正做到爱民、为民，工作没有落实到行动中。第三，党员干部职数多、待遇低，在一定程度上导致干部缺乏上进心和工作积极性，存在推诿、扯皮现象。

（二）农村党支部干部选配不合理

从村庄的"两委"班子配置来看，存在一些问题。首先，在年龄结构方面，许多村庄面临青壮年大量外出打工的情况，很难选拔出优秀的年轻人加入基层党组织。其次，在性别结构方面，女性党员占比较低。此外，党员的流动性较高，导致村庄中具有文化和能力的年轻人和党员数量较少，限制了村干部的选任范围，使得农村干部普遍老龄化且文化水平较低。由于农村基层党员干部队伍的知识水平和综合素质较低，领导意识和责任担当欠缺，导致农村基层党组织成员思想落后，党员的模范带头作用很难得到发挥。

另外，由于市场经济对农村产生了冲击，大量的人力资源和资金外流，导致对党组织建设的重视程度不够，部分党员干部对农村建设工作也不具备较高的积极性。党建活动参与人数少，缺乏对村庄发展的长远规划，这使得一些农村基层党组织涣散，党员干部缺乏凝聚力，无法充分发挥领导的核心作用。党组织的功能弱化，导致农村各个方面的发展较慢。这种情况使得农民对基层党组织产生不满，对党组织在村民心中的良好形象产生了不良影响。随着社会流动的日益加剧，采取单一的农村基层党建方式已经无法适应社会流动所带来的变化，因此，需要调整农村基层党建工作，以更好地适应农村发展的需求。基于这种背景，创新农村基层党建的体制机制至关重要，这将是解决农村党建问题、增强基层党组织活力的迫切需求。

（三）党组织设置与形势发展不适应

党的各级组织的工作必须紧跟时代的需要，根据经济社会的变化制定相应的工作方针。随着社会主义市场经济的发展，农村基层党组织设置与形势发展不适应的问题逐渐凸显出来。

我国一些地区农村基层党组织的组织形式和体制不符合农村市场经济发展的趋势，不适应农村生产力发展的需要，呈现滞后状态。具体表现如下。

第一，一些村党组织的机构设置方式僵化，滞后于市场经济发展的需要。伴随着社会主义市场经济的发展，农村市场化的进程不断加快，地域间的经济联系日益紧密，人员的区域流动也大大加强。党组织的设置方式、职能划分和功能定位不能适应农村发展的要求，在一定程度上导致条块分割、地方保护主义等弊端的出现，需要进一步改善。

第二，党组织的管理方式落后，不能适应广大农村党员流动性加强的变化。随着农村农业劳动力向城镇流动的加快，一些农民党员也开始进城务工。不可否认，这一部分党员是帮助农民转变落后观念、提高农民素质、掌握并传播先进技术、带领村庄脱贫致富的重要力量。但党组织对流动党员的管理是一项新课题。如何更好地适应农村党员流动的特点以加强对农村流动党员的管理，需要进一步深入研究。

第三，党组织的领导方式有些单一，不能满足广大农村组织日趋多样化的现实需要。以行政村为单位设置党组织的传统方式和垂直行政管理模式不再适应农村社会结构的多样化发展，这种领导方式很难有效地对分散在各个行业、协会、团体以及不同阶层的广大农民党员进行组织管理和教育，党员的模范带头作用发挥不到位，相应地难以发挥农村基层党组织的领导作用。

第四，农村基层党组织对党员教育管理的陈旧方式有待改进，需提高创造力和吸引力。长久以来，党员学习一般都通过传达指示、阅读文件等循规蹈矩的方式进行，而这种枯燥单调的学习方式不能很好地调动农村党员参与活动的积极性，需要党组织开动脑筋，征求党员意见，以创新思维提供更多高效、新颖的学习方法和手段。

二、数字化为农村党建工作带来新契机

为了更好地顺应数字化发展潮流，"十四五"规划提出要"加快数字化发展，建设数字中国"。数字中国包含"数字经济""数字政府""数字社会"等多个方面，其中数字党建是数字中国非常重要的内容之一。在新时代，随着信息技术不断发展，数字化场景应用深入我们生活的方方面面，推进数字党建，对创新党建模式、提高党建质量、提升党的执政能力和领导水平、推进国家治理体系和治理能力现代化意义十分重大。

数字乡村已经成为乡村振兴的重要方面，在农村党建工作中，数字技术为农村党建工作带来新契机，为破解社会新发展阶段下农村党建的困局提供了重要支撑，数字党建是农村党建适应新形势、发挥引领作用的必然要求。简单地说，数字党建就是信息通信技术在党建领域的应用，主要包括"互联网＋党建"和"智慧党建"。其中，现代信息技术是数字党建的重要支撑，大数据的生产运用是数字党建的关键要素，而移动智能手机终端、办公自动化平台和多媒体终端媒介能对数字党建起到引导作用。借助互联网，农村数字党建能够有效解决日常党建工作中"人员难集中""时间难保证""监管难落实"等问题。

农村数字党建工作开展面临的契机主要表现在以下几个方面。

（一）国家的高度重视

数字党建在提升党在基层的领导能力、创新党建模式、适应新时代党的建设总要求方面具有重要作用，有助于解决农村党建工作中存在的诸多问题。以习近

平同志为核心的党中央高度重视数字化技术在党建工作中的应用，习近平总书记在多个场合就加强数字党建工作进行过重要论述。2016年10月，习近平总书记在主持中共中央政治局第三十六次集体学习时强调，各级领导干部要学网、懂网、用网，积极谋划、推动、引导互联网发展。2018年7月，习近平总书记在全国组织工作会议上强调，要探索加强新兴业态和互联网党建工作，扩大党在新兴领域的号召力和凝聚力。

党的十八大以来，党中央、国务院和各部委就如何强化农村数字党建发展颁布了一系列重要政策文件，为农村数字党建工作提供了重要宏观制度保障。在网络化信息平台建设方面，2014年5月中共中央办公厅印发的《关于加强基层服务型党组织建设的意见》提出"推行网络服务，推动基层党建信息化工作平台和网上民生服务平台整合"。2019年中共中央办公厅印发《2019—2023年全国党员教育培训工作规划》提出"创新运用信息化手段。推动党员教育信息化平台一体化建设，完善学用功能，构建更为便捷高效的网络学习阵地。建设全国党员教育资源库，建立党性教育基地网上平台，发挥全国党建网站联盟作用，用好'共产党员'教育平台、'学习强国'学习平台等载体"。在人员能力建设方面，2016年7月中共中央办公厅、国务院办公厅印发《国家信息化发展战略纲要》，提出充分运用信息技术提高党员、干部、人才管理和服务的科学化水平。在提升党组织活动质量方面，2018年中共中央印发《中国共产党支部工作条例（试行）》，提出积极运用现代技术和信息化手段，充分发挥办公议事、开展党的活动、提供便民服务等综合功能。2019年印发的《中共中央关于加强党的政治建设的意见》提出：增强党内政治生活的时代性，主动适应信息时代新形势和党员队伍新变化，积极运用互联网、大数据等新兴技术，创新党组织活动内容方式，推进"智慧党建"。

在数字社会时代，农村党组织作为乡村社会的先锋力量，需要跟上新形势，拥抱新技术，积极探索数字党建的发展路径、建设模式，通过数字党建引领数字乡村的建设。

（二）农村移动互联网络的普及

当前，手机已经成为新"农具"，数字成为新"农资"，与数字技术相关的产品成为农村新的生产资料。随着互联网络的日益发展，农村日益被纳入互联网社会中。《中国互联网络发展状况统计报告》显示，截至2022年6月，我国农村网民规模为2.93亿，占网民整体的27.9%。农村地区互联网普及率为58.8%，较2021年12月提升了1.2个百分点。"互联网+"改变了农村人传统的生活方式，农民的衣食住行越来越离不开移动智能手机。

任何新的组织方式的推广除需要技术支持外，更需要有广泛的社会基础，数字化应用场景在农村的广泛存在为乡村数字党建的发展奠定了重要的社会根基，是加强乡村数字党建的内生力量。移动互联网络和智能手机在农村地区的普及，使得广大人民群众能够通过互联网加以连接，并通过网络平台进行沟通互动，使得乡村数字党建的开展得以实现。

（三）各项数字技术的发展

随着云计算、大数据、人工智能等新一代新兴技术的发展，信息化正从网络化向智能化方向迈进，新数字技术的发展应用为数字党建的推广提供了重要的技术支撑，提升了党建工作的管理效率，创新了党建举措。

大数据、人工智能、互联网等数字技术能够有效地解决传统党建工作在时间、空间、人力等方面面临的问题，通过其发挥互联网传播快、覆盖面广、互动性强等优势，促进各级党组织高效工作，有利于加强对流动党员的管理，密切党群关系。此外，数字党建"多渠道终端""大党建格局""集团覆盖""多层级管理""大数据支撑""党建融媒体"的优势，有助于实现党建管理的"精准化、智能化、人文化、科学化和可视化"。最终，在实现基层组织矩阵化、党员队伍管理数字化、党组织活动方式智慧化、管党治党精准化的基础上推动基层党组织建设全面进步。

三、农村数字党建工作的优势

与传统农村党建工作相比，农村数字党建工作具有以下优势。

（一）跨时空优势

网络社会是一种虚拟的互联网空间与现实社会相互交融的社会形态，人与人之间的联系可以最大限度地突破时空的限制。充分发挥数字党建中跨区域联系个人的功能是解决当前农村人员居住分散问题的重要举措。数字党建利用数字化的信息平台为广大党员参与党组织生活带来了诸多便利，可以使他们参与党内事务的需求得到更好的满足。借助网络平台，党建工作各要素能够实现相互连接，上下级党组织、党组织与党员、党员与党员之间可以实现线上与线下的深度融合与有效互动；分散在各地的党员借助网络平台可以表达自身的观点，提出自己的内在诉求，与党组织及时互动，实现网络民主，构建良好的政治生活。

（二）数据化、信息化优势

信息化系统具有快速、高效、精准、系统的特点。党建信息化平台可以为每名党员建立个性化档案信息库并及时更新，实现对党员的有效管理。通过平台共享，打通了不同党组织之间的信息壁垒，便于不同地域党组织及时了解流动党员的基本信息，提升党组织对党员的服务效率。上级党组织可以通过平台发布相关信息，了解下级党组织的工作情况；下级党组织可以借助平台开展无纸化党建工作，及时反馈各种信息及党建工作情况。党建信息化平台的建立与完善为新时代党建工作提供了新阵地，有利于党建工作高效、高质量地开展。

（三）形式多元化优势

数字党建可以有效增强党员教育的主体性、体验性和互动性，借助数据共享、虚拟场景体验的技术让基层党员享受高质量党课，沉浸式体验党史事件的现实场景，增强党史教育的感染力。

数字党建自身的上述优势使得数字化技术在农村党建中的应用日益广泛，主要体现在以下几个方面。

一是在各级政府内部，借助互联网实现"地市—区县—街道/乡镇—社区/村居"党组织四级联动，以及街道社区党建、单位党建、行业党建互联互动。

二是推进党群服务中心信息化建设，实行"掌上办公""掌上办事""掌上服务"。

三是以大数据促进基层党组织决策科学化，以互联网促进基层党组织决策民主化，提高领导力。

四是运用互联网、大数据、人工智能、5G、区块链、虚拟现实等现代信息技术创新基层党建方式，提高创造力。

五是建设党建云平台，整合区域化党建资源，推行"互联网＋党务服务"，推进协同治理，提高凝聚力。

六是通过大数据实现对党员干部的精准管理和对基层社会的精准治理，发展"党建机器人"，提高战斗力。

第二节　数字政务

提供各项公共服务是基层政府重要的职责所在，推进公共服务便民化是农村数字政务平台建设的重要方向。数字政务的发展需要依赖丰富的数字技术和基础设施，而"互联网＋政务"则是数字政务的具体实践和运用。通过"互联网＋政务"，数字政务可以更好地服务于公众和企业，加强政府与社会各方的联系和合作，推动政府治理水平的提升。

一、数字政务的基本内涵

数字政务是指政府利用信息和通信技术来提高政府治理效能、提供公共服务和增进政府与公民、企业等相关利益相关者之间的互动和沟通的方式。

数字政务旨在利用数字技术和互联网的力量，推动政府机构和政府服务的数字化转型。通过数字政务，政府可以更高效地提供各种公共服务，如在线办理行政手续、在线缴税等。数字政务还可以更好地实现政府的问责制，提高政府的公信力和民众对政府的满意度。

数字政务包括多个方面的内容，如电子政务、数字化服务交付、政府数据开放、政府数字政策等。通过数字政务的建设，政府可以更好地实现信息共享、流程优化、决策支持和政策执行等方面的效益，提高政府治理的效率和效能。

数字政务的发展离不开政府的支持和投入，同时也需要建立健全的法律法规和信息安全体系，以确保数字政务的可信度和安全性。

二、我国数字政务平台的发展历程

2018年是我国"互联网＋政务服务"进入高质量发展的开局之年，政务服务数字化转型全面开启。国务院先后发布多项文件，就如何加强"互联网＋政务服务"工作、打造数字化服务平台进行了详细规定。其中《进一步深化"互联网＋政务服务"推进政务服务"一网、一门、一次"改革实施方案》中提出"加强各省（自治区、直辖市）平台一体化、规范化建设。整合各级政府部门分散的政务服务资源和网上服务入口，加快推动各级政府部门业务信息系统接入本级或上级政务服务平台。依托国家政务服务平台为全国各地区各部门网上政务服务提供公共入口、公共通道和公共支撑，实现全国网上政务服务统一实名身份认证，让企业和群众网上办事'一次认证、全国漫游'"。国务院还专门出台了《国务院关于加快推进全国一体化在线政务服务平台建设的指导意见》，聚焦"一体化"，从"政务服务""公共支撑""综合保障"等多个方面共同努力。在"政务服务"方面，要求"规范政务服务事项""优化政务服务流程""融合线上线下服务""推广移动政务服务"。在"公共支撑"方面，要求"统一网络支撑""统一身份认证""统一电子印章""统一电子证照""统一数据共享"。在"综合保障"方面，要求"健全标准规范""加强安全保障""完善运营管理""强化咨询投诉""加强评估评价"。

2021年，国务院办公厅印发《全国一体化政务服务平台移动端建设指南》，在提升政府服务平台一体化服务能力的基础上进一步优化政务服务平台移动端的服务功能和方式，为企业和群众提供更加便利高效的移动政务服务。具体举措包括优化个性化、智慧化服务功能，丰富移动政务服务应用场景，运用新技术提升移动政务服务的便利化水平。

为了进一步提升政务服务标准化、规范化、便利化水平，增强国家、省、市、县、乡五级政务服务能力，2022年国务院出台了《国务院关于加快推进政务服务标准化规范化便利化的指导意见》，要求从"政务服务事项标准化""政务服务事项实施清单标准化""政务服务标准体系"三方面推进政务服务标准化；通过"规范审批服务""规范政务服务场所办事服务""规范网上办事服务""规范政务服务线上线下融合发展""规范开展政务服务评估评价"五个方面推进政务服务规范化；通过"推进政务服务事项集成化办理""推广'免证办'服务'""推动更多政务服务事项'就近办'""推动更多政务服务事项'网上办、掌上办'""推行告知承诺制和容缺受理服务模式""提升智慧化精准化个性化服务水平""提供更多便利服务"七个方面推进政务服务便利化。

三、农村数字政务的发展策略

（一）树立"以人民为中心"的数字服务理念

满足人民群众日益增长的美好生活需要是加强农村政务数字化发展的主要目标，在实践中要以人民群众的需求为导向，以人民群众的实际生活困难为出发点，借助数字技术建立面向基层群众的智慧服务网络，提供各种优质服务，提升群众的获得感、幸福感和安全感。在基层治理中，基层政府直接面对的对象是广大民众，乡镇政府是国家联系农民的重要纽带，农村数字政务的发展既要发挥数字技术自身的优势，又要以广大农民的实际需求为发展方向，真正实现让百姓少跑腿的发展目标。

（二）完善农村数字化基础设施建设

完善农村数字化基础设施建设是推动农村数字化政务服务的重要举措，在加强数字乡村建设、推进乡村数字政务服务进程中，国家十分重视农村基础设施的数字化改造，实施了一系列相关工程。2021年发布的《国务院关于印发"十四五"推进农业农村现代化规划的通知》提出，加强乡村信息基础设施建设，实施数字乡村建设工程，支持农村及偏远地区信息通信基础设施建设，构建面向农业农村的综合信息服务体系。通过对数字化基础设施的完善，为乡村智慧社区建设提供重要的物质支持。当前，农村数字化基础设施建设主要集中在"推广村级基础台账电子化""建立集党务村务、监督管理、便民服务于一体的智慧综合管理服务平台",以及"推进城乡公共服务资源开放共享"三个方面。

（三）加强统筹谋划，消除制度壁垒

数字政务的关键在于将海量数据信息连接起来，实现数据信息之间的互联互通，从而实现不同部门之间数据信息的共建共享，借助数据的跨空间、跨部门流动实现政务服务的及时性和简约性。在农村政务服务平台系统建设的过程中，需要加强统筹谋划，避免不同部门各自为政带来平台的重复建设、资源的无效浪费。可以从省级或市级层面统筹推进全省、全市的"一网通办"和"一网统管"建设，实现各层级各部门在政务服务平台建设过程中的统一标准、统一平台，消除部门之间的制度壁垒。

第三节　数字民生

数字经济的快速发展不仅推动了传统产业的升级转型，还催生了新兴的互联网经济、共享经济、电子商务等新的经济形态。而数字经济的发展对于数字民生也产生了深远的影响。数字民生是指人们在数字化环境中所享受到的各种便利和福利。数字经济的发展为数字民生提供了更多的机会和选择。通过数字技术的应用，人们可以方便地获取信息、进行在线购物、享受在线教育等，提高了生活的便利性和舒适度。

数字经济是科学技术发展带来的新态势，在这种新态势下，人类文明也在经历着新变化。"互联网＋"为各行各业提供了更多便利，助力社会治理、促进社会公平，这使得我国的社会治理走向了智慧治理，数字民生更加高效化、科学化和民主化。本节主要围绕"互联网＋教育""互联网＋医疗"在乡村的实践来阐述数字民生在乡村领域的具体实践运用。

一、乡村"互联网＋教育"

（一）乡村"互联网＋教育"的特征

乡村"互联网＋教育"是指将互联网技术与教育相结合，利用互联网平台和工具改变传统乡村教育的方式和模式。通过互联网，教育资源可以更加广泛地传播和共享，乡村的学习者可以随时随地获取知识和教育服务，乡村教师可以利用网络工具进行教学和评估。

当前，"互联网＋教育"的发展面临一些挑战和问题，包括教育资源不平衡、隐私易泄露等。但随着科技的不断进步和社会对教育改革的需求，乡村"互联网＋教育"的应用和推广将持续深化，为乡村教育发展带来更多机遇和可能性。具体而言，乡村"互联网＋教育"具有以下特征。

1. 跨界连接

"互联网＋"中的"＋"表达的就是一种跨界，是由此及彼的连接，在跨界连接基础上产生一种新形态。在乡村教育领域，在互联网基础上，可以"＋德育"，可以"＋课程"，可以"＋教学"，可以"＋管理"，等等。

"互联网＋教学"推动乡村教学模式变革，信息社会的人才更重视创新思维和协作能力，培养目标的转变推动课程教学内容重构。"互联网＋学习"使学习者更加个性化、定制化的学习成为可能。"互联网＋评价"使乡村教育评价更加全面、立体和多元。互联网相关技术能够实现对教与学全过程的跟踪监测和无感式、伴随性的数据采集，这种基于大数据对学习者的情感、态度、思维和行为等方面表现的综合分析，使评价更加多元和精准，使评价结果更加科学和有效。"互联网＋管理"促进乡村教育治理水平提升，依托大数据、云计算、物联网等技术，实现对乡村教育教学系统全体系、全流程、全天候、全方位的动态监测，可促进乡村教育服务供给精准化、资源配置最优化和管理精细化。

2. 创新驱动

乡村"互联网＋教育"创新驱动体现的是用互联网思维推动技术与乡村教育的融合创新，实现对乡村教育的深刻变革。"互联网＋教育"是以促进乡村教育创新为出发点和落脚点的。技术能够给乡村教育创新提供有力的支撑，人工智能、大数据、移动互联、虚拟现实等新技术促进乡村教育教学新模式的形成。技术促进教育众创空间的发展，能够创建各种类型的乡村教育教学众创空间，给学习者提供创新学习和创业试验的平台。

3. 优化关系

优化关系是指乡村"互联网＋教育"打破原有的各种关系结构，使教育机构与乡村学习者的关系优化重组。借助互联网技术建立乡村学校与外部社会的协同机制，形成校内外相互打通、教学资源高度共享、教育管理流程无缝衔接的新生态。通过互联网技术使学习者、教师和乡村各类学校进行更广泛和深入的分享，实现信息的对称。信息技术能够为乡村教育全面赋能，使乡村教育升级到更高水平。

4. 生态重塑

对于乡村教育而言，生态性表现为多元、多样、自然、进化和渐进的特点。而乡村"互联网＋教育"更加突出了这些特性，并且更易于操作。具体表现在以下几个方面。

首先，先进的技术能够更广泛地关注每个乡村学生，使学习内容更多样化和符合个体需求。通过互联网，乡村的学生可以接触到更多样的学习资源，如在线教育平台、开放式课程等，从而能够根据自己的兴趣和能力进行学习。

其次，教师和学生的角色和作用将发生深刻变化。学生的地位将更加凸显，他们可以充分发挥自己的创造力。乡村教师不再是传统意义上的知识传授者，而是更像是学生的导师和引导者，更注重培养学生的创新思维和问题解决能力。

最后，学习方式将更加个性化和细致化。学习将变得无处不在、无所不能，学生可以利用互联网随时随地进行学习。乡村教师将发挥更重要的角色，能够充分利用教育资源，提升教学质量和水平。

（二）乡村"互联网＋教育"的环节

如今，在无数科研工作者的共同努力下，我国的信息科学技术已今非昔比，"互联网＋"从首次提出到现在，对于"互联网＋教育"的要求已不再局限于所谓的"线上教学"这种单一架构，而是以互联网为圆心，以先进的信息技术为线编织一张全新的"互联网＋教育"的网。在这张网上的结构因子包含了教育主客体、教育内容、教育管理、教育评价等众多教育过程和环节，为乡村"互联网＋教育"重塑一个全新的面貌，提供更多的可能。

1. "互联网＋教育内容"

互联网教育的多元化内容是推动其发展的重要基石和核心动力。创新的内容形式，如大规模在线开放课程（MOOC）的出现，为我国的互联网教育提供了丰富的经验。MOOC平台上集聚了大量优质的教学视频和课程，不仅能满足不同需求者的选择，而且多数免费且可随时反复学习。在未来的探索中，我们要准确把握网络教育受众的需求，持续丰富"互联网＋教育内容"，打破地域和校园的限制，利用最新的网络技术整合教学资源，以更好地、更广泛地服务于大众。同时，需要不断探索乡村"互联网＋教育"的新设计和新思路，为乡村教育提供更多可能性。通过这些努力，互联网教育将能够更加全面地解决教育资源不均衡的问题。

2. "互联网＋教育体验"

"互联网＋教育体验"就是围绕学习者，以学习者的体验为中心满足其需求。而面对学习者复杂多变的需求，可以充分利用互联网强大的数据资源和云计算技术满足对"互联网＋教育"的需求，通过对学习者的学习目标、学习方式、学习能力等信息的采集和智能分析，最大限度地优化学习者的教育体验，提升学习者对"互联网＋教育"产品的满意度，并且可以针对不同需求进行更有趣、便捷的设计。例如，可结合现在流行的 AR 技术来设计教育类的网络游戏，让学习者获得"沉浸式学习体验"，提高学习的娱乐性和学习者的自主性。通过在"互联网＋教育"产品中布设现实中无法接触到的场景，充分调动学习者学习的积极性，提高学习者自主学习的能力。

3. "互联网＋教育管理"

借助日益成熟的互联网技术，可以避免传统教育管理方式中对大量人力、物力和财力等资源的不必要浪费。将互联网技术与教务管理、师生管理、校园后勤管理等其他教育管理相结合，可以进一步推动乡村教育管理服务的信息化、自动化和高效化。目前受欢迎的智慧校园就是"互联网＋教育管理"的典型例子，它是实现教育信息化过程中的重要组成部分。可以说，智慧校园是对数字化校园的发展和完善，在新信息革命的背景下是学校形态的必然趋势。智慧校园具有以下特征：全面感知校园环境、无缝互通的网络、海量数据支持、开放的学习环境以及师生个性化的服务。智能手机、iPad、智能机器人等智能产品的普及和应用，以及各类信息在云平台上的集结，为智慧校园的推广提供了更大的空间和可能性。

4. "互联网＋教育评价"

基于大数据的"互联网＋教育评价"，其评价内容更加丰富。"互联网＋教育评价"除了关注被评价者（教师、学生）的成绩，还关注情绪、心理状态和实际需求等内部影响因素，实现教育评价系统的全面化和系统化。教师和学生在这一系统中可以分别作为评价的主客体，形成双向的教育评价。教师不再是唯一对学生进行评价的人，学生也可以根据教师的教学行为和受教育情况进行评价。同时，学校、教育部门和家长也可以远程了解教育教学质量和成绩，通过互联网数据了解具体情况。借助"互联网＋教育评价"，每个人都可以成为评价者和被评价者，有助于建立健全的评价体系。

（三）乡村"互联网＋教育"的策略

首先，跑好信息化的"最后一公里"，为了实现教育公平，必须加强乡村学校的信息化建设，确保学校拥有足够的带宽和网络支持。为了达到这个目标，需要加大财政支持力度，提供必要的经费和资源，优先投入乡村学校的信息化建设。此外，还应加快推进基础网络建设，特别是在乡村地区，确保每个学校都能够接入高速、稳定的网络。这意味着需要完善网络基础设施，扩大网络覆盖范围，提高网络的质量和稳定性。同时，还需提供必要的技术支持和维护服务，确保网络设施能够正常运行和持续发展。

其次，加大对教学内容的把关和保障数据安全，让师生放心使用。一是主管部门可以加强对教学内容的指导和管理，确保教学内容的质量和合规性。对于使用信息技术推动教育创新的学校，可以制定相关的指导方针，明确教学内容的要求和标准，以确保教学内容的丰富性和正确性。二是数据安全是推动教育创新的关键问题之一。主管部门可以建立一套完善的数据安全制度和技术体系，对教育数据的收集、存储、传输和使用进行管理和监督，加强对教育信息系统的监测预警，及时发现和解决存在的安全隐患，保护师生的隐私和数据安全。三是主管部门可以设置专门的技术团队或机构，为学校提供技术咨询、安全评估和安全培训等服务，帮助学校提升数据安全保障能力。

最后，做好产业的"管"与"扶"，特别是在乡村营造鼓励创新的大环境。对于发展"互联网＋教育"，主管部门需要采取灵活的监管方式，避免对新技术和新应用的发展进行过度限制。对于学习类 App 等教育信息化应用，主管部门可以建立一套合理的监管机制，通过建立"黑名单"制度等方式，对存在问题或不合规的应用进行监管和管理。这样可以保护师生的权益和数据安全，同时也可以推动行业的良性发展。然而，在进行监管的同时，主管部门还应注重提供服务和支持，可以建立完善的评估机制，对教育信息化应用进行认证和评级，帮助师生选择安全可靠的应用。同时，还可以提供相关的培训和指导，帮助教师更好地使用和应用新技术，提升教学效果。此外，主管部门也可以积极引导行业协会和企业自律，制定相关的行业标准和规范，建立行业自律的机制。通过多方合作，共同推动教育信息化行业的健康发展，让更多师生受益。

二、乡村"互联网 + 医疗"

（一）"互联网 + 医疗"的定义

互联网医疗是"互联网 + 医疗健康"的简称，也称"互联网 + 医疗"。从互联网医疗健康行业发展过程及社会发展进程梳理，"互联网 + 医疗"的定义从生物医学逐步演化到社会医学，其概念也有广义和狭义之分。广义的"互联网 + 医疗"是指借助互联网、物联网等信息技术的使用，实现个体健康全过程的覆盖，并与个体在生理、心理和社会适应性方面的咨询、诊疗、康复、保健、预防等全流程深度融合而形成的一种新型医疗健康服务体系。《国务院关于积极推进"互联网 +"行动的指导意见》将医疗和健康放在一起，对医疗的概念进行了拓展。

因此，目前的"互联网 + 医疗"，事实上是"互联网 + 医疗相关行业"，包括"互联网 + 医院""互联网 + 公共卫生""互联网 + 健康管理""互联网 + 医药""互联网 + 医疗保险""互联网 + 智能穿戴（人工智能）"等。狭义的"互联网 + 医疗"则是指通过互联网等信息技术开展的与疾病诊断、治疗活动相关的全病程医疗服务体系。广义的"互联网 + 医疗"，即"互联网 + 医疗相关行业"，是使医疗与健康相结合，并依托互联网、以信息技术为手段，与传统医疗卫生服务深度融合而形成的一种新型医疗卫生服务业态的总称。

"互联网 + 医疗"将会构建我国医疗健康服务的新兴产业形态，对传统医疗模式带来颠覆性改变。"互联网 + 医疗"通过优化现有传统医疗体系，可以切实改变医疗服务管理方式、优化患者就医流程、改善医患矛盾、节约和降低医疗成本，提高就医效率。这种新兴的医疗健康服务业态，以互联网为载体增强线上线下的互动，有利于提升政府和医院管理者的医学决策能力和管理水平。

（二）"互联网 + 医疗"的发展环境

1. 促进因素

（1）供方的推动

互联网是推动医疗资源整合的有效手段，以大数据应用为特征的互联网信息平台建设不仅可以促进医疗服务提供方式的改变，同时对于医疗管理方式的转变也具有积极的推进作用。"互联网 + 医疗"在信息惠民、智慧医疗、质量监管、健康促进等领域的优势日益凸显，越来越受到政府与医疗机构的重视。

当前，对于"互联网 + 医疗"的推动主要体现在健康信息服务平台建设、医疗业务协同应用平台建设以及医疗健康大数据的开发与应用方面。健康信息服务平台通过整合人口信息、居民健康档案及电子病历，推动数据的互通共享。医疗业务协同应用平台通过建立区域影像中心、区域检验及检查中心、区域心电中心、区域病理诊断中心、远程医疗中心等，推动跨地区、跨机构的业务协同。通过标准化的健康医疗数据共享机制，实现公共卫生、医疗服务、医疗保障、药品供应、综合管理等应用信息系统的数据采集、共享、协同，消除数据壁垒，确保跨部门、跨领域的密切配合。健康医疗大数据通过构建疾病分类、住院诊疗、健康服务、卫生决策、医院管理等主题数据库，推动医疗健康大数据的开发与应用。同时，通过鼓励互联网企业与医疗机构合作共建医疗平台，有效引导医疗机构面向中、小城市和农村地区开展基层检查、上级诊断等远程医疗服务，加强医疗卫生服务资源整合及供给。

（2）需方的推动

伴随社会经济的不断发展，居民医疗卫生服务及健康管理服务需求日益增长，同时，服务需求多元化的特征也越来越突出。而我国卫生服务资源相对短缺，"看病难、看病贵"的社会问题较为严峻，实体医疗机构在满足患者多元化的卫生服务需求方面存在一定的欠缺，很大程度上制约了居民多元化医疗卫生服务需求的满足。借助互联网可以推动医疗资源的整合，推动医疗业务的协同开展，可以较好地实现网上预约就诊、健康管理、康复诊疗、慢病管理等服务提供。利用移动互联网技术可实现在线预约、候诊提醒、核价缴费、报告查询、药品配送等便捷服务，推动基层医疗卫生机构服务能力的提升，突破患者就诊的时间和空间限制。同时通过医联体等信息平台，可以实现患者对于医疗资源的合理选择，扩大优质医疗资源的高效供给，节省患者的就医时间，实现患者的合理分流。

（3）政策的推动

2015年是我国推动互联网发展政策最为密集的一年。2015年国务院提出了我国"互联网＋"的发展目标，"到2025年，网络化、智能化、服务化、协同化的'互联网＋'产业生态体系基本完善，'互联网＋'新经济形态初步形成，'互联网＋'成为经济社会创新发展的重要驱动力量"，为推动"互联网＋医疗"的发展营造了良好的政策环境，推动了"互联网＋"在医疗领域的功能发挥。《积极推进"互联网＋"行动的指导意见》（国发〔2015〕40号）提出了推广在线医疗卫生新模式和促进智慧健康养老产业发展的任务。在此政策的指引下，各地开始陆续出台关于"互联网＋医疗"的行动方案，明确了"互联网＋医疗"的发展方向，拓展了"互联网＋医疗"的发展空间和应用领域，同时对于"互联网＋医疗"的发展模式进行了积极的探索和实践。2016年中共中央、国务院印发的《"健康中国2030"规划纲要》提出了"建设健康信息化服务体系，完善人口健康信息服务体系建设，推进健康医疗大数据应用"的任务要求，同时确定了"到2030年，实现国家省市县四级人口健康信息平台互通共享、规范应用，人人拥有规范化的电子健康档案和功能完备的健康卡，远程医疗覆盖省市县乡四级医疗卫生机构，全面实现人口健康信息规范管理和使用，满足个性化服务和精准化医疗的需求"的目标。2018年4月，国务院办公厅印发《关于促进"互联网＋医疗健康"发展的意见》，明确了支持"互联网＋医疗健康"发展的鲜明态度，突出了鼓励创新、包容审慎的政策导向，明确了融合发展的重点领域和支撑体系，划出了监管和安全底线。2020年，国家卫健委印发《关于进一步推动互联网医疗服务发展和规范管理的通知》。其中强调，开展互联网医疗，各地要坚守医疗质量和患者安全底线，在开展任何试验探索时，不得突破现有法律法规。

2. 制约因素

（1）医疗本身的特性

作为一种技术密集型行业，医疗服务具有其特殊性。"互联网＋医疗"虽然可以在一定程度上拓展医疗服务的作用范围和服务提供方式，突破医疗服务提供的时间和空间制约，但是毕竟不能完全取代实体医疗机构，实体医疗机构在医疗服务中的功能发挥依然具有不可替代性。

对于患者而言，实体医疗机构提供的医疗服务更加真切，更能满足患者的就医体验感，同时由于当前互联网技术存在一些不足，使得"互联网＋"在医疗领域中的功能发挥还存在有待完善的空间。信息化基础设施的建设以及网络带宽的传输速度对于区域影像、远程会诊等领域存在较大的影响，基础设施的配置不足与网络带宽的传输速度过慢，会影响获取的医疗决策信息的质量，这也是"互联网＋医疗"在发展过程中必须面对的问题。

其他问题还包括：①我国医生的工作量负荷大，无法确保有额外足够的时间以及精力参与在线诊疗服务以及为用户提供详细的专业指导建议；②现阶段在线医疗可处理的还只集中在部分常见疾病和慢性疾病等相对有限的问题上；③从医生通过在线医疗可获得的收入来看，无法提高知名医生的积极性；④由于信息的不对等，通过网络平台提供的在线咨询及医院沟通服务，会存在部分医生对患者进行盲目诊疗的现象，存在一定的医疗事故风险。

（2）市场与技术的壁垒

当前"互联网＋医疗"市场尚未形成完善的市场运行机制，制约"互联网＋医疗"尤其是移动医疗发展的技术障碍依然存在，如医院自身的信息化水平、是否支持即时在线传输、基础设施建设的程度等都是影响"互联网+医疗"发展的重要因素。由于互联网医疗涉及多系统、多领域、多学科、多机构之间的信息互联和互通，这就要求有完善的信息标准化体系和推进策略，但是当前的操作标准仍存在缺失，导致不同系统的数据无法实现共享。隐私与信息安全保护制度相对比较薄弱，信息持有者对信息共享缺乏信心，影响了数据的共享。另外，专业技术人员的短缺也是影响"互联网+医疗"发展的限制性因素之一。

（三）乡村"互联网+医疗"的模式

在乡村振兴战略背景下，实施乡村"互联网+医疗"模式可以为广大农民群众提供平等的医疗健康服务，促进乡村公共医疗服务水平的不断提高。

"互联网+医疗"模式可以通过远程医疗、在线问诊、健康管理等方式，利用互联网技术实现医疗资源的均衡分布，让农村地区的居民能够轻松获得专业的医疗服务。特别是在偏远地区和医疗资源匮乏的地方，"互联网+医疗"模式可以弥补医疗服务的不足，满足人们基本的医疗需求。乡村"互联网+医疗"模式的具体表现如下。

1. 医疗信息共享

医疗信息共享是构建乡村"互联网+医疗"模式的必要条件和基础。通过建立医疗信息共享系统，可以提高医疗机构内部和外部之间的信息共享效率。这不仅便于医疗专家及时了解患者的信息，也便于患者通过系统获取各种医疗信息。医疗信息共享平台包含医疗资源、医生、护士、患者、诊疗、药品供应、医疗保障、公共卫生等各种信息，促进了全面、准确的信息共享和互动，为实现乡村"互联网+医疗"模式的服务提供了可靠的信息支持。然而，由于互联网的开放性，医疗信息安全成为一个难题，因此需要建立完善的互联网信息安全体系和应急响应机制，确保医疗信息的安全性。

2. 智能导医

区块链技术使智能导医平台可以为农村患者提供相关疾病治疗方法、药品等信息，从而解决传统医疗系统中医患信息不对称的问题。基于区块链技术，患者可以在智能导医平台输入疾病症状，查询该疾病的专家信息、特色疗法等。通过区块链技术，系统能够自动生成准确的医生数据、医院数据、疾病数据等，并将其与患者输入的数据进行智能比对。只有数据匹配成功后，准确的数据才会传递给患者。此外，智能导医平台还为患者提供相关诊疗服务，如在线缴费等功能。

3. 延续护理

延续护理对于农村地区的医疗服务非常重要。在农村地区，由于医疗资源匮乏和交通不便等因素，一些患者无法亲自前往医疗机构就诊或进行长期治疗和护理。而通过"互联网+医疗"模式的延续护理，可以有效缓解这一问题。

通过远程医疗技术和健康监测设备，医生可以实时监测和评估患者的健康状况，提供专业的医疗指导和护理建议。患者可以通过手机应用、在线视频等方式与医生进行交流和咨询，随时获取医疗服务。

延续护理的实施可以有效提高农村患者的医疗服务满意度。患者不需要频繁前往医院，减少了时间和经济成本。同时还能够享受到专业的医疗指导和护理，促进病情的控制和恢复。

此外，延续护理还能够加强医患之间的互动，改善医疗资源的分配。通过互联网技术，医生可以以病情严重程度和急迫性为依据，为患者分配医疗资源，确保农村地区患者能够及时得到需要的医疗服务。

（四）乡村"互联网+医疗"的策略

1. 规划"互联网+医疗"整体方案

进行农村"互联网+医疗"的顶层设计，规划整体性发展方案，应该成为改革农村医疗事业，发挥农村"互联网+医疗"价值的首要工作。只有顶层设计明确、整体制度清晰，才可以从根本上指导农村医疗事业的发展。

首先，尽快明确农村"互联网+医疗"的发展思想与目标。对于农村医疗事业而言，应该以改革现有工作、提高效率和便捷度、突破资源和人才困境为重要目标。利用互联网技术，建立农村医疗资源共享平台，实现医疗机构之间的信息互通，减少患者因为资源分配不均而造成的等待时间过长和医疗资源浪费的问题。同时，推广远程医疗和在线医疗服务，让农村患者能够及时与医生进行沟通，获取专业的医疗指导和护理。此外，通过"互联网+医疗"模式，吸引和培养更多的医疗人才，解决农村地区医疗资源和医生匮乏的问题。对于农民而言，更加便捷、低成本地获取医疗服务应该成为发展"互联网+医疗"的目标。通过推广在线预约挂号、远程问诊和药品配送等服务，让农民能够便捷地获取医疗服务，避免因为交通不便、时间限制等问题而影响就医。同时，合理规划药品和医疗服务价格，通过互联网渠道实现医疗服务和药品的价格透明，降低农民的医疗成本，确保他们能够负担得起医疗费用。

其次，各级政府在农村"互联网+医疗"的发展中起着积极的引导作用。政府应该积极建立农村"互联网＋医疗"的发展制度，建立清晰的政策和规定，为整个发展过程提供有力的指导和支持。一是政府应该加强对农村"互联网＋医疗"发展的宏观管理和规划，制定相关的发展纲要和规划，明确发展思路和目标。政府需要明确制定农村"互联网＋医疗"的政策支持措施，优化政策环境，鼓励和引导社会资本和企业参与到农村医疗事业的发展中来。二是政府应加大对相关技术和信息安全的监管力度，确保农村"互联网＋医疗"的安全性和可靠性。政府需要建立完善的监管机制和政策法规，对互联网医疗服务进行规范和管理，保障患者的合法权益。此外，加强对个人隐私和医疗数据的保护，防止信息泄露和滥用。三是政府应该加大对农村医疗机构和人员的培训，提升其互联网技术应用能力和各项相关能力。政府可以组织相关培训和技术指导，推动医疗机构和医生积极参与乡村"互联网＋医疗"的建设。四是政府还应该加强对农民的信息普及工作，提高农民对乡村"互联网＋医疗"的认知和使用能力。政府可以通过发放宣传材料、组织培训活动等方式，使农民了解乡村"互联网＋医疗"的优势和使用方法，鼓励他们更加积极地利用互联网获取医疗服务。

2. 多方筹集农村医疗事业发展资金

多方筹集农村医疗事业发展资金，为乡村"互联网＋医疗"注入充足的资金。使用"互联网＋"手段进行医疗体制改革，前期投入较大，单纯依赖农村及农民力量难以实现，为此要充分发挥政府和社会组织的作用。

首先，鼓励农村自力更生。一是可以通过集体经济组织援助的方式，为农村提供必要的资金和资源支持。政府可以鼓励乡村合作社、农民专业合作社等集体经济组织积极参与到农村医疗事业的发展中来，提供资金、土地和其他资源支持。这样可以有效减轻医疗机构的负担，为乡村"互联网＋医疗"的落地创造良好的经济条件。二是可以动员农村居民自发参与到乡村"互联网＋医疗"的建设中来。政府可以引导和鼓励农民举办筹款活动，筹集资金用于改善农村医疗室或卫生服务站的硬件设备，改善医疗条件。这不仅可以减轻政府负担，还能营造农民参与医疗改革的良好氛围。

其次，政府在推动乡村"互联网＋医疗"发展的过程中，需要根据实际需求提供相应的财政资金和优惠政策。一是政府可以根据乡村"互联网＋医疗"的发展需求，设立专项资金，直接支持农村医疗事业的改革发展。这些专项资金可以用于改善农村医疗室或卫生服务站的硬件设施，购置相关设备和技术，引进远程诊疗和医疗信息化系统等，以提高农村医疗服务的质量和水平。二是政府可以制定相应的财政优惠政策，为乡村"互联网＋医疗"提供支持。例如，可以减免互联网医疗平台的税费，降低农村医疗机构在建设和运营过程中的负担。政府还可以提供贷款利息补贴、技术扶持和培训支持，帮助农村医疗机构更好地推进"互联网＋医疗"的发展。三是政府还可以积极引导和鼓励社会资本参与农村"互联网＋医疗"的投资和合作。通过给予合作伙伴优惠政策和经济扶持，鼓励社会资本在农村医疗领域的投资，促进医疗资源的整合和优化。

3. 培育农村"订单"医疗人才

解决农村医疗人才短缺的问题是推进乡村"互联网＋医疗"事业的重要行动。目前，医学院毕业生在农村地区从事医疗服务的比例较低，导致基层医疗机构缺乏青年医务人员，限制了现代医疗技术的推广和应用。尤其是农村医疗体制的网络化和信息化程度较低，无法快速有效地实施"互联网＋"手段。

因此，我们需要积极培养满足农村需求的医疗人才，以增强农村医疗服务队伍的实力。具体是指，以免费师范生为蓝本，在农村建立与国内外医学院的合作关系，并选择一些有志于献身医疗事业的毕业生接受免费的医学教育，以返乡提供一定年限的医疗服务作为交换条件的方式。这种方式可以降低学生的求学费用，化解他们的就业难题，同时也有利于农村获取稳定的医疗卫生人才。这样的做法可以通过与国内外医学院的合作关系，为农村学生提供优质的医学教育资源，并为他们提供实践机会和培训，以提高他们的医疗技能和专业能力。同时，返乡提供一定年限的医疗服务作为交换条件，可以帮助解决农村地区医疗卫生人才的短缺问题。这样的做法鼓励了青年人才回到农村，通过提供医疗服务来回报社会。这不仅有助于提高农村医疗水平，也可以使农村人民享受到更好的医疗服务。

第四节　产业帮扶

产业帮扶是指通过政府、企业或其他组织对特定产业进行支持和发展的一种方式。它包括提供技术、资金、政策、市场等方面的支持，旨在提升产业竞争力、促进产业升级、推动经济发展。产业帮扶常见于农业、制造业、服务业等各个领域，目的是推动产业的可持续发展和创新。在此仅从农业角度展开论述。

一、让数字技术为农业赋能

中国农业现代化建设的目标是发展高效、安全的现代生态农业，智慧农业是农业现代化发展的趋势，是农业信息化发展的高级阶段。伴随着新一代信息技术的迅猛发展，数字经济正在加速重构中国经济发展模式，成为驱动产业升级与转型的新引擎。在数字经济的带动下，互联网、大数据、物联网、区块链等数字技术与实体经济深度融合，为数字农业的发展创造了机遇。

近年来，很多平台都在努力打破数据壁垒，通过对各自的优势资源进行整合，提高农民应用的便捷性，使农民在乡村治理中获得了更多的参与机会；通过构建线上线下相结合的乡村数字惠民便民服务体系，以推进"互联网＋"政务服务向农村基层的纵深延展；通过使用数据分析技术，乡村治理智能化、精细化、专业化水平得到了进一步提升，同时基层治理与服务的效果也得到了提升。

（一）助推产业之间的深度融合

倘若在农村产业领域融入数字技术，可以从横向上对农村产业链的宽度进行拓宽，从纵向上对农村产业链的长度进行延展，推动农村一、二、三产业之间的深度融合，进一步优化农村产业体系。这是数字技术应用的第一大价值。在实践中，可以从以下三个角度切入，并采取进一步措施，如表4-1所示。

表4-1　以数字技术促进产业融合

角度	说明
通过数字技术促进体系化建设	依靠科技创新和庞大的资金支持，加速数字技术的研发，构建一套将生产、加工、销售融为一体的全产业组织体系；通过专业化生产与组织协同，实现农业全产业链的系统升级
通过数字技术把握与预测农产品市场	通过数字化信息平台，及时、准确地理解关于农产品价格和销售情况等方面的信息，根据具体情况做出未来市场预测，进而对农业生产结构和农产品销售策略做出针对性调整，实现农业生产、交易与服务等环节之间的互相融通，避免农产品出现供给不足，进一步推动农产品的价值提升
通过数字技术呈现先进成果	搭建用于农业科技成果展示、交易、推广的数字化平台，推进科技成果与农业产业之间的有机衔接，确保农业全产业链各环节都能让先进的农业科技成果得到应用，进一步提升农业产业的国际竞争力

（二）助推农业经营决策的便捷化

数字技术本身的特征包括信息完整性、决策科学性与资本积聚性。这些特征可以推进农业经营方式从过去的粗放模式逐渐转变成精细化、智能化模式，使得农业经营过程中的不确定风险大为降低，使得农业经营决策的便捷化和科学性大幅提升，这是数字技术应用的第二大价值。在实践中，可以从以下三个角度入手，如表4-2所示。

表4-2　以数字技术促进决策便捷化

角度	说明
通过数字技术搭建决策系统	搭建数字信息决策系统，在搜集海量数据之后做出精准判别，实现对经营主体的快速响应，科学把控决策方向的正确性，保障农业经营体系高效运转
通过数字技术整合农业情报数据	利用数字技术，系统化整合农业情报和农业经营信息，及时向农业经营主体公开农业前沿技术、市场变动等信息。在此过程中，要确保数据信息的便捷性和准确性，以便于帮助农业经营主体有效规避农业经营风险
通过数字技术培养高质量的农业人才队伍	架构农业培训平台，为农业经营人才打造多元化的培训体系，持续研发出层次多、覆盖广、质量高的在线培训课程，让农业生产经营人员"足不出户"即可提升自身的农业生产经营水平和决策分析能力，从而进一步促进当地农业发展并提升市场竞争力

（三）助推农业生产智能管控

在农业生产中广泛应用数字技术，不仅可以有效促进生产主体之间的信息互通，还可以实现农业生产的智能管控、精准运行和科学管理，从而实现农业生产能力的稳步提升。这是数字技术应用的第三大价值。在实践中，一般可以从以下两个角度切入。

①利用物联网技术，推动农业"精确化"生产。通过搭建农业管理、土壤探测技术、农田遥感监测等智慧农业管理系统，建立农业生产"互联网"，协助农户完成智能喷水、精准洒药、合理施肥等精细化操作，实现对农业生产过程的精准化管控，同时降低农业生产与管理过程的成本。

②建立农业数据库，输出专业化农业服务。成立农业信息收集部门，围绕各地的农业生产领域建设大型数字信息库，并将高新技术研发、市场咨询、农业社会服务供给等信息服务纳入其中；通过生产环节外包，拓宽农产品种植空间，优化农业种植结构，提升农产品供给的标准化、专业化水平。

如今，数字技术在农业高质量发展进程中所发挥的作用日益显著。以数字技术为手段，对农业生产、经营和管理实施一体化管控，推动农村产业深度融合、促进经营决策便捷化以及保障生产管理过程智能化，已经成为推动农业高质量发展的重要力量。在数字技术切实为农业赋能之后，必将降本增效，提高资源利用率，更进一步地释放乡村发展的潜力。

二、帮助小农户对接现代农业

作为乡村振兴的主体之一，小农户关系着农业生产与经营，同时也直接体现着乡村治理的效果。换句话说，帮助小农户与现代农业发展之间实现有效对接，应被视为乡村振兴战略中的重要组成部分。

（一）培养小农户的现代农业意识和能力

过去，小农户因为收入较低，对农业的热情不高；又因种植规模小，农业设备与辅助机械的作用发挥不明显，因此更倾向于采用传统的种植方式。针对这种情况，各地可以将强制性政策与激励性政策有选择性地结合起来，让小农户对机械辅助设备的作用效果有充分了解，不定期地组织人员培训，促使小农户认识到"以科技促进农业发展"的重要性，进而促进自身科学技术水平的提升，使小农户晋级为具有高科技素养的现代化职业农民。

为了更系统地培育职业农民，各地可以建立产教融合生产实训基地，帮助小农户通过线上线下培训相结合的形式接受新农业教育。在此过程中，宜遵循"分级培训、分业培训"的原则，建立小农户培训信息库，掌握小农户的基本情况、培训需求、参训情况等，避免因重复培训造成资源浪费。

（二）不断提高小农户自身的致富意愿与致富能力

农业产业化的一大主体是广大的农民，农民的自身素质直接关系到他们对农业产业化活动的认知，而认知的深化会有力地推动其参与的积极性。因此，应充分发挥农民群体的主体作用，培育新型农民，提高农户对产业化经营和新型经营主体的认同度和接纳度，进而提高农户的参与热情。

主要工作包括以下两个方面：一是树立主体意识。农户主体能力建设的第一步，就是要激励农户提高对农业产业化中主体地位的认识，在思想上剔除不必要的传统小农观念，使农户不仅在知识能力上成为新型农民，更要在思想观念上成为新型农民。二是获得参与的能力。农户获得参与的能力是能力建设的重要内容。农民实现自身致富的最根本力量是自身，农户要积极利用当前政府和新型农业经营主体实施的各项帮扶措施，不断提升自我、发展自我。农户要在农业技术、生产、市场销售以及合作知识等方面加强学习，不断提高自身的素质，最终依靠自己的力量实现致富。

（三）提高小农户的组织化发展程度

在小农户对接现代农业的过程中，应具有"抱团经营"意识，尽可能打造以小农户为主体的合作化组织体系，并分类别、分层次地完善扶持政策体系。

在实践中，可以设立合作组织联盟，协力开办加工企业，组建专业销售团队，让农民合作社与小农户之间实现紧密结合，有助于小农户通过联合分享模式提高竞争能力，从而获得更高的经济收益。

（四）强化第三方的监督机制和制度保障体系

为了更好地保障小农户发展，可以采取在小农户与新型农业经营主体之间建立第三方监督机构和限制二者的同质化发展的举措，避免出现恶性竞争事件。同时，建立相对应的监督机制和奖惩机制，保障小农户和新型农业经营主体的利益，促进其有效衔接和互相督促、协力发展。

为了鼓励小农户发展，可以在用地用电用水、税收、土地流转、交通运输等多个方面为小农户提供对应的扶持政策；全面落实补贴政策（如规模种粮补贴、农机购置补贴等），使当地的强农惠农政策能够真正惠及小农户；在金融方面加大支持力度，帮助小农户解决融资难和融资贵等问题，确保小农户的融资途径是可行、可靠的。

（五）健全服务小农户的社会化体系

为了更好地推动小农户对接现代农业，可以从社会服务的角度丰富农业生产全过程的服务类型，有序推广新型服务方式，为小农户提供优质的服务，科学引导小农户对接大市场。

总之，为了推进小农户的未来发展，不仅要加大农业管理的力度、推出有益的政策支持、打造关联的管理体系，更要着力拓宽其对现代农业发展的认知广度和深度，鼓励并引导其向特色优势产业领域深入探索，从而促进小农户生产提质增效，实现小农户收入的稳定增加。

（六）积极引导各类新型农业经营主体高质量协调发展

一是推动各类新型农业经营主体定位不同、错位协调发展。鼓励专业大户、家庭农场在原有基础上从事规模化、集约化、市场化农业生产；扶持真正实现社员所有、依照章程分配收益的农民合作社做大做强，发挥其在农资提供、产品营销等环节的优势；引导龙头企业深耕农产品加工，对于市场前景优、经济效益佳、辐射带动能力强的企业加大支持力度，让农户更多地分享农业产业化经营的增值收益。

二是健全各类新型农业经营主体的决策、管理、监督机制及利益分配机制。一方面，必须健全新型农业经营主体民主化的决策、管理、监督机制。积极引导组织规范运作，建立健全全员代表大会、理事会以及监事会等组织重要机构，使其各司其职，进一步完善审计、公开和财务管理等制度，使新型农业经营主体的决策和管理逐渐趋于民主化和合理化。另一方面，新型农业经营主体还应健全自身的利益分配机制，在组织发展壮大之后，逐步建立组织和农户的利益共同体，逐渐增强组织的影响力和带动力，增强组织内部运行机制或系统的稳定性，从而促进组织的可持续发展。

三是培养对新型农业经营主体精英人才的管理和创新能力。首先，统一组织骨干成员的认识，使其充分认识新型农业经营主体的意义和作用，调动其积极性。其次，组织骨干成员开展管理知识方面的培训，并结合适当的典型案例讲解，加深对现代组织管理知识的掌握。最后，培养骨干成员的创新能力。可以通过组织骨干成员外出考察、学习先进经验和管理模式，创建有关新型农业经营主体的竞赛项目，丰富成员在实际操作上的经验，积极引导精英人物，发挥精英人物的带头和促进作用，以更好地解决新型农业经营主体发展中遇到的问题。

第五节　环境营造

乡村环境营造是指通过各种措施改善和塑造乡村地区的旅游景观、人文环境等的过程。它旨在提升乡村地区的生态环境质量，改善居民的生活条件，提高居民的幸福感。

一、创建良好的旅游景观

乡村旅游是全面推进乡村振兴产业的重要抓手。随着我国信息技术持续发展并步入发展快车道，推进数字化技术与乡村旅游有机结合符合我国数字化改革推动乡村振兴的大趋势，为乡村旅游提供了新的可能。

（一）文学艺术景观

在乡村自然旅游景点中，设计篆刻与书法、雕塑与绘画、戏曲与舞蹈、民间传说故事等也可以造就一大批乡村人文旅游景观，这是一种常见的打造乡村人文景观的方式。

（二）纪念地景观

纪念地是人们为历史上的重大事件或重要人物而建立的纪念性标记、建筑及设施，以供后人回顾并作长久的纪念。例如，战事纪念馆、纪念地，历代文学家的故居、墓地、生平活动的纪念地，这些都可以被开发为当地的人文景观。

（三）农业旅游景观

农业旅游景观是以农业资源、农业技术为基础发展起来的专项旅游景观项目，其中包括农业观光、采摘、农家度假等形式。例如，上海孙桥现代化农业园区的现代农业旅游就属于这种人文景观类型。在各地试行先进技术的农村产业园、种植基地同样可以打造出这种农业旅游景观。

（四）民俗采风景观

我国是一个多民族的国家，各民族都有着与其他民族不同的习俗、节庆、服饰、食俗、文化艺术以及经济活动。在旅游业不断发展的今天，从这种地域性的差异入手，可以打造出一大批极有价值的、因地而异的、多种多样的人文旅游景观。

总体而言，在旅游点上打造人文景观是不断开拓思维的一个过程。各地要避免因人文景观呈现模式趋同、操作模式过于相似而使游客感到视觉疲劳和审美疲惫。在安全环保的前提下，呈现当地特色、新时代的奇思妙想，才是各地应秉持的基本建设原则。此外，各地还可以通过抖音、快手等各类短视频平台进行宣传，提升景点的知名度。

二、打造优美的人文环境

在数字乡村建设过程中，人文环境是一个需要考虑的重要因素。良好的人文环境会让人们自然而然地对故土乡村心怀眷恋。人文环境是人类社会中的一种无形资产，也是通过各种人类活动所形成的一种"软"环境。人文环境主要体现在人文景观、当地风貌等方面，也集中展现了各地的地方形象，还是当地人的内在精神、文化品位、价值理念的外在彰显，更是人们创造美好生活和留住美丽"乡愁"的物质基础。打造人文环境可以从很多角度切入，如开发和优化人文环境、以文化特色打造地方名片、培育新的时代理念等。

（一）开发和优化人文环境

打造人文景观是人文环境建设的重点之一。人文景观的典型特征就是具有一定的历史性、文化性，以一定的实物或精神为表现形式。人文景观有很多种，如文物古迹、地区和民族的特殊人文景观、革命活动地以及现代文化、艺术、科学、经济活动场所形成的景观等都可以归于人文景观之列。

在乡村人文环境建设过程中，不同的地方可以按照当地特有的资源来确定当地用以发展的人文景观类型。除此之外，还要充分、合理地利用当地的闲置房屋及土地，对其进行合理化布局和人文化改造。例如，将闲置房打造成公共图书馆、专项博物馆等公用设施，在乡村范围内营造文化氛围，从而彰显其文化独特性。

（二）以文化特色打造地方名片

良好的乡村文化包括乡村的特色人物、手艺、习俗以及故事的精神体现和传承。对于一些文化资源丰富（如历史文化、红色文化、地方文化）的地区，可以按照地方的独特之处来打造属于当地的独特文化名片，这也是增强乡村吸引力的一个重要举措。例如，井冈山地区重点打造红色文化，还有一些地区会主动设计一张或多张具有特色文化的名片。

（三）培育新的时代理念

通过打造人文环境，增强民众对新时代文化理念的认同感。例如，转变人们过去那种自给自足的"小农意识"，引导人们勇于创新、积极投身到电商等现代化经济生活发展的大潮中。再如，在现代商业中培育契约精神，积极引导一种既追求公平竞争又遵纪守法的思想认识，打造具有契约化、法治化特征的人文坏境。

在打造人文环境的过程中，一些地区着手建立了农文旅产业联盟，充分利用乡村的特色资源，营造出优质的人文环境，加强与互联网技术的结合，建设主导产业、规模效益显著的优势特色产业集群。这也成为一条数字技术提振乡村产业发展的新思路。

第五章　数字对乡村治理的影响

数字化转型是乡村治理的重要手段，乡村有着区别于城市的社会结构、运行特点以及发展规律。有效的乡村治理，必须尊重这些特点，遵循这些规律。数字化不仅深刻影响着农民群众的生产生活方式，也有力地传播文明乡风正能量，促进乡村善治，促进乡村全面振兴。乡村治理数字化不仅仅是数字化技术在乡村治理过程中的应用，关键在于数字化治理手段的应用，从根本上是对乡村治理流程的再造，也是对乡村治理体系的重塑。因此，本章围绕乡村治理的内涵、原则与面临的问题，数字乡村治理的难点，以及数字化赋能乡村治理的可行性展开研究。

第一节　乡村治理的内涵、原则与面临的问题

一、乡村治理的内涵

治理是指在管理一个地区经济社会资源的过程中，运用公共权力的具体方式。在国内，乡村治理的概念最早由华中师范大学乡村振兴研究院院长徐勇教授提出。他认为，乡村治理是通过解决乡村面临的问题，实现乡村的发展和稳定，涉及乡村治理主体、权力结构、治理目标、治理机制等不同维度。[1]

乡村治理是指一个由国家和社会共同作用形成的公共权威围绕乡村社会的公共事务而开展的一系列基层集体行动，是国家治理体系的重要组成部分。学术界关于乡村治理的研究主要围绕权力导向、主体导向和目标导向三大领域。[2]

权力导向的核心是权力配置的多元化，因此乡村治理是一个由国家和社会共

---

[1]　徐勇，乡村治理与中国政治 [M]．北京：中国社会科学出版社，2003.
[2]　宁华宗，治理空间的再造：边远山区乡村治理的新路径——以黔江生态移民工程为例 [J] 社会主义研究，2014（06）：145-151.

同作用而形成的公共权威，实现对乡村社会调控和管理的动态过程；主体导向认为，乡村治理就是性质不同的各种组织，包括乡镇党委、政府及其附属机构，村级组织、民间群体及组织，通过一定的制度机制共同把乡村公共事务管理好；目标导向是指各项治理工作都必须服务于乡村社会公共利益最大化。

乡村治理是指乡村公共权威运用一定的手段，管理和解决乡村社会事务，以此对乡村社会进行控制和影响。在乡村治理的内在结构中，乡村治理权力是最为关键的因素，它并非简单地等同于社会自治权力，更不能把它直接视为国家权力，它是国家公共权力和乡村社会自治权力的共同产物。

从总体角度来看，乡村治理主要是通过适当调整村镇布局、保护与优化生态环境、完善基础设施等，推动地方经济不断发展，美化生活环境，提升农村居民的生活质量，改变农村的环境面貌，不断强化基层治理。

二、乡村治理的原则

乡村治理需要遵循的原则主要有以下四个方面。

（一）法治原则

法治，不仅能对社会复杂多样的矛盾进行有效调节，推进乡村治理，从内部有效支撑人民，还能有效解决和保障人民的人身财产安全。

在依法治国的大政方针下，要推进依法治村，乡村治理法治化，遵循法治思维，坚持依法治理，把乡村治理纳入法治化轨道。

（二）民主原则

在我国的乡村治理中，面临着如何向现代民主治理体制转变的历史任务与难题。乡村治理采取的基本方式之一就是民主，这是推进社会治理法治化的重要前提。

民主模式下的乡村治理，强调在涉及乡村公共事务和公共福利的问题上，除了法律或政策有特殊规定之外，应充分尊重乡村自治组织和村民的自主意志。这意味着，在处理乡村事务时，应广泛采纳法治化和民主化的方式，设立高效自治的乡村治理结构。这种模式的核心思想是通过充分参与和协商，鼓励村民积极参与到乡村治理中，实现自我管理、自我服务和自我发展。

在乡村社会治理中，各个治理主体的参与及运作，都必须在民主的基础之上才能实现，也只有这样，才能对决策的民主化、科学化、法治化起到促进作用。

（三）权利原则

权利原则是乡村治理取得有效性的重要前提。在乡村治理过程中，坚持遵循权利原则，采取的措施和途径主要有三个方面。

1. 树立正确的权利观念

当前，信息技术快速发展，农民通过运用新媒体等获得了丰富的现代民主权利知识，其权利意识在不断增强。这种意识蕴含着巨大的社会价值，是社会治理的有生力量。

2. 建立权利体系

国家要建立完善的服务设施和保障体系，保障资源共享、分配机制合理、实现公平公正，才能真正地实现农民的权利，如此才能实现良好的乡村治理目标。

3. 健全权利保障机制

乡村治理的根本问题，是健全农民权益的保障机制。在乡村基层治理中，要积极回应人民群众日益增长的多样化权利诉求，健全权利保障机制，维护弱势群体的权利。同时，还要落实并完善宪法规定的农民与市民同等的公民权，为社会主义新乡村建设和社会主义和谐社会构建提供有效助推力。

（四）服务原则

提高社会公共服务品质和满足民众的不同需求，是乡村治理创新的根本目标。因此，乡村治理的核心工作是构建优质的乡村公共服务体系。乡村公共服务的状况会直接影响民众的生活生产水平，同时也是拉近党和政府与人民之间关系的重要途径，更是检验乡村治理创新成果的重要标杆。

建设中国特色现代农业，必须建立完善的农业社会化服务体系，具体来说，就是要坚持主体多元化、服务专业化、运行市场化的方向，将公共服务机构的作用充分发挥出来。与此同时，在构建公益性服务与经营性服务相结合、专项服务与综合服务相协调的新型农业社会化服务体系的速度方面也要有所加快。这些都体现出了乡村治理的服务原则。

三、乡村治理面临的问题

乡村治理是具体地域范围内的复杂系统工程，治理主体、治理机制等方面的复杂性，决定了乡村治理是一个极具挑战性的长期过程。在对有关文献进行梳理的基础上，总结了乡村治理存在的几个突出问题。下面主要从基层政府层面、农村基层组织层面、乡村居民层面尝试归纳提炼一些目前我国乡村治理存在的问题。

（一）基层政府的治理难题

1.基层政府政策制定缺乏适应性

基层是政府联系群众进行社会治理的"最后一公里"，基层政府作为基层治理的主要参与者，在政策制定上占有统筹协调的重要地位。然而在具体实施层面，部分基层政府往往缺乏变通精神，忽视各乡镇地区的实际情况，更多的是借鉴上级文件精神，进行政策的"上传下达"。而在时间要求上，部分基层政府往往急于求成，使得文件政策"前脚刚到达"基层，后脚就要"马上安排，立刻执行"。

部分基层工作者和村民对政策往往还一知半解就要开始实施，缺乏对政策的解读和认识。很多工作任务量大，涉及范围广，时间要求急，对基层工作者工作的积极性也有很大考验，使得实际治理效果大打折扣。

2.过度关注数字指标

基层政府在治理实践中往往面临治理成果考核的压力，这使得部分干部基于官僚观念进行策略性应对，在扶贫资金分配、名额对接、政策扶持等方面，向基础好、易取得治理成果的村庄和农户倾斜，以此规避风险。

例如，在对各村进行金融贷款名额分配时，个别干部将贷款名额分配给在村内有一定产业基础或者有一定偿还能力的农户。真正的贫困户往往得不到资金和项目上的支持，这显然脱离了脱贫攻坚的初心和目的，不利于基层社会的稳定，也加剧了农村内部的贫富差距。

3.过度关注政绩

当前乡村治理的现实是，中央层面已经多次反复强调要充分理解"创新、协调、绿色、开放、共享"的新发展理念，强调高质量、可持续的发展，并推动一系列强调新发展理念的农业农村改革方案和政策措施。但是，部分干部过于强调政绩。这种做法可能导致地方政府在追求经济增长数据和空间形态更新等方面过度强调短期效果，而忽视了公共服务责任。部分地方政府在发展过程中可能会扭曲科学的发展观，将发展经济和显化政绩作为首要任务。这种做法可能导致公共服务的责任被忽视，导致公共性丧失。

当前，中央自上而下有关乡村振兴的改革举措非常重要，这些措施旨在推动农村地区的快速发展和稳定。然而，这些改革举措被层层置换为能够快速可视化的示范性项目，这可能导致地方政府领导将主要精力放在政绩上，而忽略了大部分农民的现实需求。

进一步的研究揭示，这种运作模式背后存在一种稳定且不断重复的机制，简称为项目制。这种制度涵盖了项目的设计、申请、审核、拨款、调整和转化、检查以及应对等一系列环节。中央政府的各项方针和要求，通常会被细化为具体的项目，并交由地方政府执行，同时配套相应的资金以及与项目申报和验收相关的详细规定。

个别地方政府往往将项目视为获取资金资源的主要渠道，同时也是展示其政绩和能力的重要手段。项目制塑造了乡村治理现实的运行机制，虽然中央和上级政府在项目设计中也充分考虑到要与基层和社会的需求相匹配，但很难做到完全对称的需求信息收集，因此需要各地根据自己的实际情况对项目进行相应的调整和变通。然而，问题在于，个别地方政府领导可能不顾项目是否符合本地实际的需要，习惯于急躁冒进、贪多求快，将争取项目、获取资金、分配资源列为其中心工作，而忽略了为民众提供必要和适合的公共产品。

在治理运行机制中政绩冲动和项目制相结合，造成了国家项目的资源错配和资源损耗等一系列不良后果，与此同时，还引发了各式各样的矛盾隐患，影响了干群关系，让地方政府的公共行为与社会的现实需要之间逐渐分离。

4. 政策未能长期贯彻

基层干部选拔和调遣往往采用任期制形式，而个别新任干部到岗后往往会另立发展计划，彰显与以往人事安排的不同，这就使得原来的计划和总体目标得不到持续执行，甚至出现计划间相互矛盾的现象。这导致在具体执行时，基层执行干部既要不断学习又要变换思路方法，政策执行缺乏治理延续性，降低了实际治理效率。

更有部分干部不顾对生态环境的破坏，批复大批高耗能、高污染的"短、平、快"项目，以期取得短期治理成效而获得升迁机会，对农村地区生态环境造成了损害，明显违背可持续发展和绿色发展的理念。

（二）农村基层组织治理困局

1. 核心组织的话语权不足，管理困难

新时代经济发展带来的金钱观念和西方消费观念大量涌入乡村，给村庄内部基层组织建设带来很大冲击，加之前期村庄内部土地分化，使得核心基层组织的凝聚力和组织力下降。部分村民往往认为自己仅是一个村内关系事务的协调者而

不是管理者，造成以村两委为核心的基层组织在村庄内部话语权不足，组织效率低，不能对村内工作进行有效统筹部署和安排。

2. 基层自治组织法治作用发挥不够

法治的进步和发展依赖于人民的力量，这点毋庸置疑。尤其是在农村基层的法治治理中，农民作为主体，他们的法治意识的高低，直接决定了乡村法治建设的实际水平，进而影响农村治理的整体效果。

在乡村，通常倾向于通过"人治"的方式来解决邻里纠纷，这使得现代法治难以真正融入乡土社会。此外，农民在运用法律知识和程序维护自身合法权益方面还缺乏相应的意识和能力，导致法治意识和法治思维在乡村社会仍处于较为薄弱的状态。

与此同时，农村法律制度体系还不够完善。健全的法律制度体系是农村实现法治化治理的基础条件，自改革开放以来，针对农村改革发展的实际法律需求，涉农领域的立法工作已全面展开。经过不懈努力，至 2010 年，具有中国特色的社会主义法律体系得以构建，农业农村的各项工作基本上实现了"有法可依"。

然而，伴随着农村现代化转型的深化以及农业农村不断出现的新情况和新问题，涉农法律法规尚不能实现对农村全方位的支持和保障，仍然存在着法律缺位的真空领域，在一定程度上反映出立法工作与农村实践的分离。除了村民组织法、土地承包法等法律外，与乡村社会相关的法律体系的构建滞后，未能构建全覆盖的乡村法律体系，乡村社会的法治化任重道远。

3. 组织内部分工不明确，效率低

在农村基层组织中有村委会、基层党组织、农民协会等多个基层组织，随着农村经济的发展，各个部门在基层中的管理职责和地位不明晰，缺乏一个明确的核心组织进行领导和统筹安排。

在具体实践中，往往出现多个执行者和决策意见。部分问题因涉及村内利益分配和权力关系，容易导致具体决策实践在各组织之间的相互掣肘。实际上，一些基层组织很少以民众的角度思考问题，多数以自身利益为出发点，表现出"维控型"和"压力型"治理的特点。

4. 基层党组织治理能力有待加强

农村基层党组织是党在农村地区工作的组织基础，始终发挥总揽全局、协调各方的领导核心作用。党组织作为乡村治理的领导核心，是乡村振兴战略实施的

领导者，是农业农村发展的推动者，是农民利益的维护者，其治理能力与水平直接制约和影响着治理效果。

（1）党组织自身建设有待加强

农村基层党组织存在边缘化的不良态势。目前，部分农村基层党组织党内生活制度落实不力，组织生活较随意，党内生活质量不高；党员管理松散，少数党员游离在组织之外。

（2）党员干部队伍有待优化

目前乡村党员干部队伍结构失衡，年龄日趋老龄化。这与年轻村民外出务工有关系，现在农村越来越空心化，家庭越来越空巢化。现在乡村"空心化"现象严重，某些乡村绝大多数人外出务工，甚至出现"空心组"。

（3）党组织动员能力有待提高

由于基层党组织掌握的资源不足，导致基层党组织的动员能力下降，很难组织群众进行集体性、公益性的生产生活活动。

（4）党员领导干部法律素养参差不齐

农村党员领导干部作为农村社会的一员，法治素养不高，有些甚至可以说是"法盲"，这受到了传统思想、教育程度等多种因素的影响。在新形势下，对于农村社会转型进程中出现的新情况、新问题，他们往往感到无所适从。更为严重的是，有些农村基层党组织甚至沦为宗族和恶势力获取政治利益和经济利益的工具。为此，党中央采取了一系列严厉措施打击贪腐行为，取得了显著成效。

5.缺乏监督和反馈机制

在实施具体工作进程中，村内其他基层组织和村民群体缺乏对政策实施的监督与意见反馈。部分基层组织权力较大，是政策的解读者，其他组织或村民不敢或不想对其决策进行质询或监督。

例如，在帮扶贫困户时，贫困户大多直接和具体负责的干部进行信息对接和进程反馈，缺失对治理效果的监督机制。民众也缺少其他监督和意见反馈渠道。村内干部握有对政策的主导权和解释权，容易助长不良干部风气，导致干群关系紧张和群众对干部群体的不信任，甚至滋生村内"微腐败"和欺压现象，不利于基层治理深入进行。

6.基层自治组织发展建设不足

学者深入分析了基层组织治理存在的问题，如村级治理行政化、内卷化问题，基层政权的民意基础薄弱、机构人员膨胀等突出问题。主要有以下三个方面的问题。

①部分镇、村领导干部运用法治思维和法治方式处理问题的能力较差、意识淡薄，在治理主体层面面临着传统人治思维与现代依法行政思维的矛盾。

②缺乏明确的权责划分，导致组织内部协调不足，制约乡村治理效率提升。一些地方的村支书（党支部核心）和村主任（村委会核心）由不同人员担任，在工作中由于制度不够完善、权责划分不够明晰等原因，造成二者在决策环节的意见分歧，同时乡镇政府与村级管理机构之间、村级管理机构内部之间（村委会与村党组织）的越位与缺位，制约乡村治理效率的提升。

③基层党组织建设不足，人员素质提升存在困境。部分基层党组织对党建工作认识不到位，同时农村党员队伍老龄化严重，缺乏生机和活力。

同时乡村干部绩效考核评估体系不完善，村干部的工资报酬不受绩效影响，参与乡村治理的积极性不足。

7. 数字化脱贫实质效果不足

随着目前农村地区基层治理进程的不断深入，上级政府对于基层治理的效果考察更加严谨，规范要求更加细致化。县乡政府普遍要求对村内贫困户的农户信息和治理成果进行归档，对村内日常各项工作也进行记录和整理。对数据填写和收集这类基层治理软条件的硬性要求，使得村内党委和干部群体把主要精力放在整理归纳电子表格、档案、数据信息一类的文本资料上，以便应对上级部门的突击检查和成果考核，对实质性的治理项目投入不足。

加之县乡两级对各类表格种类、样式和具体要求各有不同，这就导致村内花费大量人力、物力、财力在信息收集和汇总上。部分干部疲于应付，信息收集的准确度和实时性不足，使得村内治理和帮扶重点出现偏离，很难取得实质性的脱贫效果和治理效果。

8. 集体经济组织发育度不高

发展壮大农村集体经济组织是实现乡村治理现代化的重要基础，但现实中村集体经济组织发展还是面临诸多问题，表现在以下四个方面。

①乡村治理的资金保障面临上级财政拨付紧张（外部）和自身集体经济组织薄弱（内部）的双重挑战。陕西科技大学材料科学与工程学院副教授王通等学者研究发现，村级集体经济发展较好、村财政收入较多的村党组织发挥作用通常比较显著，而村级集体经济发展薄弱、村财政紧张的村党组织发挥作用缺位现象突出。

②村集体经济组织发展缺乏人才支撑。正式组织内部的村两委干部文化水平有限，自身技能相对较弱，对带动村集体经济组织发展的动机和能力不足。正式

组织以外的有一定能力的农民选择外出劳务，同时从农村走出去的大学生在完成学业后留在城市，回乡带动村集体经济组织发展的意识不强。

③产权制度不够明晰，制约村集体经济组织发展活力的有效释放。产权界定、收益分配、产权交易及转让等机制建设不完善，资源难以高效流转、有效盘活。

④分散化的以家庭为单位的农业生产组织模式，不利于实现农业现代化。缺乏整合的家庭生产经营模式所带来的必然后果是，个体农户面对国家的政策、市场的波动和中间商的盘剥无能为力，经常遭受重大利益损失，他们无力保护自身的利益。

实现农民的组织化成为农业发展和农民受益的重要方式，以合作社组织为代表的农民组织化，可以通过利益引导农民的社会行为，建立农村协商式民主等新型治理结构。

9. 内在张力与结构性失衡

（1）村民自治的内在张力

①村民自治是一种基层直接民主制度，是实行直接民主的一种政治参与形式。首先，村民自治组织成员必须由村民直接选举产生，其撤换和罢免也必须经过村民大会表决决定，不受任何组织或个人的指定、委派或撤换。其次，经选举产生的村干部首先要向村民而非上级乡政府部门负责。最后，村民自治并不意味着村民的行动不受宪法和法律的约束。相反，村民自治的范围和权限及其顺利进行必须由法律和制度规范去保证实施。

②作为农村基层群众自治，村民自治具有自治性或自主性。首先，村民自治是由作为自治主体的村民根据国家法律自主管理不包括政务在内的本村事务。其次，村民自治组织是群众性自治组织，不是政权机关，是村民自治的组织载体，根据有关法律行使管理本村公共事务，主要手段是非暴力强制性的。再次，村民自治组织成员从身份来看，有别于从事专门的管理工作的国家公职人员，是不脱离生产劳动，只根据协商享受一定经济补贴的村务管理者。最后，村民自治区别于地方自治，村民自治不能等同于与带有地方自治性的"村自治"。

③在"乡政－村治"的乡村治理模式下，村民自治作为与"乡政"紧密联系的一方面，又充分体现着自上而下的管理性。中国现行体制下的村民自治虽然从本质上是人民群众自治，体现了国家和社会的分权，即将国家过分集中的权力下放给人民群众，但村民自治组织要接受乡（镇）政府的指导。

在村级组织中，以基层党组织为核心。在村民自治的治理结构和治理过程中，管理不仅是其中的重要内容，且在传统的影响下，管理思维和管理手段依然在其中占据相当大的分量。总之，村民自治作为中国农村治理的基本制度，体现了行政管理性与自主性的内在张力。

（2）实践中的困境

在实践中，"乡政-村治"模式的乡村治理制度化层面的村民自治制度的运作并不顺畅，其突出问题之一是基层群众性自治与乡（镇）政府的行政管理之间的紧张关系。当前农村基层群众性自治的自主性空间在我国当前权力体制下不断被挤压，无法真正发挥制度文本意义上的"应然"作用。

村民自治的基本特点导致了管理与自治的紧张，从而导致村民自治实践中各主体地位、作用与关系的失衡，突出表现为乡村治理中多元权威治理结构的失调。从理论和性质来说村民自治是全体村民通过农村民间公共权威来管理农村公共事务。

尽管从理论和制度设计来看，作为村民自治组织的村委会等农村民间公共权威应在村民自治中享有较高的自治权和自主性，发挥主导作用。但在"乡政-村治"的乡村治理模式下，中国农村村民自治过程中实际上的公共权威包括了甚至事实上起着重要或决定性作用的是属于官方的政府和政党基层组织。

乡村治理改革在全国范围内的推广，是作为一种政府行为自上而下驱动的。不少地方一开始都是由政府直接操纵或主导的。乡村治理无论从理论、动机，还是立法等方面，都具有明显的政府行为的特征，政府从根本上规范、制约和引导农村治理的结构、职能和方向。这使得农村治理场域成为各类组织尤其是资本和行政力量延伸、分割和占有的对象。

10. 村委会与基层党组织关系偏离

当代中国乡村治理的结构性失衡除了表现为村民自治组织与地方政府之间关系失衡外，也突出表现为村民自治组织与农村基层党组织之间的关系错乱。一个村庄的治理状况在很大程度上取决于村委会与基层党支部之间的关系。

乡村治理所研究的农村村委会与基层党支部的关系（简称"两委"关系）一直是农村基层治理中的重要问题。由于村"两委"权力来源不同，相关法律中缺乏对党支部的领导权与村委会的自治权之间的明确划分，两者在权限界定、活动范围界限等方面的不明确造成工作中的诸多矛盾与冲突。

尽管明确了"两委"之间是一种"领导和被领导"的协调关系，但对农村基层党组织如何领导、支持和保障村民自治活动的开展及其在村民自治中的工作范围等都缺乏具体、明确和可操作的细则规定，致使实践中常出现村党支部严重越权，造成"两委"关系失调。

（三）乡村居民的自治障碍

1. 民众参与乡村事务的意愿不强

基层民众是否能参与到基层治理的实践当中，积极性和参与程度的多少直接关系到基层治理效果的好坏和国家治理能力的高低。基层民众整体文化素质普遍不高，很多村民年纪较大，观念传统、思维保守，不愿接受定点帮扶、产业扶持等，以"家丑不可外扬"排斥治理措施；在村内也更多依靠村民关系发声，村民自主性不足，缺乏民主化思维和参与乡村事务的意识。

2. 民众执行治理决策的能力不足

民众参与基层村庄治理需要有一定的知识储备和民主思维，以合理的方式和途径参与乡村决策。村内部分民众虽然有参与村内事务的想法，但是由于自身对具体方针政策、村内各项事务进展及具体指标要求都不甚了解，当村内实施措施与自身观点相悖时，往往颇有微词，甚至号召其他村民与村集体决策唱反调，阻碍、延误基层治理整体进程。

部分民众虽能融入乡村治理的过程中，但在执行决策时更侧重自身利益，在村内指标分配和乡村规划上存在村内决策的"站队"行为，小团体现象严重，这在一定程度上阻碍了基层政策和计划的实施和推进，不利于基层治理的公开化、民主化进程。

3. 人员结构不稳定带来治理困难

乡村人员的高流动性给产业结构、土地制度、住房制度带来一定的不稳定性，给乡村治理带来较大的困难和挑战。

①外出青壮年的高流动性，使其成为"两头管不着"的人群。此类人群常年不在乡村，本应参与的乡村事务未能有效参与。

②一部分率先富起来的农民在附近县城或乡镇买房居住，虽户籍和身份是村民，但由于不在乡村生活因而未能有效参与乡村事务。

③在外能人乡贤与家乡之间缺乏一个稳定的、正式的联动平台，使得这部分外出人员在乡村的闲置资产难以得到有效盘活。

4. 乡村空心化现象较为普遍

乡村空心化现象普遍是一个严重的问题，它不仅影响了农村的发展，还对农民的生活造成了极大的影响。乡村空心化现象普遍的原因有很多，其中最主要的原因是农村人口流失严重。随着城市化进程的加快，越来越多的年轻人选择到城市工作和生活，导致农村人口流失严重。这不仅使农村缺乏活力，还使农民的生活质量下降。乡村空心化现象普遍给农村带来了许多负面影响。首先，它使农村缺乏人才和劳动力，导致经济发展滞后。其次，它使农民的生活质量下降，导致社会不稳定。此外，它还使农村的文化和历史遗产得不到保护和传承。

从资源与环境的角度来看，土地资源相对丰富，人居环境质量相对较差，这使农村空心化现象更加普遍。在这种情况下，需要采取措施来改善农村人居环境，提高农村居民的生活质量。

从制度建设的角度看，户籍制度和宅基地管理政策是影响空心化问题的重要因素。①非农就业与户籍迁移的政策放宽后，农村劳动力流动性加强，造成农村宅基地季节性闲置；②法律上不允许农村房屋自由买卖，宅基地依法退出机制缺失，导致在城里生活的农民还留有农村闲置宅基地。

由于宅基地使用权不能变现，以及房屋和宅基地的不可分割性，使进城农民不愿轻易放弃农村的房屋所有权。宅基地使用权的固化和现行法律政策的不完善，成为空心村整治改造的重要阻力。

5. 村内空巢化现象严重

随着国家经济发展越来越迅速，城乡收入差距逐渐拉大，城市工资和基础设施建设水平都比农村更高。加之城市对青壮年劳动力的需求比农村多，使得很多农村青壮劳动力进城打工，甚至有的夫妻一同前往，这在满足了城市对于劳动力的需求和城市化的需要的同时也造成了乡村劳动力的缺失，使得村内留守儿童和孤寡老人的情况比较常见。村庄内部空巢化明显，不利于基层地区的人员管理，也造成农村地区土地资源浪费和乡村建设推进缓慢，使得基层治理进程缺乏活力和创造力，后劲明显不足。

第二节　数字乡村治理的难点

一、基层党组织建设方面存在的难点

（一）干部工作积极性不高

少数的村委班子发展规划不科学、不明确，部分村干部受三年一换届的影响，存在着"第一年学、第二年干、第三年看"的现象，导致工作落实中出现三种现象：一是逼着干、工作没有思路；二是跟着干，发展意识不强；三是瞒着干，重点方向不明。

（二）乡村党员整体素质有待提升

当前乡村党员的素质与新形势下乡村发展、乡村增收、乡村进步的高要求还存在着差距。主要表现为以下三点：文化水平不高；年龄老化严重；发展意识不强。

（三）党员带富能力不强

随着乡村改革的深入和市场经济的发展，一些乡村干部在工作方式和能力等方面，与当前经济社会发展形势不相适应。主要表现为：一是先锋意识不强，热情不高；二是市场意识不浓，能力不强；三是职责定位不清，方法不当。

（四）村集体经济基础差

有些村底子薄，基础差，村级集体经济发展比较缓慢，导致民生工程难以推进。主要表现为：一是壮大村集体经济后劲不足；二是集体经济发展形势严峻；三是机制不完善且执行不到位。

二、基层群众方面存在的难点

（一）缺乏信任

信任的缺失是乡村治理中尖锐而又突出的问题。缺乏信任不仅增加了乡村的治理成本，也容易造成农民不愿参与到乡村数字治理过程中，对多元化数字乡村治理和共同参与表现出冷漠的态度，这已成为乡村数字治理体系和治理能力现代化最直接的障碍。

信任缺失很重要的原因就是乡村治理体系缺乏透明度。现代化信息技术的嵌入，可以提高治理体系的透明度，乡村居民可以随时掌握乡村治理中人、财、物等信息的变动情况，以及准确把握国家政策。透明度的提高，必然会大大提高社会信任度。

（二）数字治理参与度低

在推动数字乡村建设过程中，群众参与的积极性不高，这增加了乡村数字治理的难度。当前的乡村数字治理模式主要是由政府主导，群众和社会组织很难参与其中，因此，仅靠小部分村干部和基层乡村干部，要实现良好的数字乡村治理是极具挑战性的。

乡村数字治理是一项需要全民参与的社会治理任务，必须充分激发广大乡村居民参与乡村治理的热情。如果没有村民的共同努力，乡村数字治理将难以跟上乡村发展、社会变革和时代变迁的步伐。乡村数字治理应当造福全体乡村居民，但在群众缺乏参与热情的情况下，其积极作用也无法得到充分发挥。

三、基层政权方面存在的难点

（一）乡镇责权错位

近年来，数字化进程的持续发展使得乡镇工作的涉及范围越来越广泛，涵盖了政治、经济、文化、社会等多个领域，同时还要负责收税收费、招商引资、计划生育、社会治安等工作。仅仅涉及"一票否决"的项目就有七项之多，这给乡镇工作带来了巨大的压力。

然而，与此相对应的是，乡镇的职权却越来越小。虽然看起来乡镇干部拥有很多权力，但实际上，很多权力都是由县级机关派驻乡镇的站所掌握。在基层工作中，乡镇干部往往没有执法职能，需要县级部门出动执法人员来执行。一旦出现问题，承担具体责任的往往是乡镇干部，这给他们的工作带来了极大的困扰。

总之，当前乡镇工作面临着数字化进程不断推进和职权不断减少的双重挑战，这给乡镇干部带来了极大的工作压力。因此，需要采取有效的措施来改善这种局面，以提高乡镇工作的效率和水平。

（二）考核体系繁复

乡镇承担着县级以上党委和政府布置的各种工作任务，这些任务不仅数量众多，而且有些甚至需要进一步细分为几项具体工作。例如，在社会保障工作方面，被细分为城乡居民养老保险、职工养老保险、医疗保险、工伤保险、生育保险和失业保险六项考核指标。

此外，每年乡镇干部肩挑重任，除了大大小小的"一票否决"项目和各种类型的责任状，还有众多不同类型不同部门的考核指标要应对。除了诸如机关事务局等极少数部门，每个县级部门都会向下布置考核指标。这导致一些乡镇干部每年将很多精力用于应对各种督查、考核，难以专心投入实际工作。

（三）数字治理能力不高

习近平同志在丰富国家治理内涵时提出："人是国家治理的主体，人民素质的高低关系到国家治理现代化能否顺利实现。"[①] 在信息时代的推动下，我国必

---

① 刘靖北.习近平关于坚持和加强党的领导重要论述的丰富内涵和重大贡献［J］.中国浦东干部学院学报，2022，16（03）：5-15.

须加强对乡村治理体系和治理能力的建设。由于受到现有条件的限制，乡村的数字治理能力还需要进一步提升。为了适应时代的变革，需要构建一个更加完善、透明、高效的现代化乡村治理体系。

一方面，乡村居民的数字技能水平影响到他们对先进治理理念的理解程度，而乡村居民的法律素养与文化素质则影响乡村规模经营以及国家相应政策的落实效果。此外，乡村居民的民主素质也制约了他们的参政议政能力。

另一方面，村干部的思想观念、文化素质、政策理解、全局掌控、现代化治理手段的运用等都从更大范围内影响乡村数字化治理的效能。乡村居民的数字技能、法律素养、文化素养以及民主素质等则从不同层面影响乡村治理现代化的发展进程，同时也影响数字乡村建设的推进。这两方面的因素相互交织，共同制约乡村治理现代化的速度和水平。

（四）干部保障缺失

虽然"阳光工资"制度使乡村干部待遇得到统一，但偏远山区乡镇干部的利益并未得到充分保障。由于山区乡镇的办公条件和居住环境较差，部分干部常常共用一辆车，导致车辆难以周转，私车公用等情况屡见不鲜。这种情况既影响了他们的工作效率，也给生活带来了困扰。

同时，乡镇普遍实施住夜制度，工作量大，需要采用"白加黑""5+2"模式。这些因素导致乡镇出现"新人留不住、中层干部断档、老人等待退休"以及"外部干部不愿进入、内部干部向外流失"等现象。在一些偏远的山区乡镇，甚至找不到年轻干部担任办事处主任。

四、基层治理体系方面的难点

（一）乡村治理尚未系统化

乡村数字治理是一个非常复杂的体系，需要制定多维度的系统性目标，数字化的应用也要系统整合，数据要相互印证、分析、比对才能发挥其作用。

一方面，村庄是我国社会最重要的基层细胞，组成了我国庞大的乡村社会系统。每一个村庄又是一个子系统，其治理涉及经济、社会、文化、政治以及生态环境等各方面。因此，基层单元的治理需与整个国家乡村治理系统有机耦合，这离不开国家层面的整体协调。

另一方面，数字化的最大优势应该是将分散、割裂、条块的治理服务主体和社会资源融成"一张网"。然而，不少部门使用的信息系统，只是为了汇总本部门需要的数据和信息，并未进行各部门的"数据共享"，由此出现了大量重复的低效率工作。

（二）缺少数字化标准规范

由于乡村治理数字化内容、技术应用、数据共享等技术标准不完善，部门之间数据共享不充分，一些底层数据模糊不清，未能及时准确建立共享，缺乏共识，缺少标准，各区域在乡村治理数字化建设方面各有缺陷，数据质量参差不齐。

同时，乡村管理人员担心政务平台的网络安全，有些乡村居民甚至没有见过相关的数字平台，因此各主体担心隐私泄漏风险及相关信息的真实性，为了避免出现数据安全问题，拒绝参与到数字治理之中，选择将数字平台和信息拒之于千里之外。

（三）治理运维机制不健全

在乡村治理数字化过程中，主要以政府为主导，资金来源是政府的处理和转移支付，只有极少的社会资源参与其中，主要表现在以下两个方面。

一是利益断裂，吸引不了村庄精英参与乡村治理的兴趣，难以形成良好的乡村政治生态。二是精英流失，乡村大学毕业生、技术能手等乡村精英进城后不愿回乡村，大学生村官多以基层经历为跳板，大多被"截留"于市、县和乡镇，很少有人能够真正扎根村组。

由于缺乏专业人员和专业机构进行运营维护，数字化平台数据得不到及时更新，群众诉求得不到及时反馈等问题时有发生。这些情况不仅制约了乡村居民作为治理主体参与其中的积极性，也制约了乡村治理数字化建设的步伐。

（四）治理要素发展不均衡

数字乡村建设进程喜忧参半，农业强、乡村美、农民富这三个要素并非同方向、同步调发展，会出现以牺牲其中一个或两个要素为代价，成全另外要素发展的情况。一些乡村粮食产量逐年递增，农民收入连年增长，农业提质增效明显，但同时污水横流、垃圾遍地、耕地退化、地下水资源短缺，发展和环境之间的矛盾日益显现。南方土壤酸化、东北黑土层变薄，生态系统遭到严重破坏，在生态断裂的过程中，率先实现"农业强"和"农民富"。因此，乡村治理问题形势依然严峻，存在着较严重的发展不平衡问题。农民变富了，农业变强了，但是乡村不美了。

如果不实现乡村治理结构的现代化转型，经过一段繁荣时期后，将造成乡村环境的严重破坏。国家采取各种措施改善乡村生态环境，如生活垃圾集中处理和乡村厕所改造等措施，乡村生态环境取得很大的进步，但是，总体形势还是不容乐观。农业强、乡村美和农民富三者之间尖锐的矛盾对乡村治理数字化提出了新的挑战。

第三节　数字化赋能乡村治理的可行性

以数字技术为代表的新一轮产业革命和技术变革正全方位影响着人们的生产生活方式，深刻推动着社会治理向数字化方向转型。

一、数字化对乡村治理的影响

（一）影响乡村治理生态的改变

信息化在解决农村地区的问题上扮演着至关重要的角色，尤其是信息资源匮乏、经济落后以及文化建设滞后。这是国家实现城乡统筹发展的必然趋势。通过现代通信技术等信息化手段，能深度挖掘并利用与农业和农村相关的信息资源，推动农业和农村现代化的进程，进一步促进农村地区社区的发展以及社会的进步。

在乡村社区管理领域，众多发达地域的乡村社区已实现内部办公和与基础乡镇政府公文传递等政务环节的信息化，进而提升了工作效率。此外，社区居民和社区信息的数据库建设也在逐步完善，有效推动了管理决策的科学化。

（二）促使乡村治理模式的转换

1. 从封闭型走向开放型

在当今的数字化时代，互联网已经深刻地改变了整个社会的经济结构，以及人们的生活方式和连接方式。无论是选择消极被动地接受，还是积极主动地引领和主动回应，管理者都必须适应社会环境的变化。当前的乡村社区与外部社会之间存在着大量的人员、资源和信息的交流与互动。由于乡村社区内部资源的匮乏，必须以开放的心态接纳网络时代的资源，以满足乡村居民的需求以及乡村的建设需要。

一段时期内，基层政府在农民心中的公信力和权威性受到一定程度的挑战。基层矛盾得不到有效解决的原因很大程度上在于民众的权利申诉和表达渠道受阻。以互联网为代表的信息技术可以畅通基层群众的权利表达渠道，打破原先的封闭型治理模式。通过引导利用网络社区，可以减少底层群众的申诉成本，简化申诉程序，从而有助于解决乡村治理问题并消解基层社会矛盾。

2. 从管控型走向合作型

技术变革开辟了民众与政府沟通的新渠道。在现代化进程中，乡村社会的治理需要更加开放和多元化的参与。管控型社会强调政府的主导和控制，限制了民众和社会组织的平等参与。为了实现乡村社会的现代化，必须打破体制的限制，让更多的力量参与进来。这不仅是社会发展的必然趋势，也是乡村治理的必要条件。因此，激发农民和相关乡村组织的积极性，让他们参与到乡村社会的建设中，是实现现代化乡村社会的关键。

（三）提升乡村治理主体的协同性

数字技术要充分利用大数据的传播性、共享性、便捷性，为基层政府提供有效的治理手段，实现多元化主体协同治理模式。同时发挥多元化主体的优势，将组织、宣传、经济、教育、科技、文化、卫生、医疗、体育、农业、水利、环境保护等部门的公共数据资源进行整合共享，打破数据和体制的壁垒，促成一核多元的乡村治理格局。基于大数据资源的共享，不断缩小政府与其他各类主体之间的信息差和能力差，促进各个乡村治理主体之间的地位更趋平等。

数字技术还能通过公共数据平台合理地界定各部门间的权责界限，避免部门间的信息抢夺和职能的交叉重复，提升乡村多元主体协同治理的效率。

（四）促使乡村治理公井透明

新一代信息技术不仅提升了乡村治理能力，也通过影响治理主体和治理目标，深层次作用于乡村治理体系。过去，我国农村普遍存在着信息自下而上地汇总而造成不够准确及时的现象，甚至在某些敏感数据的获取上，当地村干部、驻村干部以及当地农民之间还存在着"猫捉老鼠"的博弈现象。通过大数据和信息技术的引入就可以避免类似现象的发生，实现直接捕捉客观公允、反映实际情况的数据。如在农村扶贫问题上，不仅免除了村干部三番五次耗时费力的走访，还可以匹配数据，以防虚报瞒报，在节约大量人力资本的同时，无形中也起到了数据监督复核的作用，解决了以往信息不完全对称带来的治理黑箱问题。

进一步说，一旦数据可以公开获取，政府政务信息就会变得公开透明。这样做不仅解决了政治不公平的问题，也增加了乡村居民对政府的信任，并激发了他们参与治理的热情。此外，这也解决了现实情况中治理主体单一的问题。通过将权力在治理过程中转化为可计量的数据，中上层决策者可以摆脱私人情感难题，如"到底是帮亲还是帮穷"。当数据变得透明并可计算时，衡量标准也更加理性和客观。这种以事论事的处理模式提高了理性治理的效率，并避免了不必要的争议。

（五）推动"三治"融合的深度发展

自治、法治、德治是现代化乡村治理的三大基本要素，自治是基础，法治是保障，德治是引领。数字乡村建设所推动构建的数字信息化网络平台为"三治"深度融合创造了条件，"三治"唯有融会贯通才能构建现代化的乡村治理体系，实现乡村有效治理。

党的十九届四中全会提出，社会治理创新需要适应社会发展的不断变化，依托数字化转型助推社会治理现代化，通过数字化转型逐步构建覆盖全国的基层治理平台"一张网"。浙江杭州临安区、湖州德清县以乡村治理现代化为重点，以建设全域数字治理试验区为契机，率先开展数字乡村"一张图"建设，依托地理信息系统、大数据技术构建乡村治理数字化平台，整合归集涉农数据，实时监测农村生产、生活、生态情况，为实现乡村精准化自治提供数字化引擎；上海奉贤区建设数字治理云平台，整合各类涉农资源要素。从时间、空间等多维度进行数据归集和分析，提高数据时效性、准确性，减少数据重复采集，规范数据治理，加强数据分析，拓展数据应用，打破数据壁垒，逐步满足了基层数据的使用需求，为乡村"三治"提供了有力支撑。

2021 年 4 月，中共中央、国务院发布《关于加强基层治理体系和治理能力现代化建设的意见》，明确提出要在五年左右的时间内，建立起以党组织为核心，政府依法履责，各类社会组织和公民广泛参与的基层治理体系。该体系强调自治、法治和德治相结合，建立健全常态化管理和应急管理动态衔接的基层治理机制，同时构建网格化、精细化、信息化支撑和开放共享的基层管理服务平台。这一战略举措旨在提升基层治理能力，推进现代化建设和国家治理体系完善。

二、乡村治理数字化的需求

（一）乡村公共服务数字化需求

与城市相比，乡村公共服务供给能力存在较大的不足，乡村公共服务效能的提升是乡村治理效果最直接的体现，也是当前迫切需要解决的现实问题。长期以来，我国实行非均衡、非均等的城乡二元公共服务供给制度，这直接导致乡村基本公共服务供给主体投入不足，"软""硬"公共服务结构失衡，远不能满足乡村居民对美好生活向往的需要。

1. 乡村公共服务的内容

乡村公共服务指的是在农村区域内面向农民、农村、农业提供的公共服务的总和，旨在满足农民、农村、农业三者生存和持续发展的需要，同样具有消费的非竞争性和非排他性的特征。

乡村公共服务能够使农民和农业受益，但受益范围往往不仅仅局限于农村区域，城市也间接受益。如乡村的公共教育，具有明显的正的外部性，能够给城市发展带来显著的人才和文化补给。乡村公共服务有效供给有利于改善农村生存环境、缩小城乡差距、改善农村面貌、协调经济和文化全面发展。

2. 乡村公共服务的特征

（1）分散性

乡村社区具有地域性的特征，具有边缘性和生产的分散性，即乡村社区处于中国行政区划的最底层，乡村社区生产规模较小且经营分散。乡村社区的边缘性和生产的分散性决定了公共产品供给的分散性。

基于乡村地域的辽阔、农民居住的分散，乡村公共服务提供的效率必然低于城市。要想满足分散的农村居民的需要，其提供必然也是分散的，这就使得农村中的公共服务难以像城市中的公共服务那样集中、高效。

首先，乡村社区的边缘性决定了乡（镇）以上各级政府提供的全国性或地方性公共产品有覆盖到农村的可能；其次，乡村社区的分散生产经营状况决定了一些在城市中可以由私人提供的产品，在乡村则由政府以公共产品的形式提供。

（2）多样性

乡村公共服务的多样性主要体现在农民生产、生活需求的多样性上，农民个体要实现的生产目标和生活方式不同，从事不同产业、不同种植的农民对于公共服务的需求也是多种多样的。

乡村公共服务提供的多样性，源于乡村还是一个自治组织。对于村级公共服务的提供来说，由于其受益范围仅限于村级社区并且与当地村民利益直接相关。因此，在我国，村级公共服务一般由地方政府与乡村自给混合提供。

其中，乡村自给提供部分一般是通过具有私人性质的村民自治性组织（村委会）向村民集资来提供的，这使得村民参与公共服务决策的可能性提高。村级组织作为一个小的社区组织，村民与村级组织之间信息不对称程度低，村民对村级公共产品的收益和成本可以理性地加以计量。

从某种意义上说，村民参与公共服务决策的过程也就是村民与村级组织信息沟通的过程。因此，村民具有"自下而上"地直接参与公共服务决策的信息基础和动力。正是这些"自下而上"的公共服务决策形成农村公共服务的多样性趋势。

（3）层次性

乡村公共服务的层次性是指乡村公共服务的功能、作用都存在空间上的差别。乡村公共服务的受益范围有全局性与局部性、全国性与地方性的差别。在乡村，有全国人民受益的公共服务，也有某一个地区受益的公共服务；有一个乡（镇）辖区受益的公共服务，也有几个村子受益的公共服务。这说明乡村公共产品有着明显的层次性。

有些乡村公共服务也是上级政府提供的公共服务的配套和延伸，因此乡村公共服务必然具有多层次性的特征。

（4）依赖性

乡村公共产品存在一定的外部性，但乡村公共产品相对城市公共产品而言具有较强的正外部性。这主要是因为城市的公共产品虽然存在外部性，但由于其替代性的存在，基本上是可以替代的，而乡村公共产品的弱替代性导致了外部性较强，甚至可以将外部性释放到城市中去。

乡村是一个地域概念，包括城市以外的区域。相对于城市区域而言，农村的种植业、畜牧业、林果业和渔业的生产过程都是自然再生产与经济再生产过程的统一，生产的地域特征明显，对生态依赖尤为突出。因此，乡村公共服务为农村农业生产服务时，既要遵循公共服务的投资规律，又要符合乡村的自然条件和生态环境，使乡村公共服务具有较强的依赖性特征。

长期以来，乡村教育医疗卫生事业、社会保障事业发展缓慢，乡村家庭子女教育、医疗卫生支出负担较重，家庭赡养功能比较突出。与此同时，乡村居民交往范围比较狭窄，对血缘关系、地缘关系更为珍视，人际情感交流方式单调、直接，民风淳朴。因此，乡村公共产品还必须为促进乡村社会发展、提高乡村居民文化生活水平服务。

因此，需要充分发挥数字技术赋能作用，加快推进城乡基本公共服务均等化，提升群众的获得感、幸福感、安全感。

3. 乡村公共服务的数字化转型需求

公共服务数字化转型的核心目标是实现服务模式从"部门中心"向"用户中心"的转变。在"部门中心"的服务模式下，强调政府管理和职能分工，即按照职能分工，不同类别的公共服务以及公共服务的不同环节由不同的政府部门负责控制，公民被视为需要政府提供帮助的当事人或依赖政府提供服务的接受者。而在"用户中心"的服务模式下，如何更好地满足公民的需求成为政府工作的核心。

为了满足公民对高质量公共服务的需要，政府需要推动自身变革，通过跨部门、跨层级的整合或协同来提供整体性服务。此外，政府还需要引导公民参与到服务设计、生产、供给、评价等整个服务过程中，实现"服务共创"，以便更好地满足公民的个性化、精准化和多元化服务需求。因此，公共服务数字化转型的核心目标在于以用户需求为导向，推动政府管理和服务模式的变革，并通过与公民的互动和合作，提供更加高效、便捷、精准的公共服务。

确实，在"用户中心"模式下，公民不再仅仅是依赖政府提供服务的接受者，而是成为数字公共服务的共同创造者。这种模式不仅符合现代民主政体的理念，还有助于更好地追求公平性、可及性、针对性、透明性、参与性等现代民主价值。与传统"部门中心"的公共服务模式相比，数字化公共服务模式至少具有以下三个方面的优势。

第一，数字化公共服务模式通过数据资源整合，提供"一站式服务"。这种服务模式强调以用户为中心，通过部门整合或跨部门协作，提供整体性、无缝隙的服务。同时，通过线上线下服务联动，提供全天候的服务，以满足民众和企业多样化的服务需求。这种服务模式可以真正实现"让用户少跑路、让数据多跑腿"的目标，提高服务效率和质量，同时增强公民的满意度和认同感。

第二，数字化公共服务模式通过采用云计算、大数据、人工智能等新技术，构建简明高效的数字化服务链接，提供更具个性化和精准化的公共服务。现代信息技术不断发展的数字时代也被称为"微粒社会"，在这个社会中，每个个体的需求都可以通过新技术被精准识别，并实现精准供给，从而满足人们对个性化、精准化的服务需求。这些新技术的应用不仅可以提高服务质量和效率，而且可以更好地满足公民的个性化需求，增强公民对公共服务的满意度和认同感。

第三，数字化公共服务模式通过智能化、人性化的统一政务服务平台，实现低成本、高效率的数字化互动平台，使得"服务共创"成为可能。在公共服务数字化转型的背景下，用户不再仅仅是服务的接受者，而是被视为共同创造者，与政府一同设计和生产服务。这种转型不仅满足了公民的民主参与需求，同时也通过公民参与公共服务的过程，提高了公共服务的体验价值，使公民更加满意和认同公共服务。这种服务模式也使公共服务的提供更加符合公民的需求，提高了公共服务的使用价值。

（二）乡村公共治理数字化需求

一是乡村居民涉农政务服务"网上办""马上办""一网通办"需求。在基层政务服务方面，乡村政务服务"最后一公里"等问题仍是需要解决的问题。目前，涉农管理部门建设有数据管理平台的并不多，完成资源环境"一张图"建设的单位更是少数。

除农村土地确权登记颁证、农业行政审批、农产品质量安全监管等与农业产业相关的政务管理数字化平台有一定程度应用外，乡村居民在开办各类证明、办理社保、银行等各类便民服务方面仍存在办事难、事难办、效率低的现象。农村人居环境监管、农村公共安全"县—乡—村联网""三农"舆情监测、农民征信管理、农村社会事业统计监测等与乡村居民生活息息相关的数字化建设仍比较落后。

二是村务公开数字化需求。村务公开是农村村务管理的重大改革，是促进村干部廉洁自律、强化农村监督机制的重要环节，是尊重和保证村民知情权、参与权、决策权、监督权的重要措施，是人民群众评判农村党风政风好坏的一个重要指标。通过乡村治理数字化，村务信息变成数字化平台，系统在完善村务决策、村务公开、村务监督、财务管理、便民服务等方面，大大提高了村务管理的效率，让村务信息更加透明，更加公开。

第六章　数字乡村治理的理论述说

乡村治理数字化能够让乡村更智慧，让管理更有序，让服务更优化，让生活更便捷。大力推动乡村治理数字化无论对当前还是长远都有着重要的意义。因此，本章围绕数字乡村治理的理论基础、基本目标进行探讨。

第一节　数字乡村治理的理论基础

乡村治理的开展与实施，是当前我国乡村振兴的一个重要举措，理论作为基础，对具体的实施起到积极的指导作用。具体来说，乡村治理涉及的理论知识是多方面的。

一、人地关系地域系统理论

（一）乡村人地关系的含义

人地关系属于人与自然的关系范畴。作为地理学理论概念的"人地关系"，是人类在社会历史实践活动过程中与地理环境结成的相互联系、相互制约和相互作用的关系。乡村人地之间，同其他任何两种事物一样，存在着一种特有的客观关系。乡村人类作为接受者，从地理环境中获得积极的、有益的输入。同时，作为改造者，通过技术、文化和社会圈的输出来影响和改造地理环境。

乡村人类为自身的生存和发展而致力的各项活动一刻也离不开地理环境。自然地理环境为乡村人类生存与发展提供生活资料的同时，也为人们从事物质资料生产提供所必需的物质条件。从原始人类的采集狩猎到今天的现代化农业，农业生产活动都离不开自然地理环境，都要与环境发生联系。原始的采集狩猎活动规模小，对自然的依赖很强，现代化农业对地理环境利用的范围扩大了，如沼泽荒地的开辟、农业的精耕细作、农药化肥的使用等，虽对地理环境的依赖减弱了，但与地理环境的联系加强了。

乡村人类活动对地理环境的影响是广泛的，而且也是很大的。从地理环境个体要素来看，人类活动改变了局部气候条件和地方小气候，加速了气候变迁；引起或加速了土壤侵蚀、土地沙漠化，土壤表层流失，肥力下降，土质变坏；通过水利工程改变了自然水道，影响水文状况，使地表径流减少，地下水水位下降；使一些动植物灭绝，植被覆盖率降低和森林资源减少，生物生态环境恶化，带来不良生态后果。

人类活动不仅影响地理环境诸要素，而且对地理环境整体产生影响，深刻地影响着地理环境的结构和功能。

（二）乡村人地关系的内容

1. 自然地理环境是村民经济活动的物质基础

经济活动是人类有目的地将自然界的物质进行加工和转换的过程。它主要通过以一定方式结合起来的人们，使用劳动工具，作用于劳动对象，共同进行生产劳动来实现，而劳动对象和制造劳动工具的原材料归根结底都取自自然环境。自然环境不仅以其要素组合的特点和差异来影响乡村人类经济活动的内容，还以自然资源的规模和品质影响乡村人类经济活动的程度和发展水平。

2. 自然地理环境是劳动地域分工的天然基础

劳动地域分工是社会劳动分工的空间形式。处于不同地理环境中的人们，总是在实践中逐步探索如何按照地理环境的特征来选择最适宜自身生存与发展、与自然界的物质交换的特殊方式。没有特定的地理环境，就不可能产生特定的生产方式。地理环境的地域分异，导致自然资源和自然条件的地域差异，这有利于开展某种生产或经济活动，进而带来乡村社会劳动的多样化和地域分工。因此，地理环境是乡村地区劳动地域分工的客观条件和内在动因。

3. 乡村经济活动对自然地理环境的深远影响

地理环境是一个包含人的影响的系统，其自身的演变是极其缓慢的。然而，乡村人类活动（主要是经济活动）将会使地理环境的变化加速，使其向有利或不利于人类活动的方面变化。不利方面的变化已成为人们日益关注的全球性问题，主要表现为资源减少、环境污染、环境质量下降、生态恶化等。

（三）人地关系地域系统的内容

可以将人地关系地域系统理解为以地球表层一定地域为基础的人地关系系统，

换句话说，就是人与地在特定的地域中相互联系、相互作用而形成的一种动态结构。人地关系地域系统的研究内容是非常广泛的，主要包括以下几个方面。

①人地关系地域系统的形成过程、结构特点和发展趋向的理论研究。

②人地系统中各子系统相互作用强度的分析、潜力估算、后效评价和风险分析。

③人与土地两大系统之间相互作用以及物质和能量传递与转换的机理、功能、结构和整体调控的方法与策略。

④地域的人口承载力分析，关键是预测粮食增产的幅度。

⑤一定地域人地系统的动态仿真模型。根据系统内各要素相互作用的结构和功能，预测特定地域系统的未来发展态势。

⑥人地相关系统的地域分异规律和地域类型分析。

⑦不同层次、不同范围的各种区域人地关系协调发展的优化调控模型，也就是针对区域开发的多个目标、多种属性的优化模型。

二、劳动地域分工理论

劳动地域分工，亦称生产地域分工、产业地域分工、经济地域分工等。劳动地域分工指的是，人类经济活动根据地理位置进行分工的现象。不同地区根据其自身条件，专注于发展各自的优势产业部门，以该地区的产品与其他地区进行交换，同时从其他地区进口所需的产品。这种现象，即劳动地域分工，使得一个地区的生产活动成为其他地区的互补性需求，形成了区域间的经济联系和互动。

（一）分工是人类社会经济发展的固有现象

分工是人类社会经济发展自始至终存在的永恒的重要现象，是一条重要的社会经济规律。人类在其发展演变过程中，为了生存就需要劳动，而劳动需要依靠分工合作这一集体力量来进行。人类最早的分工是自然分工。在早期的原始氏族社会内部，男女分工明确，男子负责事物的获取及保卫家园，如捕鱼、狩猎、进行战争，女性则管家、制作食物和衣服。这即母系社会的分工。

由于进行了原始的自然分工，人类才能在最低的生产力水平条件下，维持最低的生活，并促进了社会生产力的缓慢发展和早期社会分工的出现。

随着生产力的发展，各个原始部落开始有了某些相对剩余物，又由于各地区自然条件不同，山地、平原地区以采集、狩猎为主，临海、临河区域则将捕鱼作为获取食物的主要途径，这样在不同公社之间便开始了原始的产品交换。不同的公社基于自身环境的优势获取到不同的生产生活资料。这样的自然差别引起了不同公社之间的产品交换。从此，就出现了以产品交换为前提的早期部门分工与地域分工，人类社会逐渐地由自然分工进入社会分工阶段。

在原始氏族社会后期，开始陆续地实现了三次社会大分工。首先是畜牧业的分离和农业部门的形成，出现了畜牧业和农业两大部门，实现了第一次社会大分工。其次，又有手工业从农业大部门中分离出来，实现了第二次社会大分工。在原始氏族社会向奴隶社会过渡时期，又产生了商业，出现了商人和高利贷者。最后，在商业和手工业比较集中的地方，开始形成早期的城市，这样就实现了第三次社会大分工。

三次社会大分工推动了社会生产力的发展，而社会生产力的发展，又要求新的分工。到了资本主义萌芽阶段，手工业内部的分工日益明显。以大机器生产为标志的产业革命加剧了部门分工的进程。几次产业革命都促进了部门分工的大发展，乃至形成今天这样错综复杂的部门分工的局面。部门大分工推动了企业内部的分工和现代城市的发展，更带动了地域分工的不断深化。即便到了知识经济时代，部门分工与地域分工仍将不断深入下去，只不过其内容与形式有所变化而已。

（二）分工是劳动部门分工在地域上的体现

劳动部门分工即人类经济活动按部门所进行的分工。目前，世界各国对众多产业部门的划分方法不一，一般分为第一产业，包括农业、林业、牧业、渔业等；第二产业，包括采掘业、加工业、建筑业、电子工业等；第三产业，包括交通运输业、商业贸易、科技文教、金融、通信信息、旅游、服务；有的还提出第四产业，即高科技领域。今后，随着科技革命的不断深入和生产力的进一步发展，部门分工还将进一步深化下去。

劳动地域分工是劳动社会分工的空间表现形式。产业的部门分工必然在不同尺度的空间关系中表现出来。在人类的社会物质生产过程中，各个地区遵循比较利益的原则，把各个产业部门和企业落实在各自有利的地域上，实现地区之间的分工。地域分工能够超越自然条件的限制。

劳动部门分工是劳动地域分工的基础，没有劳动部门分工，也就不会有劳动地域分工，有了部门分工，就必然要把各个部门落实在具体地域上。随着生产力的发展，部门分工不断精细，地域分工不断深化，从而进一步推动了生产力不断向前发展。

（三）分工是人类经济活动的内在因素

分工与人类经济活动（特别是产业活动）密不可分，生产需要分工，分工又推动生产和人类经济活动的发展，因此，分工是人类经济活动的重要内容。

人类经济活动包括多方面的内容，并从许多方面表现出来，它主要通过生产技术领域、管理领域和分工领域等方面促进社会生产力的不断提高和社会经济的不断发展。人类经济活动的管理领域包括生产管理、经济管理、技术管理、环境管理、行政管理、部门管理和地域管理等诸多方面，通过不断提高管理水平及借助管理规范化和现代化的手段，来不断提高人类社会经济活动的社会、经济、生态效益和社会劳动生产率。

（四）劳动地域分工促进生产力的发展

在人类社会经济（产业）活动中，提高社会生产力的途径是多方面的，而劳动地域分工则是其中一个重要方面。

在前资本主义社会，自给自足的自然经济占主导地位，劳动部门分工和劳动地域分工都不发达，各个地域几乎都生产相同的产品，即使生产不同的产品，也主要是为了满足当地的需要，而地域之间的经济联系很薄弱，生产力水平较低。到了资本主义时期，由于部门分工的大发展和地域分工的不断深化，部门专业化和地域专门化已成为社会经济的普遍现象，各个地区都可以充分发挥自己的优势，集中生产一种或几种产品，以其产品与其他地区交换。由于择优进行分工，使生产向优势区位集中，因此，可以最大限度地节约社会劳动时间，成倍地提高社会劳动生产率。

（五）劳动地域分工呈现新形式与新特点

随着新科技革命的发展，部门分工不断细化，同时综合集成趋势也愈发明显。部门分工深化主要表现在产业链的延伸及新部门的产生上。同时，伴随着电子通信技术的广泛应用、现代物流业的兴起，多部门的联系与集成得到实现。

地域分工出现了许多新的地域组织形式，并具有许多新特点。跨国公司是新形势下出现的新事物，对国际地域分工与跨国公司总部所在国家的地域分工均有深远的影响。区域集团化的新发展，以欧洲联盟与东南亚国家联盟的迅速发展最为典型。随着信息技术的发展和信息流动与产业的结合，网络地域系统将会成为经济地域系统中新的地域组织形式。

三、可持续发展理论

（一）可持续发展理论的含义

可持续发展要求在满足当代人的需求时，不损害未来世代满足其需求的能力。它被视为一个相互依存的系统，通过实现经济目标并保护关键自然资源及环境，如大气、淡水、海洋、土地和森林等，使后代也能享受发展和安居乐业。可持续发展与环境保护既有联系，又不等同。环境保护是可持续发展的重要方面。可持续发展的核心是发展，但要求在严格控制人口、提高人口素质和保护环境、资源永续利用的前提下进行经济和社会的发展。

发展是可持续发展的前提，人是可持续发展的中心体，可持续长久的发展才是真正的发展。由于可持续发展涉及自然、环境、社会、经济、科技、政治等诸多方面，所以研究者所站的角度不同，对可持续发展所做的定义也就不同。大致归纳如下：侧重自然方面的定义；侧重于社会方面的定义；侧重于经济方面的定义；侧重于科技方面的定义。综合性定义为：可持续发展是一种注重长远发展的理念，旨在平衡满足当前需求和保障未来世代的需求，避免以牺牲后代利益为代价来满足当代人的利益。

可持续发展这一理念在其定义和实施策略上主要凸显了四个核心含义：①推动国家和全球的平等协调发展；②构建友善的国际经济环境；③确保自然资源的维护、合理利用；④在政策制定中充分纳入对环境的关注和考虑。

可持续发展的第一种理论包含三方面含义：①人类与自然界共同进化的思想；②世代伦理思想；③效率与共同目标的兼容。这些观点支持可持续发展的目标是恢复经济增长，提高增长质量，满足人类的基本需要，确保稳定的人口水平，保护资源，调整技术发展的方向，协调经济与生态的关系。

可持续发展的第二种理论包含生态持续、经济持续和社会持续，它们之间互相作用，不可分割。认为可持续发展的特征是鼓励经济增长；以保护自然为基础，与资源环境的承载能力相协调；以提高生活水平为目的，与社会进步相适应，并认为发展是指人类财富的增长和生活水平的提高。

可持续发展的第三种理论认为，可持续发展不仅仅是关于经济的持续增长，更是关于生态环境的保护与人类社会的全面发展。这是一种理念，它的核心在于平衡经济增长、社会发展与环境保护之间的关系，确保发展不仅可以满足当代人的物质文化需求，同时也可以提升生态环境承载能力，为后代人留下可持续发展的基础和条件。这种发展模式不仅关注经济增长，还要实现经济社会全面发展，提高发展质量，不断增强综合国力，为人类社会的可持续发展奠定基础。

可持续发展的第四种理论强调，经济的持续发展必须建立在保护地球自然系统的前提下。这种发展模式重视自然资源的合理开发与保护，以确保自然资源潜在能力的维持和提升，同时满足后代人对发展的需求，实现可持续发展的目标。

可持续发展的第五种理论提出，传统可持续发展的概念存在不确定性，而无代价的经济发展就是可持续发展的核心。据此，可持续发展可以定义为以政府为主要推动者，构建一种经济发展与自然环境相协调的制度安排和政策机制。通过激励和约束当代人的行为，降低经济发展的代价，实现公平的结合，使经济发展成本最小化。这种发展模式强调了政府在可持续发展中的重要角色，同时强调了当代人的责任和义务，以实现可持续发展的目标。

可持续发展的第六种理论认为可持续发展是经济发展的可持续性和生态可持续性的统一。认为可持续发展是寻求最佳的生态系统，以支持生态系统的完整性和人类愿望的实现，使人类的生存环境得以延续。

（二）可持续发展理论的原则

可持续发展的三大原则是公平性原则、持续性原则和共同性原则。

可持续发展是一种追求和谐发展的理念，它平等地关注和实现区域间以及不同世代间的共同发展机会。换句话说，一个地区的发展不应妨碍其他地区的发展，同时也不能以牺牲未来世代的发展能力为代价来满足当代人的需求。

各国可持续发展的模式虽然不同，但公平性、持续性和共同性原则是共同的。地球的整体性和相互依存性决定全球必须联合起来，保护我们的家园。可持续发展所探讨的问题触及全人类，所要达成的目标也是全人类的共同追求。虽然各国的实际情况不同，可持续发展的具体实践方式也因此千差万别，但公平性原则、持续性原则和共同性原则等基本原则对所有国家都是一致的。为了实现可持续发展，各国都需要适时调整其国内和国际政策。只有全人类共同努力，才能实现可持续发展的总目标，从而将人类的局部利益和整体利益完美结合。

（三）可持续发展理论的分类

1. 经济可持续发展

经济可持续发展是可持续发展的一个重要方面，它从逻辑上讲是该定义在经济学方面的延伸。因此，经济可持续发展可以定义为在资源环境的基础上，不断提高当代人的经济福利，同时保证后代人获得的经济福利不小于当代人所享受的经济福利。另外，经济可持续发展也可以被理解为在资源环境的基础上，尽可能大地获取当前的收入，同时保证以后的收入不减少并能持续增长。

从纯粹的经济角度来看，可持续发展应该是在资源环境持续利用的基础上，实现国内生产总值最大化，同时随着时间的推移，人类的社会福利不断提高，至少能够保证下一代与前一代的福利水平相当。该定义的核心虽然同经济发展一样强调收入的增长，但其本质是不同的。

2. 生态可持续发展

可持续发展对经济和社会发展提出了协调自然承载能力的明确要求。这不仅涉及发展，还强调必须保护地球生态环境并改善其状况，确保以可持续的方式使用自然资源和环境成本。这样，人类的发展才能控制在地球的承载能力范围内。因此，生态可持续发展着重强调，发展并非毫无约束，而是受到限制的。没有这些限制，就无法实现持续的发展。

3. 社会可持续发展

可持续发展强调的是，环境保护的实现与社会公平的机制和目标息息相关。在可持续发展过程中，可持续发展过程能够体现世界各国不同的发展阶段和目标，但其本质涉及更为广泛的内容，包括提高人类生活质量、提高健康水平、创造平等自由的社会环境等方面。在经济可持续、生态可持续和社会可持续中，经济可持续是基础，生态可持续是条件，而社会可持续才是最终目的。在人类可持续发展系统中，自然-经济-社会复合系统应该以人为本位，追求持续、稳定、健康发展。

（四）乡村可持续发展评价理论

可以将基于压力-状况-响应模型的乡村可持续发展评价理论运用于乡村复合生态系统。

乡村复合生态系统是一个动态且具有生命力的系统，它在外来压力和内在压力的驱动下不断演化和发展。系统内部的结构和行为可以通过调节彼此之间的协同作用来适应压力，从而减小外部环境的影响。这种适应和调节过程有助于保持系统的稳定和可持续发展。

1. 系统压力

系统承受的压力，可以分为外部压力和内部压力两部分。

（1）外部压力

外部压力可以分为正压力和负压力两种。正压力是指那些促进乡村复合生态系统良性发展的压力，主要包括外部的资源、能源和信息对乡村的补给，以及对乡村资金、政策和市场的支持等。这些压力能够促进乡村的发展和进步，提高乡村的竞争力。

负压力则指那些导致乡村复合生态系统衰退的压力，主要包括城乡"剪刀差"、乡村劳动力流失、乡村资源外移、乡村资金的流失，以及外部工业污染进入乡村等。这些压力会对乡村的生态环境、经济和社会结构造成负面影响，破坏乡村的可持续发展。

因此，在推动乡村发展的过程中，需要采取措施来缓解这些负压力，同时积极利用正压力来促进乡村的发展。

（2）内部压力

乡村复合生态系统的内部压力主要是由子系统追求预定发展目标以及资源和能源的供需关系所构成的。这涵盖了乡村生产需求、生活需求、环境需求以及污染物排放等方面的压力。

2. 系统状况

从经济、社会、环境和文化各角度看，乡村地区的系统状况主要包括系统的结构、功能及运行状态。在乡村地区，能够看到典型的经济发展结构和产出效率，理解农民的生活品质和健康状况，评估乡村环境的质量状况和环境承载能力，同时探索乡村文化的构成和运作模式。这些因素共同塑造了乡村复合生态系统的整体状态。

3. 系统响应

乡村复合生态系统的自我调节能力可以通过系统响应得到体现，这种响应包括各子系统采取的减压和提质措施等，既可以是技术手段，也可以是政策、管理手段。这些措施显然是对乡村复合生态系统中提到的协同机制的一种修正，能够对系统进行不断的调整。这些自身策略能够促进系统应对外界压力的变化和内部功能的进化，从而保证系统的稳定运行。

由此可见，基于压力-状态-响应模型的乡村可持续发展评价理论的应用范围是对乡村治理的评价。该评价理论便于数据获取和量化，可操作性强。通过与乡村复合生态系统的现状、结构和发展目标相结合来进行监测，对乡村治理模式是否适应外部环境和内在发展需求加以评价。

四、农业生产生活的多功能性理论

（一）农业的多功能性

农业的多功能性是指农业所具有的经济、生态、社会和文化等多方面的功能。这些功能对于数字乡村治理起着至关重要的作用。

首先，农业具有经济功能。农业可以为人们提供基本的食物和纤维等物质产品，同时还可以为农民带来经济收益。农业经济功能的完善可以促进乡村经济的发展，提高农民收入和生活水平。

其次，农业具有生态功能。农业与自然环境密切相关，通过种植作物、养殖动物等生产活动可以对环境进行保护和改善。同时，农业还可以通过土地利用、水资源管理等手段来维护和改善乡村生态环境。

再次，农业具有社会功能。农业是社会生产和人民生活的基础，同时也是人们互动和交流的重要领域。农业可以为人们提供健康、安全和营养的食物，同时还可以为农村提供就业机会和稳定的社会秩序。

最后，农业具有文化功能。农业是人类文化和历史的重要组成部分，它可以传承和弘扬农耕文化、乡土文化和传统文化等。同时，农业还可以为人们提供休闲旅游和文化体验等非物质文化服务。

为了提升农业的多功能性，必须注重拓展农业生产模式和改善生产条件。在拓展农业生产模式方面，可以通过采用尖端技术、推行农业多元化经营、延长农业产业链、构建可持续农业模式和实施多功能农业种植与养殖等手段，减少农业生产对环境的污染，提升资源利用效率和农业生产效益。而改善生产条件则可以通过改造农田基础设施、建设生态景观、实现农业机械化和自动化以及开展耕地污染减排与修复等方式来实现。

（二）乡村生活的多功能性

乡村生活也具有显著的多功能性，其重要性主要表现在对乡村复合生态系统的经济、社会、环境和文化子系统均有提质增效作用。

提升乡村生活的多功能性，要关注的重点在于转变生活方式和改善生活条件。其中，转变生活方式体现在移风易俗，养成良好的生活习惯，提高资源利用效率，减少生活污染排放，建立乡村生活环境管理机制，实现乡村生活环境的自我维护。改善生活条件则主要体现在进行景观改造和住房改造，完善公共设施等方面。

五、共同富裕理论

（一）共同富裕理论的基本内涵

1. 共同富裕承认存在合理的差异

共同富裕指的是贫富差距较小，而不是完全消除差距。这意味着在实现共同富裕的过程中，不同地区和不同人群之间的富裕程度可能存在差异，但这种差异不应该被视为"同等化"或"平均主义"。共同富裕是一个长期的目标，需要逐步实现。

共同富裕在历史上曾带有不同程度的平均化、平等化倾向。中国古代的思想家提出了许多关于共同富裕的理念，如孔子的"不患寡而患不均"和韩非子的"论其税赋以均贫富"，这些思想和实践活动都带有一定的平均主义色彩。农民起义也提出了类似的共同富裕口号，如"等贵贱、均贫富"，这些口号也体现了一定的平均主义意识。

在新民主主义革命时期，中国共产党的土地革命和供给制实践是共同富裕思想的典型代表。在战争时期，通过土地革命将土地分给农民，实现土地的平均化和共同占有，这一实践在一定程度上体现了共同富裕的思想。

改革开放前，我国对共同富裕的认识同样受到了长期以来的平均主义思想影响，这种平均主义思想表现为对财富和资源的过度平均分配，缺乏激励机制和竞争机制，导致经济发展缓慢。因此，在改革开放后，我国开始探索更加科学、合理的共同富裕模式，以实现更加公平、可持续的经济发展和社会进步。

城市地区取消计件工资和奖金，乡村地区实行农业合作化运动等措施，这是在特定历史条件下做出的决策。然而，这一决策可能忽略了经济规律，对我国现代化进程和共同富裕的实现造成了一定影响。改革开放以后，对共同富裕有了更科学的认识，不再追求绝对的平均主义，而是允许一定程度的贫富差距存在。这样做有助于提高效率，也是促进社会经济发展的重要途径。

我国社会当前仍然存在城乡、区域和收入等方面的不平衡现象，同时也有个体和家庭等方面的特殊性。共同富裕并非所有人的生活水平都一样，而是在一定富裕水平上实现的有差异的富裕。这种富裕水平的差异必须控制在可接受的范围之内。

2. 共同富裕追求的是公平正义

公平正义是人类文明的度量衡，也是社会主义共同富裕的基本原则。如果缺乏公平正义，人类将失去前进的动力，共同富裕的目标也难以实现。公平正义与共同富裕之间的内在联系，凸显了在推动共同富裕过程中实现公平正义的重要性。那么，何为公平正义？现代意义上的公平正义，是指人与人之间社会关系的一种状态，它包括权利公平、机会公平、过程公平以及结果公平。那么，在推进共同富裕的进程中，如何才能体现公平正义呢？

习近平总书记强调的社会公平正义正是为每个人提供自我提升、平等参与、共享发展的条件，实际上突出了社会意义上的机会平等对于每个人的重要性。习近平总书记在十二届全国人大一次会议闭幕会上强调："我们要随时随刻倾听人民呼声、回应人民期待，保证人民平等参与、平等发展权利，维护社会公平正义，在学有所教、劳有所得、病有所医、老有所养、住有所居上持续取得新进展，不断实现好、维护好、发展好最广大人民根本利益，使发展成果更多更公平惠及全体人民，在经济社会不断发展的基础上，朝着共同富裕方向稳步前进。"①

由此可见，公平正义这一抽象概念在现实社会中的具体体现，便是满足人民在教育、养老、医疗、社保、住房等民生领域的实际需求。这些领域的进步和改善，不仅能够为人民带来实实在在的利益，还能增强他们的幸福感和获得感。同时，推动公平正义对于防止社会阶层固化、促进社会向上流动具有重要意义，可以营造一个每个人都有机会参与发展、积极进取的社会环境，避免社会陷入内卷和躺平的境地。因此，落实公平正义原则的具体行动，应从解决人民的实际问题入手，创造一个更加公平、正义、有活力的社会。

3. 共同富裕在动态发展中实现

由于各地区的地理位置、资源状况等外部条件，以及各主体的能力、努力程度等内在因素存在差异，所以在实现共同富裕的过程中不可能确保所有地区、所有主体都同步达到。也就是说，共同富裕不是指所有地区和主体同时达到富裕的状态，而是在时间上会有先后顺序，呈现出非同步性的特征。

历史经验告诉我们，如果一味追求同时、同步、同等富裕，可能会扼杀人的主观能动性，进而影响劳动积极性。因此，为了激发广大人民群众的积极性和创造性，让一部分人或地区先富裕起来，通过他们的带动和帮助，最终实现共同富裕。这种"先富带后富，从而达到共同富裕"的思想对中国式现代化的共同富裕起着重要的指导作用。

在实践中，我国首先大力发展东部沿海城市，鼓励东部地区快速发展，然后

---

① 李志恒.以乡村振兴推动共同富裕的重要意义、现实困境及路径指引［J］.智慧农业导刊，2023，3（14）：54-59.

实施西部大开发、促进中部崛起、振兴东北等区域发展战略，鼓励和引导东部地区带动中西部地区、东北地区共同发展；在城乡方面，改革开放初期，我国优先发展城市工业，然后逐步打破城乡二元分割，推进以工促农、以城带乡、工农互惠、城乡一体的新型城乡关系，并大力实施乡村振兴战略。这些措施体现了共同富裕的非同步性，符合事物变化规律和经济社会发展规律。通过从点到线、从线到面、从面到体的逐步推进，可以实现共同富裕的全面发展和充分共享。

制订详细的时间表和计划是党领导现代化建设的重要策略，也是取得发展成就的关键。实现共同富裕也需要同样的策略，因为共同富裕的长期性、艰巨性和复杂性要求在实现过程中必须分阶段进行。

共同富裕的阶段性目标不能过于急功近利，需要经过长时间的积累和努力才能逐步实现。不能脱离现实情况，不能超越发展水平，而应该根据当前阶段的实际情况和条件，逐步推进共同富裕的进程。因此，需要认识到共同富裕是一个长期的过程，需要分阶段逐步实现，不能急于求成，也不能做超越阶段的事情。不能忽视社会主义初级阶段的特点，也不能放弃推动共同富裕的积极努力。

在实现共同富裕的过程中，不能因为处于初级阶段就感到无能为力和无所作为，而应该尽力而为，积极解决面临的实际困难，不断朝着共同富裕的目标前进。同时，也需要清醒地认识到，实现共同富裕需要付出长期的艰苦努力，需要全体人民共同参与和不懈奋斗。由此，实现共同富裕不可能"齐步走"，必然是在阶段性目标基础上呈现出动态发展过程。

（二）共同富裕的实现路径

党的二十大报告强调，中国式现代化是全体人民共同富裕的现代化，把共同富裕列为中国式现代化的本质要求和重要特征之一，提出"扎实推进共同富裕"。在全面建设社会主义现代化国家新征程中，必须把促进全体人民共同富裕摆在更加重要的位置，脚踏实地、久久为功，不断取得新的成效。

1. 根本保障——党的领导

中国共产党在百年的探索和实践历程中，一直将共同富裕作为核心主题。在历史长河中，我国面临着两大历史任务，首先是要实现人民解放和民族独立，为此党形成了完整的革命理论。然后是要完成国家富强和民族振兴的第二个历史重任，为此需要找到一条实现共同富裕的道路。这两大历史任务都是在共产党的领导下，全国各族人民共同完成的。从理论逻辑来看，共产党的共同富裕理论并不是依靠外来的经济理论来构建的，也不是纯粹的空想。它是基于马克思主义经典作家的共同富裕思想和共产主义基本原则，继承并创新了中国传统文化中的"共富""均等"思想，并植根于中国共产党百年来的历史成就，特别是改革开放的伟大实践。

中国共产党的领导在推动中国式现代化和实现共同富裕的进程中发挥着不可或缺的作用。作为社会主义道路的坚定捍卫者，党在共同富裕制度的顶层设计、制定和规范方面扮演着核心角色，确保现代化进程符合社会主义方向，并确保共同富裕的公平、全面和有序实现。

2. 首要任务——实现高质量发展

实现共同富裕需要一个长期的发展过程。除了积累丰富的物质财富，还需要发挥先富带动后富的主动作用，以实现共同富裕的目标。然而，随着社会主义发展进入新阶段，粗放式的发展理念已经不再适用。以前的发展方式和理念无法按计划实现共同富裕。为了进一步推动生产力的发展和提高发展的质量和水平，需要采用新的发展理念和方法。

全面坚持高质量发展，必须树立问题导向意识，持续不断地解决共同富裕道路上的各种问题。只有通过高标准、高质量的发展，才能实现全面发展和最终实现共同富裕。我国将人民多样化和多层次的美好生活需求与高质量发展紧密结合，以提高人民的生活品质和生存质量。为了实现高质量发展，最重要的是要追求质量的提高和飞跃，而不仅仅是形式上的口号。为此，需要着重贯彻和落实各项具体要求。

在经济方面，中国要建立高水平的经济体系，不断构建新发展格局，完善社会主义市场经济体制，协调政府与市场的关系，努力建设更加公平、法治、包容、开放的经济。在科技创新方面，需要特别关注"卡脖子"科技项目的攻关，以制造业的高质量转型为支撑，在关键科技领域保持领先地位。因此，高质量发展必须作为实现中国式现代化和共同富裕的首要任务，如此才能推动共同富裕实质性地向前发展。

3. 根本立场——以人为中心

人民群众是共同富裕的主体，也是实现共同富裕的关键。中国共产党始终坚持唯物史观和群众路线，坚持以人民为中心的根本立场，把人民群众放在心中最重要的位置。为了实现共同富裕和社会主义现代化，必须紧密依靠人民群众，尊重人民群众的主体地位，倾听人民群众的呼声和诉求，发挥人民群众的创造力和智慧。在城乡区域发展不平衡的情况下，要坚持农业农村优先发展，推进以人为核心的城镇化战略，减轻中产阶层的社会压力，促进就业创业，保民生、稳民生、促就业。

群众路线是中国共产党的根本工作路线。中国共产党始终坚持以人民为中心的根本立场，把人民群众放在心中最重要的位置。在实现共同富裕的过程中，必须不断提高执政党的问题意识，认真解决人民群众最关心、最直接、最现实的问题，把人民群众的事当成自己最重要的事来办。只有这样，才能够赢得人民群众的信任和支持，推动共同富裕不断向前发展。

（三）新时代共同富裕的美好愿景

新时代共同富裕承载着全体人民幸福美好生活的新期盼。在全面建设社会主义现代化国家新征程中，必须更加积极有为地促进共同富裕，实现新时代共同富裕的美好愿景。

1. 创富新格局

每个人都享有平等的参与和发展权利，财产权利得到公平和充分的保障，每个人都有机会实现自己的梦想。

2. 富裕新生活

每个人都能够全面发展并获得有尊严的生活，人人都能享受到幸福安康、从容安定的生活，社会文明程度达到新的高度。

3. 共享新局面

对于那些遵守法规、诚信经营并具有创新和创业精神的人，应让他们过上富裕的生活。对于那些高绩效的劳动者，应给予他们充足的生活条件。对于那些人力资本水平较低或者失去工作能力的人，以及创业创新遭遇挫折的人，应确保他们拥有稳定的生活保障。此外，所有人都应该享有平等的基本公共服务，城乡和区域之间的收入和生活水平差距应保持在可接受的范围内。

4. 乐富新氛围

每个人都能够安心地拥有和持有合法财富，家庭和家族的财富能够代代相传并有序流转，每个人都乐于享受财富和富裕的生活。

第二节　数字乡村治理的基本目标

随着乡村数字的不断重构，在数字时代的背景下，传统的乡村治理理念和方式已无法跟上现代数字发展的脚步，亟须创新。结合国内外的探索经验，数字乡村治理的基本目标主要体现为以下几方面。

一、实现乡村数字和谐发展

数字乡村治理的政治目标是实现乡村的和谐发展。乡村和谐发展与数字乡村治理息息相关。新时代，创新数字乡村治理体系、保障乡村和谐发展已成为乡村治理中面临的重要课题之一。当前，乡村社会面临诸多挑战，特别是土地争议引发的冲突、干部与群众关系紧张带来的矛盾、乡村基层组织不健全的问题、环境恶化引发的冲突、公共服务滞后带来的不满、治理不到位引发的混乱以及农民保障不完善带来的不安定等。

如果不解决这些矛盾，势必会影响乡村的和谐稳定与小康建设目标，进而影响到经济数字发展和国家的政局稳定。因此，化解这些突出的乡村矛盾对我国数字乡村治理实践提出了更高的要求。创新数字乡村治理，避免由于利益分化和价值失范造成严重的数字乡村的分裂化甚至碎片化，重新建立乡村数字治理基础和组织基础，走向新的社区共同体；创新数字乡村治理，把数字工作介入数字乡村治理中，更有效率地协助村民分析当地所面临的问题，去引导、规范乡村的数字生活。

在村民之间形成良好的人际关系，最大限度地增进公共利益，谋求数字乡村治理的长远发展；创新数字乡村治理，实现从根本上预防和打击乡村违法犯罪，维护乡村治安秩序，保障乡村稳定。

二、保障农民的基本权利

从乡村的数字治理实践来看，农民权利必然是治理逻辑生成的价值目标。在新的历史阶段，乡村基础社会治理领域存在着乡镇政府的行政管理权与乡村社区的自治权两种基本权利形式，这种权利形式在乡村治理中发挥着重要作用。

要推动数字乡村治理的创新，必须拓宽村民自治的渠道，创新乡村社区治理体制，强化村民自治的功能，扩大村民自治的领域，引导村民自治向更加健全、规范、广泛、完善的方向发展，切实保障农民群众享有更多的民主权利。创新乡村社会治理必须以农民的权利为核心。保障农民的基本权利是数字化进程中乡村社会治理转型的关键环节。

乡村社会治理的核心问题在于建立健全的农民权益保障机制，而这一机制的主要目标应该是推动和实现农民权利。换言之，农民权利是数字乡村治理的关键点和基础线。解决农民问题的关键在于解决其权利问题，构建一个保障农民权利的公正、法治社会是国家治理能力和体系现代化的重要任务。如果农民的基本权利得不到尊重和保障，就不可能实现社会的公平正义，国家治理的现代化也就无从谈起，更不可能保障农民的尊严和幸福生活。

农民权利是乡村社会治理的法治归宿，数字乡村治理的根本任务是充分保障农民权利。因此，在创新数字乡村治理中，我们要切实保障农民的知情权、参与权、监督权、表达权，创新农民的参与形式，拓展农民的参与空间，保障农民的话语表达机制、民主自治机制，培育农民的主体意识、权利义务意识、公平正义意识，进一步增强农民的公民意识，提升农民的治理主体性价值，从而把党的领导、乡村的健康发展和村民的民主要求结合起来，实现数字乡村治理的价值目标。

三、提高农民生活水平与质量

农民生活水平的提高是民生问题中的关键。现阶段我国农民生活水平普遍偏低，各种矛盾错综复杂，农民对经济发展的要求和社会生活水平的期许越来越高，这就对乡村数字治理提出了更高的要求。只有乡村得到良好治理，才能最终实现整个国家的长治久安。

依据当前乡村经济体制状况和经济发展的现实需要，乡村经济的发展和农民收入的增加，以及农民生活水平的提高，始终是乡村治理的首要任务。乡村数字治理的目标应致力于为农民创造优良的居住环境，让他们过上美好的生活。乡村数字治理的目的就是要维护广大人民群众的根本利益，坚决秉持农民群众利益无小事的理念，将解决民生问题作为乡村数字治理的核心。需站在农民的角度思考问题，了解他们的需要和期望，及时解决他们所面临的问题。

四、重构乡村产业体系并吸引人才

构建数字乡村治理体系，政策制度支持是保障，但人才的作用不容忽视。只有通过创新产业的发展，才能吸引更多的人才回到乡村，发挥他们的主体能动作用。因此，我们必须重视人才的引进和培养，为他们提供更多的机会和支持。在培育人才、吸引人才的机制构建中，除政府的政策支持外，还要充分发挥农业专家、学者、社会精英人士、高校的作用，鼓励他们深入乡村，发挥价值。

五、构建乡村社群化治理模式

传统的乡村治理方式由于人口居住分散，其在广度和深度上都存在局限性。然而，随着数字乡村建设和互联网技术在乡村的普及，乡村人口呈现出"社群化"的趋势，这为深层次开展乡村治理提供了契机。基于互联网技术，乡村管理者和村民之间可以更容易地实现良性互动，村庄政务和村民需求之间也能够快速实现精准对接，有助于提高乡村治理的效率与效果。

乡村社群化治理模式的构建需要从以下三方面着手。

（一）基于互联网构建村务公开与反馈机制

传统的村务公开一般包括村广播、公告栏张贴等方式，村民基本处于被动接受的状态。在数字时代，管理者可以通过自建的网站、论坛或自主开发的村庄 App 等，使村民第一时间了解村务，并能够及时进行讨论，形成双向互动的村务管理反馈机制，以提高乡村行政的透明度。

（二）建立基于社群自律的村民自治机制

在网络中，村民很容易形成自组织参政议政的社群化结构，政府应放开技术限制，引导村民理性思考，形成社群化自律机制，使其成为乡村治理的重要支撑力量。

（三）建立基于社群理念的乡村治理结构

在"社群化"治理时代，乡村原有的组织结构、人员分工等发生了根本性转变。在网络互动过程中，村民的意见如何反馈？反馈的意见谁来处理？社群化自治结构与传统乡村治理结构如何对接？村务决策流程是否需要完善？这些都需要政府基于社群理念，完善目前的乡村治理结构，设置相应的岗位，以支撑基于互联网的社群化治理机制的良性发展。

六、连接政府与群众

随着互联网信息技术的不断更新换代，网络理政在基层治理组织中得到了广泛应用，互联网逐渐成为连接政府和群众的重要渠道。在实践中，一些村委会已经建立了信息沟通平台。通过这个平台，村民可以实时了解国家对农业资金的补贴情况，监督资金的使用和发放，查看土地承包信息等。还有一些地区推行了"干部日志"政务平台。这个平台允许基层组织管理人员将每天的工作情况公之于众，接受村民的监督。这种做法极大地提高了基层管理人员的工作效率和透明度，增强了村民对政府工作的信任和支持。

各种不同类型的政务平台的应用，极大地拉近了基层治理组织与村民之间的距离。通过政府网络，能够更加深入地了解各类民意诉求，并针对这些诉求进行有效的回应。此外，大数据技术的应用，可以从不同维度对村民的意愿和需求进行深入的挖掘，这为基层政府进行决策和提供民生服务提供了有效的依据。

因此，基于数字乡村建设的"互联网+"模式，不仅是技术的革新，更有助于提升治理组织决策的科学性、精准性和高效性。同时，这也是提高治理能力和水平的必然选择。通过应用先进的互联网技术，基层治理组织可以更好地与村民沟通和交流，提高服务质量，更好地满足村民的需求。

第七章　数字乡村建设与乡村治理发展

　　数字乡村发展战略是国家基于农业农村的发展需要，以数字信息技术赋能乡村建设，助力实现高质量乡村振兴而做出的时代选择。探索数字乡村建设与乡村治理发展的重要路径，有助于更好地实现数字乡村建设与乡村治理的融合，实现乡村治理能力与治理水平的现代化。本章围绕数字乡村建设的基本路径和数字化技术助力乡村治理发展等内容展开研究。

第一节　数字乡村建设的基本路径

一、构建农业大数据平台

（一）农业大数据平台的战略意义

　　农业大数据平台的搭建可以有效整合现有的土地、育种、耕作、施肥、收割、储存、运输、农产品加工、销售、售后等涉农信息，能够为农业科研机构、政府决策机构以及农业企业发展等开阔思路，激发创新，具有重大的战略意义。

1. 为政府的决策提供依据

　　农业大数据平台将大大改变传统的凭借经验和感觉制定政策的方式，将为政府的决策机构提供充分而又准确的决策依据。农业大数据平台在有效整合气象信息、生产成本、市场供应、消费需求以及食品安全等涉农信息的基础之上，通过建立数学模型等方式，进行科学的分析与处理，从而有效预测有关农产品的市场需求及其未来价格可能的走势等，为农民的耕种计划提供预测，也为政府的决策和宏观调控措施提供必要的依据。

2. 为农业企业的发展提供支撑

　　农业大数据平台可以准确预测农业企业产品是否已经落后以及相关市场的饱

和程度，从而决定农业企业是否需要以及如何调整市场结构。以化肥生产企业为例，根据农业大数据平台分析预测有机肥和化肥的生产状况，及时做出企业升级换代的决策。农业大数据平台还能够及时地发现机会并且提供优化生产的辅助决策方案，为农业企业的日常生产提供咨询，准确评估风险，为企业的持续发展提供支撑。

3. 为农业的管理提供手段

农业生产的管理过程中人的因素占比很大，对于种植何种作物、如何播种和灌溉等具体生产管理往往建立在经验和感觉的基础之上，一般不会经过分析数据以及数学建模的过程，结果造成农业决策的片面性与偏差性，容易破坏农业生产的连续性。农业大数据平台为实施农业生产流程的智能化管理提供了必要的手段，推动了我国农业数字化的发展。

（二）构建农业大数据平台的要点

为了持续优化我国的农业经济结构，实现农业的可持续发展和区域之间的产业结构调整，进一步推动数字化农业的发展建设，我们应当及时而又全面地掌握国内外以及各区域的农业发展的动态信息，搭建依托农业大数据的相关分析处理应用平台即成为必然。

将物联网技术应用于农业数据的获取，以及将云计算技术应用于农业数据的处理，可以有效地实现农业大数据的整合和分析，为农业生产决策提供科学的依据。为了构建及时性、高效性和开放性的农业大数据平台，需要借鉴已有的大数据框架系统，并在此基础上融合物联网技术和云计算技术的优势。这样的平台可以快速地获取和处理与农业相关的数据，并提供丰富的数据分析和决策支持功能，帮助农民和农业专业人士进行农业生产的规划和管理。在结构设计方面，农业大数据平台应具备灵活的可配置功能，可以根据农业资源的扩展和具体农业生产业务流程的变化进行调整和适应。此外，平台的机构设计应稳健可靠，提供良好的人机交互界面，方便普通技术人员进行研究和使用。同时，考虑到农业大数据平台的应用领域不断发展和变化，以及业务量的持续增加，平台需要具备良好的应用性能和可扩展性。这样可以满足不断扩宽的业务需求，并为未来可能出现的新业务提供支持。

农业大数据平台的建设应当注意以下几点：首先，选择智能农情监测、智能农业设施等优先发展的重点领域，将农业大数据技术应用于这些领域，可以实现对苗情、灾情、病情、虫情等农情信息的实时监测和分析。同时，借助农业数据采集技术、农业数据存储技术、农业数据挖掘技术、农业数据分析处理技术和农业数据结果展现技术的综合应用，将农业大数据的各个环节有机地结合起来，提高数据的采集、存储、分析和展现的效率和准确性。其次，建设智能化的农业生产和管理决策支持系统，实现对农业大数据的综合分析和利用。通过集中发布农业大数据的处理结果，可以为科研院所、地方政府、涉农企业和社会公众提供有关农业大数据的公共服务。同时，为个人提供量身定制的个性化服务，根据不同的需求和情况，提供个性化的农业生产和管理决策支持。

（三）构建农业大数据平台的策略

1. 提高农业数据的采集质量

加大对农业数据采集人员的培训力度，提高他们的专业素质和技能，是确保农业数据采集质量的重要步骤。通过制定规范且详尽的农业数据采集流程，可以确保数据采集的一致性和可比性。同时，完善农业大数据平台的总体框架结构，可以提高农业数据的可靠性、准确性和多样性。拓展农业大数据平台的功能，进一步推广其应用范围，可以更好地实现农业数据的应用和价值。制定科学的农业数据采集原则和采集依据，适度增加农业数据采集点，可以获得更全面、更完整、更系统的农业数据。这将有助于深入了解农业产业链各个环节的情况，为制定农业政策和决策提供更准确的依据。

2. 提升农业大数据平台的设备功能

在研发资金有限的情况下，降低设备成本是一个有效的措施，可以使更多的农业从业者使用互联网、物联网、农业数据库和农业云服务等设备和平台。拓展平台的功能和提升设备性能能够为用户提供更好的体验。进一步提高农业大数据平台的集成度和优化其结构可以降低平台的运行成本，并提高数据的汇聚和处理效率。引入多传感器等先进技术可以实现不同资源的相互融合，进一步丰富平台的功能。同时，改进和优化传统的算法，提升平台的故障自诊断能力和远程修复能力，可以提高平台的智能性和稳定性。

3. 加速农业大数据平台的产业应用

联合各方力量进行农业大数据研究的协同化合作是非常重要的。整合各个单位的数据资源和人才资源，联合全国各地的大数据力量，可以形成共同的研究网络，共同开展农业大数据的研究工作。定期探讨研究相关的学术问题、技术问题和应用问题，可以促进多方之间的交流和学习，推动农业大数据研究的发展。战略联盟与战略合作的落实可以加强各方之间的合作和资源整合，形成合力，推动农业大数据平台的发展。建立合作应用机制，搭建农业大数据平台的合作平台，可以促进各级政府、企业、高校和研究机构之间的合作和交流。发挥农业大数据平台在农业决策、农产品生产与流通等方面的推动功能，可以促进农业数字化的发展，提高农业生产效益和农产品质量。

二、加强农村数字医疗建设

（一）增加对农村医疗卫生事业的资金投入

为了改善农村医疗条件，政府及相关部门应进一步增加对农村医疗卫生事业的资金投入。这样一来，一些简陋的农村医院就可以摆脱设在危房里的困境，通过充足的资金来修建新楼，从而实现农村医疗条件的质的飞跃。同时，需要加快医疗检查设备的更新，以提高诊断和治疗的准确性和效率。拓宽卫生服务项目，提高医疗服务技能，使农村医疗机构能够提供更全面、细致的服务。这将为广大村民营造一个良好的医疗环境，使所有患者都能享受到最优质的医疗服务。

（二）健全农村医院人事管理制度

首先，建立继续教育制度，加强医院技术人员的培训。通过定期组织培训，医院技术人员可以更新业务知识和技能，适应医学科技的发展和诊疗要求的升级。同时，鼓励有条件的镇村医生接受高等教育和继续深造，提高他们的专业素养和综合能力。

其次，建立自行组织考试制度，对医生的专业知识和临床操作技能进行检验。考试内容应紧密关联医生所在岗位的实际需求，以确保医生具备必要的专业素养和业务水平。

另外，降低医院录取门槛，畅通人才流通渠道。鼓励具有大学本科及以上学历或执业医师资格的人员加入农村医院。这样可以吸引更多高素质的医疗人才进入农村，提高医疗服务的水平。

同时，要广泛招聘药学、医学影像、医学检验等专业的技术人员，加强人才的引进和培养。这样可以扩大农村医院的服务范围，满足当地人民的医疗需求。

最后，优先聘用本地村民作为医院的后备人员，并定期带他们去上级医院学习，提高他们的整体水平。这样可以加强对镇村医务人员的培养，从而提供更好的医疗服务给当地居民。

（三）引进先进的医疗卫生设备

过去的农村医疗使用传统的听诊器、血压计、体温计进行诊断，准确度低、费时费力，无法满足正常的医疗保健需求，与现代化医疗的要求不符。农村地区普遍存在农民食物中毒、农药中毒、传染病流行等问题，然而由于物资储备不足，在事件发生后才能紧急调集物资、设备和人员，难以应对突发事件的应急处理。因此，需要尽快实现农村医疗机构的网络化和数字化，以有效解决这些问题。

一个医院所配备的医疗设备越高端、越先进，做出的诊断结果越准确，治愈患者的概率也就越大。所以，及时引进先进设备，提高农村医院硬件的设备水平，保证检验和化验结果准确，已经成为改善农村医疗条件的必要前提。

（四）建立和健全城乡对口帮扶制度

医学院校和城市卫生医疗单位应积极重视农村卫生工作，将其视为自身重要的社会职责。他们应与农村卫生机构建立对接联系，定期派遣技术熟练的专家和学者前往农村，为农村卫生人员提供免费的定期培训和技术指导。通过不断向上级单位学习先进的医疗技术和管理模式，促进农村卫生人才队伍的建设。同时，农村医疗机构也可以派遣医务人员前往大医院进修学习。

三、加快数字乡村建设人才培养

（一）加强数字乡村社会工作人才队伍建设

数字乡村社会工作人才是乡村治理人才的重要组成部分，为了进一步做好乡村社会工作人才队伍建设，要把以下两个方面作为重要抓手。

1. 健全体制机制

（1）建立领导体制

设立专门的领导机构或领导小组，负责农村社会工作及人才队伍建设的规划、协调和监督，明确职责分工，确保工作的有序推进。

（2）建立协作机制

在农村社会工作和人才队伍建设过程中，建立省市县之间的协作机制，加强信息共享和资源调配，促进工作的有机衔接和协同发展。

（3）建立领导班子考核机制

将农村社会工作及人才队伍建设作为有关部门领导班子考核的重要内容，将其纳入考核指标体系，对相关领导进行考核评价，激励和推动其加强工作推进和队伍建设。

2. 搭建服务平台

按照当地政府机构改革的总体安排，努力在承担社会管理和公共服务职能的部门探索设立社会工作机构和社会工作岗位的做法非常有意义。社会工作机构和社会工作岗位的设立，可以有效满足社会管理和公共服务的需求，提升社会服务的质量和效率。同时，加快推动乡镇社会工作服务站的建设，是有效提升基层社会服务能力的重要举措。乡镇社会工作服务站可以提供更为满足基层居民需求的服务，解决一些基层社会问题，促进社会和谐稳定。政府购买服务是一种有效的方式，通过委托社会工作机构和社会工作者提供专业服务，可以提高社会服务的专业化水平。政府可以加大购买服务的力度，吸引更多社会工作人员提供专业服务，满足不同层面的需求。同时，培育社会工作服务类社会组织，是加强社会工作力量建设的重要举措。社会工作服务类社会组织可以起到组织、协调、推动的作用，促进社会工作的规范发展和专业化水平提升。

（二）加强数字乡村经营管理人才队伍建设

乡村经营管理工作事关党的农村基本政策贯彻执行，事关深化乡村改革各项措施落地见效，事关农民群众权益维护保障。当前和今后一段时期，乡村经营管理工作任务更重、责任更大、领域更宽、要求更高。做好党和国家"三农"工作，必须加强乡村经营管理人才队伍建设。一是要完成乡村改革硬任务，亟须建设"一懂两爱"的高素质乡村经营管理干部人才队伍。二是要保持乡村经营管理干部人才队伍稳定，把政治素质高、业务能力强、工作经验丰富的干部人才优先安排到乡村经营管理工作岗位。三是加强乡村经营管理干部人才培训，提升履职能力和水平。四是注重在完成乡村重大改革硬任务中发现和使用干部人才，畅通人才流动通道。深化农业技术人员职称制度改革，落实乡村合作组织管理专业设置，推进农业技术职称评审与人才培养、使用有机结合，用活乡村经营管理人才。五是实施岗位激励，对业绩突出、考核优秀的给予表彰奖励。六是注重村级财务人员培养，优先从高中以上青年农民及返乡人员选拔一批，经培训合格上岗并保持相对稳定。

（三）加强数字乡村法律人才队伍建设

法治是治理有效的保障，实现法治关键在法律人才。2021 年出台的《乡村振兴促进法》规定，要建立健全自治、法治、德治相结合的乡村社会治理体系，推动专业人才服务乡村。促进农业乡村人才队伍建设，其中，明确提到法律服务人才。

近年来，乡村法律需求与日俱增，特别是党的十九大提出乡村振兴战略以来，涉及土地纠纷和产业发展等方面的法律需求尤为突出，亟须法律人才提供专业知识支撑。一是要加强农业综合行政执法人才队伍建设，加大执法人员的培训力度，完善工资待遇和职业保障政策，培养通专结合、一专多能的执法人才。二是广聚法律人才要兼顾招才引智和本土培养两种途径，实现"输血""造血"双重保障。一方面，拓宽人才引进渠道。通过招录、聘用、政府购买服务、定向培养、招募志愿者等多种方式，充实乡镇司法所公共法律服务人才队伍，落实"一村一法律顾问"制度。另一方面，以村干部、人民调解员、网格员、村民小组长、退役军人等为抓手，重点围绕涉农法律领域，加强乡村法律服务人才培训，着力培养满足乡村需求的本土法律人才。三是培育农村学法用法示范户，选聘乡村"五老"（退休老法官、老检察官、老警官、老司法行政人员、老律师）人员作为人民调解员，构建农业综合行政执法人员与农村学法用法示范户的密切联结机制。

四、建立健全农业数字化基础设施

农业基础设施的建设水平间接反映出一国农业数字化的发展程度，更直接制约一国农业数字化的建设速度，要想快速推进我国农业数字化的建设，必须建立健全我国的数字化基础设施，加强对数字化基础设施的投入，不断巩固数字化农业的地位。然而，建立健全农业数字化基础设施又是一项长期而又严峻的任务，它始终贯穿着农业数字化建设的整个过程。

（一）农业数字化基础设施建设的意义

1. 农业数字化基础设施建设的基本内涵

农业基础设施是指农业生产所需的各种物质条件，它是农业生产过程中必不可少的各种劳动资料的综合体。在数字化农业中，除了传统的农田水利等基础设施外，还包括互联网技术、物联网技术、农业产业数据仓库、农业云服务等数字化基础设施。这些数字化基础设施对于实现农业的现代化、高效化和智能化起着重要的作用。

农业基础设施的建设包括农田灌溉系统、道路交通系统、低压电网系统、互联网和物联网系统以及数据库系统等。这些基础设施的目标是实现农业的高产稳产、排灌自如、运输便利、旱涝保收和技术推广等。同时，根据不同地区的特点，有针对性地选择现代化的数字化生产技术，如喷灌、滴灌等，改善农业生产条件，推动实现高标准、高配套、规模化和集约化的现代农业生产。

　　农业基础设施建设在广义上还应当包括对农业资源的保护和农村生态环境的建设，在完善农业基础设施的同时还应注意保护土地等有限的农业资源以及农村的生态环境，合理使用化肥等化学物品，推广使用生物肥料和有机肥料，切实提高土壤质量，综合治理已经产生的环境污染，大量植树绿化，实现农业生产的可持续发展。

　　2. 农业数字化基础设施建设对农业数字化的特殊意义

　　①加强以互联网技术、物联网技术、农业产业数据仓库、农业云服务等为主的农业数字化基础设施建设，不但可以提高土壤质量，改善农业生产条件，提高每亩土地的生产能力，从而实现农业数字化生产的比较优势，增加农民的收入，而且可以有效利用土壤、水利等有限的农业资源，改善农民生活的生态环境，从而实现经济增长和环境保护的双重收益，实现人与自然的和谐共处。同时农业数字化基础设施的建设还有利于实行城乡之间公共服务的均等化，提高农村地区的基础设施配置程度，促进城乡之间的经济、文化与社会交流，推动城乡一体化发展。此外，在农村构建与城市配套的数字化基础设施有利于实现供水、发电、抗灾等资源的共享。

　　②加强农业数字化基础设施建设可以在提高农业综合生产力的同时确保我国的粮食安全。农业基础设施的落后可能降低我国的农业综合生产能力，削弱我国农业对自然灾害的抵御能力，一旦遭遇洪涝或者干旱，农作物就大面积减产，国家的粮食安全遭遇严重威胁。此外，数字化基础设施的缺位，更可能造成我国农业数字化难以推动的尴尬局面，毕竟"巧妇难为无米之炊"。

　　所以，要想发挥农业数字化在提高农业综合生产能力、确保国家粮食安全方面的优势，就必须建立和健全数字化农业基础设施，在完善农田水利等传统农业基础设施的同时，大力加强互联网技术、物联网技术、农业产业数据仓库、农业云服务等的建设，切实改善农业资源在农业生产中的实际利用状况，发挥科学技术对农业生产的推动功能，为我国农业数字化的建设提供必需的外部生产环境和良好的支撑条件。

　　③加强农业数字化基础设施建设是推进农业发展，优化农村经济结构的重要基础。实践表明，农村经济结构的优化调整，必须依赖发达的互联网技术、完善的物联网技术、健全的农业产业数据仓库和农业云服务等，依赖农业的综合开发

和科学生产，依赖数字化基础设施的硬件支撑。现代科学技术的应用可以改造中低产田，提高单位面积产量，转移部分农业剩余生产力，完善农业链条，实现农业产业化，调整农村原有的经济结构，优化农村经济发展方式。

（二）建立健全农业数字化基础设施的有效途径

1. 加大对农业数字化基础设施的投入力度

农业数字化基础设施的建设应当确保农业的固定投资比例，可以通过发行国债、地方政府债券等方式筹集农业数字化基础设施的建设资金，增加对农业基础设施的中央预算与地方政府预算，同时国家的投资应具体用于作物良种培育体系、动植物等农业资源保护体系、农业的现代科技创新体系、数字化农业的社会服务体系以及农产品质量监督检测体系五大体系，着力发展上述互联网技术、物联网技术、农业产业数据仓库、农业云服务四大技术，在具体的区域产品选择方面，国家应优先集中投资优势区域的优势产品。

2. 重点强化粮食主产区的农业数字化基础设施

以我国粮食主产区的互联网技术、物联网技术、农业产业数据仓库、农业云服务等建设为重点，配套以建设基本农田水利、改造中低产田等措施，实行区域性、阶段性的政府扶持政策，专门设立粮食主产区的农业数字化基础设施建设资金，由中央财政负责承担资金的运转，适当减免粮食主产区地方政府的相关配套资金支出，将其全部投入农业数字化基础设施之中，优先推动粮食主产区的农业数字化发展，扩大生产规模，提高生产效率，确保我国的粮食安全。

3. 鼓励农民与社会力量参与农业数字化基础设施的建设

确保农业数字化基础设施的建设与运营是在民主决策和科学管理的前提下进行的。促使农民遵循自愿互利、严格规范、注重实效的原则是确保农民的权益和实现农业数字化基础设施可持续发展的关键。此外，优惠政策的出台能够吸引外资企业、民营企业以及私人企业等社会力量参与农业数字化基础设施的建设与完善，以推动农业数字化基础设施的快速发展。同时，明确产权可以激励投资主体积极参与，并建立高效的设施维护机制，确保农业数字化基础设施的长期运行和稳定。

五、加强数字乡村乡风文明建设

党的十九大提出"实施乡村振兴战略"，并明确了产业兴旺、生态宜居、乡风文明、治理有效、生活富裕的总要求。2021年中央一号文件强调，要加强新时代农村精神文明建设，推动形成文明乡风、良好家风、淳朴民风。繁荣乡村文化，培育文明乡风，对于推动乡村振兴意义重大。以数字乡村乡风文明建设助推乡村振兴，应着重从以下方面入手。

（一）发挥党建的引领作用

乡村工作是全党工作的重中之重。深入实施乡村振兴战略，培育文明乡风，必须坚持和加强党对乡村工作的全面领导，提高党的乡村基层组织建设质量，发挥党建引领作用。

第一，发挥党的乡村基层组织在乡村文化发展中的领导作用。组织群众学习习近平新时代中国特色社会主义思想，培育和践行社会主义核心价值观，开展中国特色社会主义和实现中华民族伟大复兴的中国梦宣传教育，爱国主义、集体主义和社会主义教育，党的路线方针政策教育，思想道德和民主法治教育，引导农民正确处理国家、集体、个人三者之间的利益关系，培养有理想、有道德、有文化、有纪律的新型农民。可以充分利用党群服务中心、新时代文明实践中心（所、站）、农民夜校等，深入宣传教育群众，用中国特色社会主义文化、社会主义思想道德牢牢占领乡村思想文化阵地。

第二，党的乡村基层组织应加强和改进乡村思想政治工作。借助乡村党员名人馆、乡贤文化长廊等载体，可以通过展览、图片、文字等形式，展示党员先进事迹、乡贤文化，让群众了解到乡村党员的光荣历史和优秀品质。可以通过举办座谈会、交流活动等形式，邀请优秀党员来乡村进行宣讲，分享他们的成功经验和奋斗故事，激励乡村群众奋发向上。此外，可以利用乡村主题党日、乡村党员读书会、党员议事会等方式，深入了解乡村群众的思想状况和实际困难，帮助解决问题。可以组织党员开展送教上门、义务劳动等活动，为乡村群众提供实际帮助，增进党员与群众之间的联系和互动。可以组织党员开展巡讲、宣传片放映等活动，向群众普及党的相关政策和知识，提高乡村群众的政治觉悟和文化水平。

第三，发挥基层党员干部作为乡风文明建设重要参与者的作用。发挥乡村党建志愿者等人才资源的优势，可以定期开展基层党员主题文化教育活动，以深入浅出的形式传播党的最新政策、优秀先进事迹等，提高党员的思想觉悟和文化素养。可以组织党员开展读书讲座、文化讲座、主题教育展览等活动，让党员深入了解乡风文明建设的重要性，引导他们成为文明的践行者和示范者。同时，可以采用党员联系户、党员积分制等形式，调动村民参与乡风文明建设的积极性和主动性。党员可以带头在村里树立文明示范，号召群众遵守村规民约等，引导他们自觉抵制腐朽落后文化的侵蚀。可以组织党员开展道德模范评选活动，宣传先进事迹，激励群众效仿。此外，可以推进移风易俗，弘扬时代新风。通过组织各类文化活动，如文化演出、体育比赛、手工制作等，提供一个展示村民才艺和创造力的平台，让村民能够通过积极参与文化活动来提高道德水平和文明素养。可以通过举办讲座、培训等活动，向村民普及先进的生活方式和价值观念，引导他们树立正确的文明行为观念。

（二）加强乡村公共文化建设

《中华人民共和国国民经济和社会发展第十四个五年规划和 2035 年远景目标纲要》指出，要优化城乡文化资源配置，推进城乡公共文化服务体系一体建设。改善乡村公共文化服务、加强乡村公共文化建设，是培育良好乡风、涵养乡土情怀的重要抓手。

1.加大乡村公共文化建设力度

推进文化惠民、提供更多更好的乡村公共文化产品和服务是非常重要的，可以满足农民群众的文化需求，提升他们的文化素养和文化满意度。同时，支持"三农"题材文艺创作生产，可以通过文艺作品展现农民的生产生活和乡村振兴实践，呈现新时代乡村农民的精神面貌。这不仅可以推动乡村文化的繁荣，还可以激励和鼓舞农民，增强他们的文化自豪感和认同感。挖掘和培育乡土文化本土人才，通过开展文化结对帮扶，可以发现和培养更多乡村文化方面的人才，为他们提供展示才华的平台和机会。同时，引导社会各界人士投身乡村文化建设，可以促进社会资源的共享和优势互补，形成全社会共同关注和参与乡村文化建设的良好氛围。

2.加强公共文化设施建设

要发挥县级公共文化机构的辐射作用，推进基层综合性文化服务中心建设，可以采取以下措施。

（1）加强规划和布局

根据乡村实际情况，合理规划和布局基层综合性文化服务中心的位置和功能，确保服务能够覆盖到每一个乡村。

（2）加强设施建设

注重基层综合性文化服务中心的设施建设，包括图书馆、文化活动场所、多媒体展示设备等，为乡村居民提供便利的文化服务场所。

（3）提升服务能力

通过培训和引进专业人才，提升基层综合性文化服务中心的服务能力，在图书馆、文化展览、文艺演出等方面提供高质量的服务。

（4）拓宽文化活动内容

开展各类丰富多彩的文化活动，如书画展览、主题讲座、文艺演出等，吸引乡村居民参与，丰富他们的文化生活。

（5）创新服务方式

结合信息技术和互联网平台，推出线上线下结合的文化服务模式，提供便捷的文化服务，满足乡村居民的多样化需求。

（6）加强宣传推广

通过宣传推广，让乡村居民了解基层综合性文化服务中心的建设和服务内容，激发他们的参与热情。

3. 注重发挥信息技术的支撑功能

以大数据、云计算、人工智能、移动互联网等现代信息技术畅通各种自上而下、由城至乡的公共文化输送渠道，运用新媒体手段激活乡村图书馆、文化书屋、乡村记忆馆等资源，为农民提供个性化、订单式文化服务。

（三）加强乡村文化数字化建设

在快速的城镇化进程中，作为乡村文化载体的村庄数量大量减少，导致了乡村文化的地域性、多样性和丰富性不断削弱。同时，伴随现代化的推进、人口的外流，乡村呈现"空心村"趋势，一些具有历史感和归属感的乡村文化活动如民俗、节庆等日益减少，祠堂、戏台、集市等具有地方特色的传统乡村公共设施和文化空间渐渐消失，地方戏曲、传统技艺等面临后继无人的困境，乡村非物质文化遗产逐渐消亡；男性青年劳动力从乡村流向城市，留守的妇女、老人成为乡村文化建设的主角，而多数留守的妇女、老人受教育水平有限，导致乡村文化建设缺少内在动力和生机。

乡村文化是乡村振兴的内在推动力。数字技术应成为促进乡村文化发展的新动力，促使乡村传统文化业态升级。具体路径主要包括三个方面：第一，乡村文化资源数字化。基于数字技术的可再生性、非竞争性、高渗透性以及大数据技术自身的可复制性、多样性等特点，以多媒体的更经济、高效的方式记录有明显地方文化特色、有较高人文价值的文化资源和非遗项目，如地方戏曲、传统技艺等非物质文化遗产以及庙宇、戏楼等物质遗存，共享数据资源创造的价值，破解文化遗产出于资金、技术、传承等原因濒临消失的难题。第二，乡村文化网格化。基于数字技术具有外部经济性、非排他性、较强的传播性以及高速性等特点，将数字技术嵌入乡村公共空间、公共设施，形成乡村智慧旅游、田园综合体和特色小镇，健全乡村传播生态，利用数字技术传播和展示乡村文化的特色，提升乡村文化的表现力和吸引力，实现乡村文化振兴。第三，乡村民众文化素养提升。乡风文明建设本质上属于人力资本建设，提高农民的文化素质也是乡村文化建设的重要组成部分。互联网的普及提高了农民的信息获取能力，为农民培训提供了全新的模式和渠道，有助于培育一批新型职业农民。

（四）传承发展乡村优秀传统文化

我国优秀传统农耕文化蕴含的思想观念、人文精神、道德规范，在凝聚人心、教化群众、淳化民风中发挥着重要作用。弘扬乡村文明风尚，应在优秀传统文化的传承、发展层面有所突破，激发农民参与乡村治理、推动文明乡村建设的内在动力。

1. 充分挖掘和整合乡村优秀文化资源

挖掘乡村民俗文化、节日文化、手工艺文化等优秀文化资源，可以保护和传承传统文化，同时也可以丰富乡村地区的文化内涵，提升农民的文化素养和幸福感。保护好文物古迹、传统村落、民族村寨、传统建筑、农业遗迹、灌溉工程遗产等遗产，是保护和传承乡村文化的重要途径。这些遗产代表了乡村历史和传统，通过正确的保护和利用，可以传递历史记忆和文化价值，同时也能为乡村地区的旅游发展提供机遇。支持乡村地区优秀戏曲曲艺、少数民族文化、民间文化等传承发展，可以使这些文化得以传承和发展，为乡村地区提供丰富的文化生活和文化产品。同时，保留代表性乡村公共记忆景观，可以激发村民的情感认同和自豪感，增强村民之间的联系和社区凝聚力。新乡贤在移风易俗、倡导文明乡风中扮演着重要角色，他们可以通过榜样力量和影响力来改善乡村社会风气，推动乡风文明建设。他们可以运用自己的专业知识和经验，帮助开发乡村文化资源。乡村文化资源的针对性开发可以为乡村地区提供多样化的文化活动和文化产品，丰富乡村居民的文化生活，增强他们的文化认同感和归属感。这也能促进村民之间的情感联系和文化共同体意识的形成。

2. 强化村规民约在优秀传统文化传承中的作用

村规民约是根据相关法律法规、政策，结合本村实际，制定的涉及村风民俗、社会公共道德、社会管理、精神文明建设等方面约束规范村民行为的一种规章制度，起着维护乡村文化传承和秩序的"习惯法"的作用。村规民约不在于内容有多全、文字有多美，而在于切合本村实际、群众普遍认同，谋求事半功倍的效果。要像开展精准扶贫一样，走院落、入农家，紧紧围绕村民关心的热点问题，广泛听取村民意见建议，详细记录群众的想法，根据村情有针对性地制订（修订）村规民约，坚持一村一规，让村规民约与村情民意紧密结合，做到接地气、有生机、易落实。

综上所述，乡风文明建设需要直面乡村文化建设的实际问题，贴近农民的现实文化需求，并通过挖掘内生性资源，构建与现代生活相适应的文化生活理念，为乡村振兴提供全面充分的文化保障。只有这样，我们才能实现乡村振兴的目标。

六、建立数字化农业创业创新机制

农业数字化建设中的创业指的是在特定区域范围之内，依据特定的组织框架重组农业生产要素的过程，其实质是创新。创新是农业数字化发展的灵魂，农业数字化建设不仅仅是农业科学技术创新的平台，还是农业制度创新的实验基地，同时还是创新理论指导创业活动的实践。

（一）项目孵化机制

农业数字化中的孵化制度主要体现为农业企业（简称"农企"）的孵化器运行机制，农企孵化器作为扶持我国农业领域之中的各大中小企业成长的专门孵化器，为我国农企的发展提供所需的硬件条件和软件环境，是农业数字化科学技术成果推广的一种有效的手段，是一种动态的准公益性质的经济组织形式，是健全我国农业科学技术创新体系的有机组成部分。其具有政府的强力支持，将虚拟孵化作为其重要的孵化手段，受到各所高校和各大研究机构的影响，不确定性因素多，孵化周期长。

为了充分发挥农企的孵化器运行机制在农业数字化科学技术创新、农业数字化科研成果转化与推广、农业数字资源集中与整合、农业经济结构调整与转型、执行"三农"政策、增加农民收入以及推动新乡村建设等方面的功能，我们应当从以下几个方面完善现行农企的孵化器运行机制。

1. 明确农企的孵化器的功能地位

农企孵化器目前承担的主要任务就是完成农业数字化高技术成果向商品的转化工作，其是我国农业数字化建设中最重要亦是最艰难的一项工作。我国农企在不同成长阶段具有不同特点以及需要，根据相关企业的具体生长阶段以及我国农业数字化建设的实际状况科学地构建我国农业科研单位同农企孵化器之间的联动孵化模式，使得我国农企的孵化器运行机制在准确把握农业科技创新的发展方向方面发挥指导作用。

2. 强化农企的孵化器的自身建设

进一步完善我国农企孵化器在资源整合与组织方面的功能，有效整合农业数字化建设的所有创业创新资源，从而实现各种要素之间的集聚、优化与升值。推动我国农企孵化器协会的建设，适当扩大协会会员人数，将各所高校、各大科研机构、风险投资机构以及有关的中介组织纳入其中，使得孵化器协会成为农业数字化资源优化配置的平台，适当降低农企孵化器的准入条件，选择适合农企孵化器成长的管理人员，打造农企孵化器自身的品牌效应。

3. 提升农企孵化器的服务能力

为了推动农企孵化器的发展，需要采取多种措施。首先，建立专项孵化基金，以确保孵化器有足够的资金来支持自身发展，并提供必要的资源和服务。同时，要积极吸引外部资金，进一步增加投入，扩大孵化器的影响力。其次，为了满足创业者的需求，要持续提供各种专项培训，帮助他们提升创业能力，尽早成长为优秀的企业家。此外，还将积极与各地高校和科研机构合作，探索建立农企孵化器的合作方式。通过共享资源和知识，可以促进创新和技术转化，为创业者提供更多支持和机会。再次，为了更好地推进农业数字化科学技术的应用，要完善咨询中心和服务中心等中介服务体系。这些机构将提供专业的咨询和支持，推广农业科技的应用，提高农业生产效率和质量。最后，创新孵化器的服务方式，促进其服务的社会化。通过不断调整和改进服务，可以更好地满足创业者的需求，并扩大孵化器的影响力和覆盖范围。

4. 完善农企孵化器的管理体制

农业行政部门可以考虑成立专门的农企孵化管理机构负责农业孵化器的日常指导与扶植工作，为农业孵化器的建设提供相应的贷款以及人员培训等方面的帮助，统一规划，重点实施，避免农企孵化器一哄而起的盲目发展局面，规范管理农企孵化器，避免温室花朵等不良效应产生。政府要加大对孵化器的实际投入力度，探索建立多元化的孵化器投资体系，推动形成以政府为主、以金融组织为支撑以及社会投资有机结合的农业孵化器投入体系。

（二）风险管理机制

数字化农业创业创新过程中可能面临着追加投资、组织管理、技术使用、市场、财务等来自宏观政策以及社会环境方面的风险，以及基础设施、投资环境、投资渠道、土地问题等环境障碍，科技要素、人才要素、资金要素、资源要素等经营障碍，市场化机制、项目选择机制、产业链及激励机制等机制障碍。为克服种种障碍，要做到以下四点。

1. 设立农业数字化风险管理组织

为了实现农业数字化的预期目标，确保农业数字系统可以充分发挥作用，我们应当设立专业的农业数字化风险管理组织。农业数字化风险管理组织应当由相关领导牵头，以从事农业数字化服务的专职人员为主体力量，并且纳入主要的农业数字化代表参与其中。农业数字化风险管理组织承担着处理农业数字化建设各个环节中可能出现的风险并进行组织管理的任务，具体包括科学地确定农业数字化风险管理人员，界定农业数字化风险管理的岗位和责任，以及如何将农业数字化风险合理地分配给适宜的部门等工作。

2. 树立正确的农业数字化风险管理思想

我国的农业数字化风险管理应当坚持以事前的农业数字化风险管理为主，以事后的农业数字化风险管理为补充的管理思想，强调在农业数字化风险发生之前，通过先进的识别工具与分析手段，制订科学的农业数字化风险防范计划，同时可以选择对相关的项目实施农业数字化风险评估，尽量降低农业数字化风险发生的概率。针对某些确实无法预估的农业数字化风险，制定相关的预案，允许其在时间方面预留缓冲的空间，在资金方面预留风险准备金，从而保证农业数字化风险即使发生亦能够及时地实施调整方案。

3. 完善现行的农业数字化风险管理机制

为了确保农业数字化风险管理的有效实施，必须建立科学完善的农业数字化风险管理机制。因此，我们应积极探索并完善现有的农业数字化风险管理机制。一种可行的方案是引入农业数字化风险报告例会制度，通过定期召开与风险报告相关的例会来确保农业数字化风险管理活动的准确执行。这一制度将在农业数字化建设过程中发挥重要作用。

4. 编制完整的农业数字化风险管理计划

农业数字化风险管理计划的具体涵盖内容如下。

①主体：确定从事农业数字化生产的农户、农业企业、农业合作社等主体，并明确其职责和义务。

②投资对象：明确农业数字化生产所需的投资对象，包括农业设备、信息技术系统、数字化农业产品等。

③利益相关人：明确各利益相关人，包括政府部门、农业合作社、农业技术服务机构、农产品加工企业、农产品销售渠道等，确定其在农业数字化生产中的角色和责任。

④农业数字化生产过程中涉及的人、财、物等农业资源：详细描述农业数字化生产过程中涉及的人员、资金、设备、土地、水资源等农业资源，并进行风险评估。

⑤农业数字化生产环节：涵盖农业数字化生产、销售、消费等各个环节，包括种植、养殖、施肥、病虫害防治、农产品收购、加工、包装、物流、销售等，对每个环节的风险进行分析和管理。

⑥农业数字化风险应对策略：制定相应的风险应对策略，包括预防措施、应急响应措施、风险转移措施等，以确保农业数字化生产的顺利进行。

总体来说，农业数字化风险管理计划旨在全面反映农业数字化生产过程中的风险，并制定相应的应对策略，以确保农业数字化生产的可持续发展和稳定运行。

七、加强乡村数字普惠金融的创新

（一）加快乡村金融科技创新步伐

完善金融基础设施，是保障乡村普惠金融机构低成本、高效率运作的前提。通信网络和智能终端是开展数字化金融交易的基础，不仅可以有效降低普惠金融机构的运营成本，又为数字金融在乡村地区的全覆盖提供了可能。自20世纪80年代我国实施"金卡工程"以来，人民银行先后建设了若干个支付清算系统，铺就了数字普惠金融发展的"高速公路"。法定数字货币的推出对金融基础设施建设提出了更高要求，也会倒逼支付系统更加健全、支付效率全面提升。因此，有关部门应加大乡村信息与通信基础设施投入，增加对乡村网络建设的补贴力度，提高网络连接速度，增强网络稳定性，降低乡村电信资费，优化乡村地区的网络使用环境。乡村普惠金融机构应加快手机银行、网上银行、支付宝、微信支付等在乡村地区的推广与应用，减少用户对物理网点和柜面人员的依赖，打破传统金融的时空限制，提升数字普惠金融服务效率，将金融触角依托数字技术渗透到金字塔底，为金融资源在城乡的均衡配置创造可能。

（二）完善数字普惠金融法律法规建设

坚持以客户为中心，在金融产品设计、服务流程优化和信贷政策指向等方面不断改进，做负责任的金融是乡村普惠金融机构开展业务的应有之义。主要体现在：一是使金融产品和服务模式更负责任。乡村普惠金融机构应通过培育企业文化，对内提升员工对于机构的认同感，对外增强客户与机构之间的黏合度，创造"共享价值"。二是平衡好机构权益与客户利益之间的关系。客户贷款违约成本低、金融机构维权难，客户利益凌驾于机构权益之上，是乡村普惠金融机构普遍面临的难题。因此，既要加强乡村金融消费者教育，提升其金融能力，帮助客户采取负责任的行为，又要建立严格的失信惩戒制度，从立法上加大对普惠金融机构债权的保护力度，化解小微信贷供给不足困境。三是制定普惠金融机构行为准则，强化普惠金融行业自律建设。既要重视衡量客户是否通过普惠金融改变了境遇，又要加强对消费者保护的监管，防止客户过度借贷引发风险。四是推进数字金融相关立法。移动技术作为普惠金融的重要载体，推动了数字金融产业的快速发展，加强产业引导和业务监管，加快信息保护、电子签名、电子认证等方面的立法，为数字普惠金融发展提供制度保障。

（三）提高普惠金融数字化监管效能

从全世界范围而言，"只贷不存"小额贷款公司从事微型金融，在大多数国家不受审慎性监管，在一些国家仅实行备案制，只有机构达到一定规模才进行适度监管。在我国，小额贷款公司短短几年就实现了飞跃式发展，几乎各地都出台了相应的管理办法，但地方管理大多处于松散状态，缺乏中央层面的管理部门在省际进行沟通和协调。这样的管理模式不利于调控小额贷款公司的发展节奏，不利于加强小贷行业能力建设，以及调剂普惠金融系统内资金余缺。特别是小额贷款公司获准跨地区设立分支机构后，对小额贷款公司的监管应该是分层次的。中央和地方各司其职、外部监管与行业自律相得益彰。中央层面的监管着力于注册资本金在一定限额之上的小额贷款公司的牌照审批和跨区域小额贷款公司的合规经营。适度放宽县域及以下地区小额贷款公司的资本上限，变审批制为报备制，由地方金融办负责小额贷款公司的报备。外部监管主要着力于机构准入与合规运行，行业自律则主要强调内控建设与自我监管。通过行业协会进行的行业自律式监管，较之"外部"监管者的监管行为具有成本和信息对称性上不可比拟的优势。

有利的监管环境是乡村普惠金融可持续发展的制度保障，完全的审慎监管容易造成"一管就死、一放就乱"情形。因此，建立适合农村普惠金融发展的监管体系就显得尤为重要。针对数字金融组织形式分散，服务方式多样，传递渠道多元等特点，监管部门有必要转变监管模式，创新监管方法，由"形式"监管转变为"行为"监管，运用大数据技术，建立预警机制，对问题机构进行风险警示。

（四）提升传统农户的数字金融素养

农村普惠金融的受众多是受到传统金融排斥的对象，普遍需要接受金融消费者教育，以便获得所需金融支持，利用金融消费者保护，维护自身合法金融权益。事实上，农户对数字金融的认知能力弱，可接受程度低，抗风险能力差，制约了数字金融的普惠程度。要根据数字金融服务和渠道的特性、优势及风险，提升农户的数字金融素养，增强农户的风险防范意识和运用数字普惠金融资源的能力。农村普惠金融机构可以采取线上线下相结合的方式，利用网点、街道、便利店、手机 App 等多种途径，加大应用数字金融的宣传、教育和培训力度；还可以采取进村入户到人的方式，为农户量身定制数字金融素养成长计划，打破农户面临的金融素养瓶颈，提高农户对数字金融产品的可接受度，更好地开展数字化金融服务。

（五）增强数字金融产品供给能力

金融产品设计不合理阻碍着人们获得正规渠道的金融服务。农村金融机构应积极利用大数据、云计算等精准识别农户的金融需求偏好，运用金融科技加快数字金融产品研发与应用，实现其精准触达。具体地，一是利用数字技术完善物理网点和电子渠道的应用场景，提升农户体验度。二是充分利用数字技术，改进账户开立、支付汇兑、存贷款等基础性金融服务，有效降低人工成本，实现传统金融业务在农村地区的全覆盖。三是推动数字技术在精准扶贫上发挥作用，延伸金融触角至贫困地区的"长尾客户"。因地制宜、因户施策，利用数字金融技术优势为低收入群体量身定制金融产品，从产品期限、数量、结构等方面最大限度地匹配扶贫对金融产品的需求。四是加强与通信运营商的合作，面向农村地区用户，推出加载金融功能的定制化智能手机，实现渠道专享和服务直通，提高农村地区用户对数字普惠金融服务的认可度和获得感。

八、加强数字农业发展的政策建议

（一）加强政府部门顶层设计

数字农业建设千头万绪，工作繁杂，必须做好各相关机构的统筹规划，加强顶层设计，制定路线图。要着力推进农业信息化平台数据共享，加强信息一体化建设，并协调整合涉农相关部门信息，建立健全农业数据采集、分析、发布、服务机制，推动政府、企业信息服务资源的共享开放，消除数据壁垒和信息孤岛，加强农业大数据的开发利用。

（二）加大技术推广应用扶持

应加大对农业科技发展的财政扶持力度，鼓励高校、企业和其他社会力量加强农业科技创新，采取免税等措施，完善各相关单位协同创新机制，理顺利益分配，进一步扶持农业科技型中小企业的成长，建设农业科技产业示范园，引进国外先进技术并加以消化创新。鼓励高校和科研院所、相关标准化组织、企业展开合作，开展农业物联网、农业大数据、农业机器人等核心技术的技术攻关和设备研发，强化先进实用的传感器、智能控制等的推广应用，对一些基础性、前沿性、应用广泛的重点领域和项目优先安排资金。在"数字农业"应用相对成熟的地区，联合重点企业，建设一批示范应用联盟，形成一批成本较低、成熟可复制的"数字农业"应用模式。

（三）加快培育现代化新型职业农民

当前，我国数字乡村人才队伍的数量和质量还难以满足乡村振兴的要求。数字农业的发展离不开有文化、有头脑、懂技术、懂经营的新型农民，他们是新农村建设的主力军。

农民教育培训对于提高农民素质和促进农业发展具有重要意义。纳入年度财政预算可以确保政府在农民教育培训方面的投入持续和稳定。同时，建立财政资金投入和补贴机制可以确保教育培训经费的充足和合理使用。在与农业相关的二、三产业发展基金中按比例计提专项培训经费也是一个很好的方式，可以体现农民教育培训的行业内相关性，确保资源的集中和专注。通过设立专项基金，可以有针对性地支持职业农民教育培训示范机构的建设，为农民提供更好的培训资源和服务，推动他们的职业发展。此外，支持新型农业经营者创业、组织教学实践活动和农村创业人才的进修深造等举措，都是非常重要的。这些举措可以帮助农民更好地掌握新技术、新知识，提高他们的创业能力和竞争力，为农村发展注入新动力。

（四）完善数字农业产业发展的制度建设

1. 完善数字乡村产权制度

以分类指导为基本思路，推进农村产权制度改革，制订"小而精"的实施细则。一是针对不同类型的乡村进行产权制度改革试点。可选择城乡融合村、经济发达村、经济一般村等类型的村进行先行试点，并针对不同类型的乡村出台指导意见；明晰集体建设用地、房产、荒滩、荒水、设施农业、股权等产权，探索建立相应的产权交易机制。二是出台乡村产权改革办法及实施细则。如可从村集体与村民间的股权结构、收益分配、权责划分（继承权、转让交易权等细分权限）等方面出台具体指导意见，盘活低效存量资产。

2. 加强横向与纵向的整合

（1）加强龙头企业对村集体经济组织的带动作用

各级政府应借助龙头企业对农业生产资源进行高效整合，对产业链上中下游分散化经营问题进行"治理"，将村集体经济组织纳入区域产业体系之中，提升农业组织化程度。具体措施为：第一，地方政府应强化服务意识，积极为农业龙头企业的生产经营争取政策资源，切实改善龙头企业的生产经营环境。第二，多种形式推动龙头企业快速成长，如可推行"公司＋合作社＋养殖场""公司＋基地＋农户""股份合作制""订单合作制"等形式，同时可通过多种渠道收集终端订单，帮助龙头企业销售农特产品。第三，加强财政扶持和金融支持，地方财政可设立一定的专项资金用于扶持和奖励对农户带动效果好的龙头企业；对龙头企业的贷款项目应予以优先支持；将龙头企业纳入评级授信范围；完善农村金融担保体系建设，开展农村集体资产抵押担保试点。

（2）规范引导行业协会和农业合作组织发展建设

针对国内一些农村地区农业行业协会较少、自我发展不足等问题，政府、行业协会、其他农业经济组织之间应该基于自身角度，引导规范行业协会健康发展。一是政府部门应该高度重视农业行业协会在政府、企业、各类组织和农户之间发挥的桥梁纽带作用，出台相应政策支持鼓励行业协会发展；二是民政部门应该降低行业协会的设立门槛，减少审批程序；三是行业协会应加强自身的规范管理，借鉴现代企业管理制度，以及美国、日本、德国、英国、法国等国家行业协会的内部管理机制，保障行业协会的发展质量。积极培育高水平的农业行业协会，依托行业协会搭建供给方（农户、集体经济组织）与市场（都市区消费群体）的有效对接渠道，如可对中小学生进行农园教育、科普教育，为企业内部社交团建活动提供场所，为都市区的消费人群提供菜单式的农产品生产销售活动，等等。

（3）推动农村集体经济组织的快速发展

一是加强村集体经济组织与龙头企业、农产品生产加工基地、行业协会的对接。探索村集体经济组织与农业发展组织之间的利益捆绑机制，改变村集体经济组织孤立式发展的局面。

二是规范村集体经济组织的内部管理制度。可参考现代企业管理制度建设模式，实现村集体经济组织的管理从"人治"走向"制治"的转变，降低个人利益与村集体经济组织利益发生冲突时，人为因素对村集体经济组织发展造成的不利影响。

三是转变村两委在发展村集体经济组织过程中的角色定位，从"决策者"向"服务者"转变，逐渐弱化村两委在村集体经济组织中的决策权，引入能人和经济领头羊对村集体经济进行管理，构建村两委与村集体经济组织之间的利益分享机制，将村两委的服务绩效与利益分享情况挂钩。

（4）建立合理的利益风险分担机制

在实现农业产业化的过程中，既要保护涉农企业的利益，也要保护农户的利益，实现农民增收。一是完善利益分享机制，可借鉴日本的经验，通过制定《农工商合作促进法》适度限制工商业资本，以保障农业生产经营者的利益。二是建立多元风险分担机制，生产经营风险应该由产业组织内各主体共同分担，涉农企业不应该成为经营风险的全部承担者，合作社、农户应当依据收益对等原则，适度分担相应的风险。

3. 探索智慧化的产销新模式

各级政府应该支持农业生产经营主体建设，完善蔬菜种植业物流配送及终端销售渠道，并依托智慧化的产销新模式深耕都市区市场。

（1）将设施农业与智慧农业相结合

通过中国移动等大型企业为各地的农业产业化龙头企业和下游的专业化合作社提供产销智能化解决方案，如为生产经营环节的使用者开发专门的集监测、施肥、滴灌等功能于一体的手机应用程序，为大都市区消费人群开发专门的应用客户端，使消费者可通过手机应用菜单了解所预定蔬菜产品的实时生长情况，让都市消费者吃得放心。

（2）加强流通渠道建设

完善大城市郊区的蔬菜物流配送中心，优化大城市内部超市蔬菜直销专柜的管理运营模式，可与每日优鲜等平台进行对接，打通农产品配送到家的"最后一公里"。

（3）实施线上线下相结合的营销方式

线上可通过微信程序和微信广告等方式进行广告植入，让更多消费者了解各地的农特产品品牌；线下可通过借鉴日本的乡村与都市社区结对的宣传推广方式，乡村与邻近城市内部社区结对子，在整治复垦的土地上探索"小农园"的蔬菜种植营销模式，即大都市社区人群可以拥有自己的一块小菜园，可以亲自到小菜园体验蔬菜种植的田园生活，也可以在手机应用上雇人照看自己的小菜园，果实成熟后由专人采摘并通过物流配送渠道直接配送到家。这是发展村集体经济的一种新业态与新模式，也是农民增收的一条可行渠道。

（4）有效激活闲置资源，提高资源利用效率

一是改变统一按户籍地建房的政策，尝试打破宅基地分村审批制，建立市级或县级统一的农民宅基地审批机构。二是应建立农民宅基地使用权流转制度，建立农民宅基地流转机制，有效盘活乡村的闲置建设用地资源，打破原有农村宅基地使用权流转范围仅限村内集体经济组织之间的局限。三是探索设立土地整理复垦中心，具体负责审查村庄规划、项目规划、工程实施以及补偿发放等方面的条件，经土地整理复垦中心审核通过后方可立项。

（五）构建数字农业活动的社会评价体系

1.农业数字化的社会评价体系的目标与原则

（1）农业数字化的社会评价体系的目标

对数字农业建设的各个阶段进行社会评价，能够及时地发现农业数字化建设过程中存在的问题并且加以解决，减少不必要的物力与人力资源的投入，提高农业数字化的发展效率，缩短具体的建设周期。可以实现以上功能的农业数字化的社会评价体系应当是借助科学的方法以及先进的技术准确评价农业数字化的现状、建设的进度以及实际取得的成效，其应当达到如下目标。

①客观评价我国农业数字化的发展现状。首先，该社会评价体系应当能够准确反映出农业数字化的动态发展程度，对同一区域不同时期内的农业数字化指标要素进行比较，从中考察我国农业数字资源的研发与应用程度，农业数字化基础设施的建设等情况，亦可以用于同一区域同一时期内的静态比较，衡量农业数字

化的各构成要素之间是否均衡，具体建设情况是否已经达到预期的计划。其次，该社会评价体系应当实现不同区域之间农业数字化发展程度的纵横比较，可以针对在不同区域之间的某个农业数字化的具体构成要素进行比较，从中得知共性与特性。通过对同一区域内的自身比较以及不同区域内的纵横比较，我们可以从中得知特定区域农业数字化的建设水平、优势条件以及不足之处，为政府以及社会公众等了解农业数字化的现状提供客观可信的判断依据。

②准确监测我国农业数字化的发展变化。通过分析连续的农业数字化评价数据，我们可以全面掌握农业数字化各组成要素的变化趋势，准确把握农业数字化的哪些要素正向着有利的方向发展，哪些要素正向着不利的方向发展，从中获取特定区域内的农业数字化发展概况，准确找出发展不足、亟待完善的地方，及时纠正不利因素的发展方向，从而保证我国的农业数字化沿着正确的轨道顺利推进。

③有力支撑我国农业数字化的发展方向。农业数字化的社会评价体系可以为确定我国农业数字化的发展走向提供依据，优化政府的相关管理决策。农业数字化的社会评价体系的一大目的即为政府决策提供指导与依据，该社会评价体系能为政府的具体决策提供客观的量化指标，帮助政府明确农业数字化的发展目标，制定促进农业数字化发展的政策。

（2）农业数字化的社会评价体系的原则

①全面性原则。农业数字化的社会评价体系应当充分考虑到可能影响其发展的所有因素，涉及农业数字化的各个方面，力求以不同层面、不同视角、不同主线反映我国农业数字化水平，从而保证农业数字化的社会评价体系的输出结果能够全面并且准确地体现出农业数字化的建设程度。当然全面并不意味着包罗万象，其应当科学地筛选出能够全面反映我国农业数字化水平的重要评价指标。

②科学性原则。农业数字化的社会评价体系必须在科学分析的基础之上加以建立，要求其能够如实地反映出农业数字化的发展水平，同时整个社会评价体系应当详略得当，既不要过于详细，使得各个评价指标相互重复，亦不能过于简略，遗漏某些必要的评价指标，在基本满足农业数字化衡量所需的信息之后，突出主要评价指标即可，避免过于庞大的综合评价体系为实践工作带来操作困难。

③客观性原则。为了避免农业数字化的社会评价体系最终沦为权威的产物，个人的主观意愿应当尽量避免融入其中，评价体系力求明确，减少解释的空间，农业数字化的社会评价体系一经建立即具有相对独立性，自主地评价各个区域在不同阶段的农业数字化水平。当然，在评价体系建立过程中，可以广泛征集社会各界的意见，注意参与人员的代表性与广泛性，综合考虑各方或独立或权威的声

音，最终推出的民主型农业数字化的社会评价体系在应用过程中就不能再任意融入主观意图。

④可行性原则。农业数字化的社会评价体系应当具有可操作性，整个指标体系应当围绕农业数字化的社会评价的目的，完整地反映出我国农业数字化的具体情况，各个指标的含义相对清楚，不会模棱两可，而且每一个具体指标均是简便实用的，可以通过计算机进行简便快捷的汇总与整理。

2. 农业数字化的社会评价体系的框架和内容

（1）农业数字资源水平的指标

农业数字资源是农业数字化建设的实质内容，农业数字资源的开发和利用是我国农业数字化建设的核心，亦是衡量农业数字化程度的重要标志，在农业数字化的社会评价体系中可以依据下列分类选取全面、客观、科学的指标：首先是文献资源，具体指的是以纸张为存储媒介的农业数字资源，可以选择农业数字图书的人均馆藏量作为具体的衡量指标；其次是网络资源，具体指的是以互联网等为媒介的农业数字资源，可以选择涉农网站的实际拥有量作为具体的评价指标；最后是模拟数字资源，指的是以电视、广播等形式向农民输送的农业数字资源，可以选择农经类广播以及电视节目的播出作为具体的评价指标。

（2）农业数字化基础设施的具体建设指标

农业数字化基础设施指的是支持农业数字资源的有效开发利用以及农业数字化技术的推广与应用的各种设施，主要为以互联网为代表的现代科学技术。农业数字化基础设施作为发展数字化农业的中枢神经和骨骼系统，是农业数字资源以及数字技术得以充分发挥功能的重要前提，其具体的建设水平直接影响我国农业数字化建设的程度。具体指标选取包括互联网技术的应用情况、物联网技术的应用情况、农业大数据技术的应用情况以及云计算技术的应用情况等。

（3）农业数字技术的转化与应用指标

农业数字化发展的主要目的即把现代数字技术转化应用并且普及推广至传统的农业生产领域之中，推动我国农业稳定、持续而又高效地发展。农业数字技术是我国农业数字建设的核心力量，对其的评价是农业数字化发展评价体系的重要内容。鉴于我国目前现代农业数字技术的总体应用水平偏低，评价难度过大，所以我们应当运用较为成熟的精准农业、3S 技术（遥感技术、地理信息系统、全球定位系统）、农业专家系统作为具体的衡量指标。

（4）农业数字化产业的实际发展指标

农业数字化产业可以在一定程度上准确地反映出我国农业数字化的建设水平，

亦可客观反映我国广大农民对现代数字技术的接受情况。从我国农业数字化产业的发展现状来看，我国的农业数字化咨询服务业逐渐建立并且得以发展，可能在今后很长一段时间内成为农业数字化产业的先导产业，所以可以选取农业数字化咨询服务业的具体产值占我国农村 GDP 的比重衡量我国农业数字化产业的建设情况。

九、促进智慧城市建设与数字乡村建设协同发展

建立健全城乡融合发展体制机制，加快推进数字乡村建设，实现智慧城市建设与数字乡村建设协同发展，是弥合新型城乡数字鸿沟的根本路径。发展中国家城乡数字鸿沟长期存在的根源就在于城乡二元的经济社会结构、体制机制和思维方式。只要不破除城乡二元的经济社会结构体制机制和思维方式，就会持续存在城乡数字鸿沟现象。即便智慧城市建设有助于推进创新发展，但智慧城市建设所驱动的区域创新水平提升依然会延续着城市偏向和技能偏向的特点，并不会带来城乡协调发展、共享发展，最终无法实现共同富裕和全方位的高质量发展。中国要彻底改变"先城市后乡村"的惯性思维和建设模式，加大改革和创新力度，健全城乡融合发展体制机制，有效实现城乡共生共建共享共荣，平等交换、双向互动、深度融合，切实形成真正意义上的城乡生命共同体。

探索构建"市—县—镇—村"四级联动机制，这样的机制可以使城市地区的信息化资源在更广泛的范围内推广，促进乡村地区的数字化发展，并实现智慧城市建设与数字乡村建设的有机衔接和协同发展。在这样的机制下，智慧城市建设可以为数字乡村建设提供经验和技术支持，帮助乡村地区优化基础设施、提升服务水平、提高生活品质。同时，数字乡村建设也可以为智慧城市建设提供更多的应用场景和实践验证，推动城市数字产业的发展。数字乡村建设重视挖掘乡村地区的数字应用空间和数字产品消费潜力，促进农村社会的数字化转型。这不仅能提升农村居民对数字产品的消费意愿，也为城市数字产业的发展注入了新的需求动力。

第二节 数字化技术助力乡村治理发展

一、数字化技术对基层党组织组织力的提升

基层党组织的组织力是基层党组织功能实现的总体能力，是党组织在自身建设和社会治理中对内、对外组织能力的总称。在数字化发展时代，各项智能感知

技术、信息集成处理技术、辅助决策技术和智能服务技术快速发展，"人工智能 +党建"日益成为党建创新的重要方向，为增强基层党组织的组织力提供重要推动力。相较于传统党建，数字化党建在"跨越时空限制""数据化智能管理"和"教学活动形式多元化"等方面具有显著优势，对增强党组织的组织力具有重要意义。通常来讲，数字化技术对基层党组织组织力的提升作用主要体现在以下几个方面。

（一）扩大了对农村党组织的覆盖面

数字化技术的出现为党组织之间的联系及基层党组织与党员之间的联系提供了新的方式——网络化的线上渠道。各种党组织活动及沟通相较于单纯的线下联系在时间和空间上具有更高的弹性，党员之间可以实现即时、互动交流。以青年党员的发展与培养为例，传统的工作方式更多的是定期面对面的交谈，在互联网信息技术的协助下可以采取线上与线下相结合的方式，在进行必要的线下面谈、交流以实现对党员发展对象全面、深入了解的前提下，在日常组织活动中可以更多利用较为灵活的线上沟通方式，从而提升党员教育管理的效率和成效。

（二）提升了对基层党员的教育管理能力

党员的素质和对党组织的支持是党组织组织力的重要体现之一。加强基层党组织对党员的教育和管理是基层党建工作的关键任务。在数字化时代，党员教育不再局限于学习资料和简单的信息梳理，而是要注重方法论的传授。因此，需要改变传统的"灌输式"教育方法，运用人工智能等数字技术，将党性教育转变为"体验式"教学，提升教学的感染力和吸引力。具体而言，可以借助人工智能技术开发智能教育平台，通过虚拟现实和增强现实技术，让党员身临其境地参与各种情景模拟，感受到党性教育的实际意义。通过模拟党建实践、党内活动等场景，让党员亲身体验党组织的组织活动和工作，并通过交互式学习和评估，深化对党的理论和思想的理解。此外，利用大数据和个性化教学技术，可以根据党员的个体差异和学习需求，量身定制教学内容和学习路径，提供精准有效的教育和培训。通过智能化的学习推荐和知识评估，可以帮助党员更好地理解党的理论和政策，加强党性修养。还可以运用移动互联网技术，开发党建学习 App，为党员提供随时随地的学习资源和交流平台。通过在线学习和互动交流，党员可以更方便地参与学习和讨论，增强学习的主动性和互动性。

（三）提升了基层党组织组织群众的能力

能否有效组织群众事关基层党组织组织力的强弱，直接影响党和政府的决策能否得到有效落实。组织群众并不是简单的聚集群众，而是指基层党组织在群众中有号召力、感召力和引领力，能够将民众的心凝聚在一起，从而实现群众"跟党走"的目标，形成"心往一处想，劲往一处使"的合力。为了促进上述目标的实现，基层党组织有效联系群众的能力十分重要，要能够有效回应群众的日常问题。数字化技术能够最大限度地超越时空阻隔，在回应群众各种问题时做到及时、有效、有针对性。部分地方开展"数字化＋党建实践活动"，将党建工作融入群众日常生活中，聚焦"幼有所育""学有所教""住有所居""文有所化""游有所乐""老有所养""弱有所扶""行有所畅"和"事有所便"等不同领域，实实在在为群众解决各种难题，提升基层党组织联系群众的能力。

二、乡村治理中数字化技术与传统社会的有机融合

数字化社会作为一种新社会形态蕴含了社会方方面面的变化。在经济方面，数字经济的占比日益提高；在社会方面，人与人之间的交往具有跨时空的特征；在治理方面，信息技术的不断发展使得精准化、个性化、前端治理成为可能。但与此同时，乡村的数字化也在加速乡村本地传统的消解，将具有本地特色的乡村社会抽象化为越来越相似的"城市化"乡村。数字化的乡村一方面需要借助数字技术加快乡村发展，提升乡村治理能力；但另一方面，需要保留乡土社会传统的文化根基与地方特色，避免乡土人情被完全替代与消解。

（一）数字化的乡村形态

数字化的乡村与传统的乡村社会注定存在诸多不同，然而，数字化的乡村不应该与数字化的城市一个模样。在数字化背景下，中国城乡社会之间的区隔可以借助信息技术逐渐消解，推动城乡向一体化方向发展。但是，不能用城市发展的逻辑、借用数字化的手段简单地改造乡村社会，推动乡村与城市向同质化方向发展。

1. 数字化的乡村与互联网络紧密相连

随着移动互联网在农村地区的普及和应用，手机、电脑和智能化设备已经成为农民日常生活中不可或缺的工具。互联网络不仅是农民的"生产资料"，也重塑了农民的生活方式。通过互联网络，农民可以方便地获取各种农业信息和技术支持，了解市场行情，提高农业生产效率。他们可以通过手机或电脑在线购买农资和农产品，拓宽销售渠道和增加收入。这为农村地区的农业发展提供了新的机遇和可能性。此外，互联网络也在改变着农民的社交方式和社会关系。通过数字化平台，农民可以与亲属、朋友和邻里保持更加密切的联系。无论是通过社交媒

体平台，还是即时通信工具，农民都可以随时随地分享自己的生活和经验，借助互联网络的力量，跨越时空地维系着熟人社会。

2. 数字化的乡村保留了传统乡村的底色

尽管数字化技术在很大程度上对乡村社会进行了重塑，但依然保留了乡土社会的底色。这种乡土的底色更多保留在农村各种重大节庆时的集体聚会中。以农村的"红喜事"为例，家里有"婚嫁""生子"和"升学"等值得庆贺之事时，传统惯例中集体庆贺和相互帮忙的习惯依然保留着。在居住分散化背景下，正是借助数字化的手段，这种临时性、大规模的集聚才得以实现。在日常生活中，类似于微信群这种虚拟的空间平台为村民们议论公事提供了场所。在网络空间中，个体超越了空间的阻隔，对家乡的公事保持熟悉、参与议论、贡献力量，强化了对自身乡土身份的认同，延续了乡土人情关系，扩展了乡里关系网络。

未来数字化的乡村应该是"数字的乡村化"，而非"乡村的数字化"。农村是现代化中国的压舱石，农民是中国现代化发展的重要力量。中国的现代化离不开农村的现代化，农村的现代化主要依靠数字化的技术作为支撑。数字化的乡村，更多应该是将数字技术作为富村兴农的一种手段，是提升农民生活品质、维护农村社会安全稳定的物质保障。在农村数字化发展道路上，需要避免违背农村实际情况、违反农民个体意愿的事情发生，杜绝形式上的数字化。

（二）数字化的乡村治理

数字网与关系网有机结合。网格化治理是基层治理的重要方式，在乡村治理中精细化的网格基于原有的行政力量与乡土社会本地的社会网络相联系。随着数字化技术在乡村社会治理的应用，类似于"网格员吹哨、直达队伍报到"的新乡村治理模式在各地逐步显现。山西省通过发挥数字化平台的优势，对执法者进行有效连接，全程监督执法过程，建立起"乡镇执法事项清单内事项网格巡、平台转、乡街办，清单外事项网格报、平台派、行业办"的工作机制。类似的做法，还有借助数字化技术构建"网格吹哨—平台分流—部门报到—办结反馈—核查结案—加强考核"六步闭环流程，确保群众诉求"即时通、不推诿、快办结、可追溯"。这些新的治理模式充分彰显数字化技术在提升基层治理水平方面的重要功效，以数字赋能，真正让"看得见的"和"管得了的"融为一体，提高基层治理社会化、法治化、智能化、专业化、精细化水平，形成数据资源汇聚交换共享的全景式城乡治理和行政执法模式，大幅提升镇政府的执法能力。数字网提升了治理的效率，关系网奠定了治理的基础，两者有机结合构成了乡村数字治理的重要内容。

参考文献

［1］贝莱格姆.用户的本质：数字化时代的精准运营法则［M］.田士毅，译.北京：中信出版社，2018.

［2］陈桂生，吴合庆.数字赋能乡村空间治理：基于空间生产理论的解释［J］.云南民族大学学报（哲学社会科学版），2023，40（05）：140-149.

［3］陈秋红.美丽乡村建设：主体、重点与成效［M］.北京：中国社会科学出版社，2021.

［4］陈晓琳，李亚雄.数字乡村治理的理论内涵、数字化陷阱及路径选择［J］.理论月刊，2022（10）：108-117.

［5］陈宇轩，章顺.数字乡村治理的系统集成改革及其风险规避［J］.浙江社会科学，2023（05）：92-97.

［6］丁波.数字治理：数字乡村下村庄治理新模式［J］.西北农林科技大学学报（社会科学版），2022，22（02）：9-15.

［7］段尧清，易雨洁，姚兰.政策视角下数字乡村建设的有效性分析［J］.图书情报工作，2023，67（06）：32-42.

［8］冯俊锋.乡村振兴与中国乡村治理［M］.成都：西南财经大学出版社，2017.

［9］高其才，池建华，陈寒非，等.走向乡村善治：乡村治理体系研究［M］.北京：中国政法大学出版社，2021.

［10］桂华.压舱石：面向未来的乡村建设［M］.桂林：广西师范大学出版社，2022.

［11］郭红东，曾亿武，曲江.数字乡村建设：理论与实践［M］.杭州：浙江大学出版社，2023.

［12］贺雪峰.乡村治理的社会基础：转型期乡村社会性质研究［M］.北京：中国社会科学出版社，2003.

［13］胡卫卫，卢玥宁．数字乡村治理共同体的生成机理与运作逻辑研究：基于"中国大棚第一村"数字乡村建设的实证考察［J］．公共管理学报，2023，20（01）：133-143．

［14］胡雯，芮国强．面向复杂性的复合治理：数字乡村韧性建构的可能路径［J］．湖南农业大学学报（社会科学版），2023，24（05）：64-73．

［15］雷明，于莎莎．振兴之路：新阶段中国乡村治理的制度框架［M］．重庆：重庆出版社，2022．

［16］李全利，朱仁森．打造乡村数字治理接点平台：逻辑框架、案例审视与联动策略［J］．学习与实践，2022（03）：82-92．

［17］李松玉，张宗鑫．中国乡村治理的制度化转型研究［M］．济南：山东人民出版社，2014．

［18］李颖悟．数字乡村：建设数字农村策划实施方案与案例全解［M］．北京：中国纺织出版社，2022．

［19］林星．乡村社会治理的现代化转型：基于结构、方式、目标的分析［J］．科学社会主义，2023（04）：115-121．

［20］刘俊祥，曾森．中国乡村数字治理的智理属性、顶层设计与探索实践［J］．兰州大学学报（社会科学版），2020，48（01）：64-71．

［21］刘能，陆兵哲．契合与调适：数字化治理在乡村社会的实践逻辑［J］．中国农业大学学报（社会科学版），2022，39（05）：25-41．

［22］刘天元，田北海．治理现代化视角下数字乡村建设的现实困境及优化路径［J］．江汉论坛，2022（03）：116-123．

［23］刘渊，李旋，董思怡．数字赋能乡村治理：德清"数字乡村一张图"［M］．杭州：浙江大学出版社，2023．

［24］罗必良，耿鹏鹏，钟文晶．乡村治理：转型及其现代化［M］．北京：中国农业出版社，2023．

［25］尼葛洛庞帝．数字化生存［M］．胡泳，范海燕，译．北京：电子工业出版社，2017．

［26］皮特．技术思考：技术哲学的基础［M］．马会端，译．沈阳：辽宁人民出版社，2012．

［27］邱贵明．乡村治理模式研究［M］．北京：中国社会科学出版社，2023．

［28］沈费伟，袁欢．大数据时代的数字乡村治理：实践逻辑与优化策略［J］．农业经济问题，2020（10）：80-88．

［29］沈费伟.数字乡村韧性治理的建构逻辑与创新路径［J］.求实,2021（05）：72-84.

［30］斯科特,戴维斯.组织理论：理性、自然与开放系统的视角［M］.高俊山,译.北京：中国人民大学出版社,2011.

［31］孙君,廖星臣.农理：乡村建设实践与理论研究［M］.北京：中国轻工业出版社,2014.

［32］仝志辉.中国乡村治理体系构建研究［M］.武汉：华中科技大学出版社,2022.

［33］王立胜.乡村建设行动：县级场域中的知与行［M］.北京：文化发展出版社,2022.

［34］王少伯.新时代乡村治理现代化研究［M］.北京：知识产权出版社,2021.

［35］王文彬,赵灵子.数字乡村治理变革：结构调适、功能强化与实践进路［J］.电子政务,2023（05）：29-37.

［36］王晓毅,杨蓉蓉.目标驱动的乡村治理现代化：概念与过程［J］.南京农业大学学报（社会科学版）,2023,23（02）：94-102.

［37］王亚华,李星光.数字技术赋能乡村治理的制度分析与理论启示［J］.中国农村经济,2022（08）：132-144.

［38］王滢涛.中国特色乡村治理体系现代化研究［M］.上海：上海社会科学院出版社,2021.

［39］文宇,姜春.注意力再分配、外部资源依赖与数字乡村治理绩效：基于TOE框架的组态分析［J］.中国行政管理,2023（07）：58-67.

［40］吴征.系统性乡村建设的理论、方法与实践［M］.天津：天津大学出版社,2021.

［41］徐思光.美好乡村建设实施保障性技术研究［M］.成都：电子科技大学出版社,2015.

［42］徐铜柱.乡村治理现代化研究［M］.北京：中国社会科学出版社,2021.

［43］徐旭初,吴彬,金建东.数字赋能乡村：数字乡村的理论与实践［M］.杭州：浙江大学出版社,2023.

［44］徐勇.乡村治理的中国根基与变迁［M］.北京：中国社会科学出版社,2018.

［45］杨嵘均. 乡村治理结构调适与转型［M］. 南京：南京师范大学出版社，2014.

［46］杨秀勇，何晓云. 数字技术赋能乡村治理的实践检视［J］. 华南农业大学学报（社会科学版），2023，22（02）：110-120.

［47］杨正喜. 新时代乡村治理政策创新扩散机制与路径优化研究［M］. 北京：中国农业出版社，2022.

［48］姚茂华，李红霞. 生态乡村建设理论与实践［M］. 成都：西南交通大学出版社，2014.

［49］殷涛，林宁，李华，等. 助力乡村振兴：数字乡村典型应用场景与实践［M］. 北京：人民邮电出版社，2023.

［50］张波，徐晓楠. 乡村治理现代化中的数字赋能及实现路径［J］. 学习与探索，2023（09）：9-15.

［51］张国胜，方紫媛，赵静媛. 数字赋能乡村治理的逻辑：从技术能力到制度容量［J］. 农村经济，2023（07）：95-103.

［52］张岳，易福金. 乡村数字治理的幸福效应［J］. 南京农业大学学报（社会科学版），2023，23（05）：152-164.

［53］张兆曙. 参与困境、场景升级与数字乡村的全景治理：对湖州市"数字乡村一张图"治理平台的案例研究［J］. 浙江学刊，2022（05）：88-99.

［54］章浩，李国梁，刘莹. 新时期乡村治理的路径研究［M］. 北京：首都经济贸易大学出版社，2021.

［55］郑永兰，周其鑫. 数字乡村治理探赜：理论图式、主要限度与实践路径［J］. 河海大学学报（哲学社会科学版），2023，25（01）：1-11.

［56］钟毅. 五彩田园：乡村建设与城乡统筹发展实践［M］. 南宁：广西科学技术出版社，2016.

［57］周鹏飞，李美宏. 数字乡村建设赋能农业经济韧性：影响机理与实证考察［J］. 调研世界，2023（09）：15-24.